TAYLOR R. MARSHALL
INFILTRADOS

A TRAMA PARA DESTRUIR A IGREJA A PARTIR DE DENTRO

ECCLESIAE

TAYLOR R. MARSHALL
INFILTRADOS

A TRAMA PARA DESTRUIR A IGREJA A PARTIR DE DENTRO

TRADUÇÃO DE JONATHAS RAMOS DE CASTRO

ECCLESIAE

Infiltrados: a trama para destruir a Igreja a partir de dentro
Taylor R. Marshall
1º edição – maio de 2020 – CEDET

Título original: *Infiltration: The Plot to Destroy the Church from Within.*
Manchester, NH: Sophia Institute Press (Crisis Publications), 2019.
Copyright © 2019 by Taylor R. Marshall.

Os direitos desta edição pertencem ao
CEDET – Centro de Desenvolvimento Profissional e Tecnológico
Rua Armando Strazzacappa, 490
CEP: 13087-605 — Campinas, SP
Telefone: (19) 3249-0580
e-mail: livros@cedet.com.br

Editor:
Thomaz Perroni

Tradução:
Jonathas Ramos de Castro

Revisão:
Gustavo Petry

Preparação de texto:
João Mallet

Diagramação:
Thatyane Furtado

Capista:
Vicente Pessôa

Revisão de prova:
Marília Magalhães
Tamara Fraislebem
Natália R. Colombo

Conselho editorial:
Adelice Godoy
César Kyn d'Ávila
Silvio Grimaldo de Camargo

ECCLESIAE
www.ecclesiae.com.br

Reservados todos os direitos desta obra.
Proibida toda e qualquer reprodução desta edição por qualquer meio ou forma, seja ela eletrônica, mecânica, fotocópia, gravação ou qualquer outro meio de reprodução, sem permissão expressa do editor.

SUMÁRIO

Prefácio do Bispo Athanasius Schneider 9

Agradecimentos 13

CAPÍTULO I: A fumaça de Deus e a fumaça de Satanás 15

CAPÍTULO II: *Alta Vendita*: a revolução de Satanás em tiara e pluvial 19

CAPÍTULO III: Nossa Senhora de La Salette 29

CAPÍTULO IV: Ataques aos Estados Papais em 1870 35

CAPÍTULO V: O Papa Leão XIII vê demônios reunirem-se em Roma 39

CAPÍTULO VI: Infiltração de sociedades secretas e do modernismo na Igreja 45

CAPÍTULO VII: Nossa Senhora de Fátima 55

CAPÍTULO VIII: O Conclave de 1922: Papa Pio XI 71

CAPÍTULO IX: Infiltração comunista no sacerdócio 77

CAPÍTULO X: O Conclave Papal de 1939: Pio XII 83

CAPÍTULO XI: Pio XII como o papa de Fátima 87

CAPÍTULO XII: Infiltração comunista na liturgia 93

CAPÍTULO XIII: A lamentável doença de Pio XII: três cripto-modernistas ... 97

CAPÍTULO XIV: O misterioso Conclave de 1958 103

CAPÍTULO XV: O Papa João XXIII abre o Terceiro Segredo 105

CAPÍTULO XVI: Vaticano II — o modernismo em cortejo 113

CAPÍTULO XVII: O Conclave de 1963: Paulo VI 115

CAPÍTULO XVIII: Cripto-modernismo e *Nouvelle Théologie* 117

CAPÍTULO XIX: Infiltração teológica no Vaticano II 121

CAPÍTULO XX: Infiltração na liturgia 129

CAPÍTULO XXI: A intervenção de Ottaviani contra o Papa Paulo VI 133

CAPÍTULO XXII: O Arcebispo Lefebvre e a resistência tradicionalista 135

CAPÍTULO XXIII: Resistência ao *Novus Ordo Missae* 137

CAPÍTULO XXIV: Infiltração no Banco do Vaticano sob Paulo VI 145

CAPÍTULO XXV: Infiltração e a misteriosa morte de João Paulo I 149

CAPÍTULO XXVI: Infiltração no pontificado de João Paulo II 155

CAPÍTULO XXVII: A máfia de Sankt Gallen: homossexualidade, comunismo e maçonaria 167

CAPÍTULO XXVIII: Ratzinger *versus* Bergoglio no Conclave Papal de 2005 177

CAPÍTULO XXIX: Infiltração e a trama contra Bento XVI 181

CAPÍTULO XXX: Infiltração no Banco do Vaticano e o mordomo do Papa Bento XVI 183

CAPÍTULO XXXI: Infiltração e a eleição do Papa Francisco 189

CAPÍTULO XXXII: Resolvendo a crise corrente 193

CAPÍTULO XXXIII: Armas espirituais contra inimigos demoníacos 205

Quem é quem neste livro 211

Cronologia dos papas citados neste livro 221

Secretários de Estado do Vaticano por papado e datas 223

Instrução permanente da *Alta Vendita* 225

As versões do Segredo de La Salette 233

Cronologia das mudanças litúrgicas 243

Datas dos indultos da Comunhão na mão 247

Cronologia da vida do ex-Cardeal McCarrick 249

Índice remissivo 255

Para meus oito filhos, a próxima geração dos guerreiros de Cristo e de Sua Igreja.

PREFÁCIO

~

Em *Infiltrados: a trama para destruir a Igreja a partir de dentro,* Taylor Marshall se debruça sobre um tópico que hoje é deliberadamente ignorado. A questão de uma possível infiltração de forças exógenas na Igreja não tem lugar na pintura otimista do mundo moderno que o Papa João XXIII, e particularmente o Concílio Vaticano II, desenharam de forma irrealista e acrítica.

Nos últimos sessenta anos, tem havido uma hostilidade continuamente crescente contra a Divina Pessoa de Jesus Cristo e Sua reivindicação de ser o único Redentor e Professor da humanidade. Essa hostilidade do aparentemente "bom", "tolerante", "otimista" mundo moderno se expressa em chavões tais como "nós não queremos que Cristo reine sobre nós", "nós queremos ser livres de toda verdade doutrinária ou lei moral exigentes" e "nós jamais reconheceremos uma Igreja que não aceite incondicionalmente a mentalidade do mundo moderno".

Essa hostilidade atingiu seu ápice em nossos dias. Não são poucos os membros do alto escalão da hierarquia da Igreja Católica que não apenas capitularam ante as demandas implacáveis do mundo moderno como também estão colaborando ativamente, com ou sem convicção, na implantação dos seus princípios na vida diária da Igreja em todas as áreas e em todos os níveis.

Muitos se perguntam como foi possível que a doutrina, a moral e a liturgia da Igreja tenham sido desfiguradas a tal ponto. Como é possível que exista tão pouca diferença entre o espírito predominante na vida da Igreja em nossos dias e a mentalidade do mundo moderno? O mundo moderno, afinal, é inspirado pelos princípios da Revolução

Francesa: a liberdade absoluta do homem em relação a qualquer revelação ou comando divinos; a igualdade absoluta que abole não apenas qualquer hierarquia social ou religiosa, mas até mesmo diferenças entre os sexos; e uma irmandade humana tão acrítica que até mesmo elimina qualquer distinção baseada em religião.

Apenas constatar os fatos da atual crise interna da Igreja e lidar com os sintomas seria desonesto e irresponsável. Nós devemos examinar as próprias raízes da crise, as quais, decisivamente, podem ser vistas (como Taylor Marshall fez neste livro) como uma infiltração na Igreja pelo mundo incrédulo, e especialmente pelos maçons — uma infiltração que, para padrões humanos, somente poderia efetivamente funcionar através de um processo longo e metódico.

Como o Papa Leão XIII notou ao abrir os arquivos secretos do Vaticano, a Igreja nada tem a temer quanto a pesquisa e exposição de fatos históricos — mesmo que eles sejam comprometedores e preocupantes. Este livro revela raízes históricas significativas da crise global corrente na Igreja e lança luzes sobre muitos outros acontecimentos desconcertantes do passado.

Em razão da falta de materiais de pesquisa suficientes, e uma vez que os relevantes arquivos do Vaticano estão ainda fechados a pesquisadores, algumas questões consideradas neste livro (tais como as circunstâncias em torno da morte do Papa João Paulo I) devem necessariamente permanecer como hipóteses. Entretanto, outros argumentos aqui apresentados indicam a existência de algo como uma ameaçadora linha vermelha que sistematicamente se estende através do último século e meio da história da Igreja.

A Igreja de Cristo sempre foi e sempre será perseguida; ela sempre será infiltrada por seus inimigos. A questão é sempre, unicamente, quanto à extensão de tal infiltração, e isso é determinado pelo grau de vigilância exercida por aqueles que na Igreja são designados como "vigilantes", que é o sentido literal da palavra *episcopos*[1] — isto é, bispo. O maior vigilante na Igreja é o romano pontífice, o supremo pastor tanto de bispos quanto de fiéis. A primeira infiltração na Igreja aconteceu com o apóstolo apóstata Judas Iscariotes. Desde então têm surgido intrusos na Igreja — padres, bispos e, em casos muito raros,

---

[1] A palavra *epīskopos* é formada pelo substantivo *skopōs* (observador) e pela preposição *epi* (acima, sobre) – NT.

até mesmo papas —, os quais Nossa Senhora chamou de "lobos em pele de cordeiro".

É nobre e meritório soar o alarme quando ladrões e outros intrusos estão secretamente invadindo a casa e envenenando a comida de seus habitantes. Nos últimos cinqüenta anos, tal alarme foi disparado várias vezes por corajosos bispos, padres e fiéis leigos. Entretanto, aqueles investidos em cargos de responsabilidade na Igreja não deram a devida atenção a esses alarmes, e assim os intrusos — lobos em pele de cordeiro — têm sido capazes de causar estragos, incólumes, na casa de Deus, a Igreja.

Agora, com a devastação e a confusão da Igreja aos olhos do público, é tempo de expor as raízes históricas e os autores desse mal. Isso pode ajudar muitos na Igreja a acordarem de sua letargia e a deixarem de agir como se tudo estivesse caminhando bem. O livro de Taylor Marshall é uma contribuição significativa para o trabalho de conscientização sobre essa situação e para a tomada de ações preventivas e contramedidas no futuro.

Santo Agostinho nos deu a seguinte descrição realista, embora consoladora, da verdade de que a Igreja será sempre perseguida:

> Muito me têm combatido desde a minha juventude (Sl 128, 1) [...]. A Igreja é de berço antigo [...]. Em dado momento, a Igreja se encontrava só em Abel, e ele foi combatido por seu perverso [...] irmão Caim (Gn 4, 8). Em outro momento, a Igreja existia somente em Enoque, e ele foi retirado dos injustos (Gn 5, 24). Em certo tempo, a Igreja se encontrava somente na casa de Noé, e resistiu a todos os que morreram pelas águas, e a arca sozinha singrou as ondas, e alcançou a costa (Gn 6–8). Em determinada época, a Igreja estava em Abraão somente, e nós sabemos o que ele suportou da parte dos perversos. A Igreja se encontrava no filho de seu irmão, Ló, somente, e em sua casa, em Sodoma, e ele suportou as iniqüidades e as perversidades de Sodoma até Deus livrá-lo do meio deles (Gn 13–20). A Igreja também começou a existir no povo de Israel. Ela resistiu ao Faraó e aos egípcios [...]. Chegamos a Nosso Senhor Jesus Cristo: o Evangelho foi pregado nos Salmos. Por essa razão, para que a Igreja não duvide agora, ou para que ninguém [...] que deseje ser um bom membro da Igreja duvide, que ouça sua Mãe, a Igreja, dizer-lhe: "Não se assombre com essas coisas, meu filho: *Por muitas vezes eles lutaram contra mim desde a minha*

infância, mas eles não puderam prevalecer sobre mim" (Comentários aos Salmos, 128).[2]

Mesmo a mais pérfida trama para destruir a Igreja a partir de dentro não será bem-sucedida. Portanto, nossa Mãe, a Igreja, responderá, com a voz de suas crianças inocentes, de seus jovens e virgens puros, de seus pais e mães de famílias, de seus apóstolos e apologistas corajosos e aguerridos, de seus padres e bispos castos e zelosos, de suas irmãs religiosas e especialmente de suas freiras claustrais, as jóias espirituais da Igreja: "Eles não puderam prevalecer sobre mim!". *Christus vincit! Christus regnat! Christus imperat!*[3]

+ ATHANASIUS SCHNEIDER
Bispo Auxiliar da Arquidiocese de
Santa Maria em Astana
11 de abril de 2019.

---

2 Para as citações da Bíblia, empregou-se a tradução portuguesa do Padre Matos Soares: Bíblia Sagrada, 6ª ed., 1956 – NT.

3 "Cristo vence! Cristo reina! Cristo impera!" – NT.

AGRADECIMENTOS

∼

Gostaria de agradecer à minha esposa, Joy Marshall, aos meus pais e a todos os meus leitores, alunos, ouvintes e espectadores. Sou grato à Sua Excelência Athanasius Schneider, O.R.C., pela leitura do manuscrito e pela redação do prefácio. Ademais, um agradecimento especial a Charlie McKinney, John Barger, Charles A. Coulombe e Rev. D. Christensen, pela leitura do manuscrito e pelos seus conselhos.

CAPÍTULO I
A FUMAÇA DE DEUS E A FUMAÇA DE SATANÁS

~

Por que o Papa Bento XVI renunciou ao papado em 28 de fevereiro de 2013? E por que relâmpagos abalaram o Vaticano naquela mesma noite? Teria sido motivado por escândalos no Banco do Vaticano? Teria sido um escândalo sexual maculando os maiores cardeais? Teria sido uma crise doutrinária? Todas essas questões e dúvidas se aglutinam quando reconhecemos um fato provado e corroborado: tão-somente Satanás se introduziu na Igreja Católica a um dado momento durante o último século, ou mesmo antes disso. Por mais de um século, os organizadores da maçonaria, do liberalismo e do modernismo se infiltraram na Igreja Católica, a fim de tornar sua doutrina, sua liturgia e sua missão sobrenatural em algo secular.

Os católicos estão cada vez mais cônscios de uma mudança climática na Igreja Católica. Alguns apontam para o controverso pontificado do Papa Francisco. Outros destacam a confusão em torno da renúncia inesperada do Papa Bento XVI em 2013. Alguns estão convencidos de que João Paulo II não era quem pensávamos que fosse. Muitos concordam que o Concílio Vaticano II, o Novo Rito da Missa e o pontificado de Paulo VI trouxeram confusão monumental para a Igreja Católica. Mas teria a primeira peça de dominó caído em 1962, com a instalação do Concílio Vaticano II?

Eu argumento que a raiz do problema remonta a uma agenda posta em funcionamento mais de cem anos antes do Vaticano II. Trata-se de uma agenda para comutar a religião sobrenatural de Jesus Cristo crucificado e ressurreto pela religião natural do humanismo e do globalismo. Agenda que faz eco à primeva escolha de Adão e Eva de se tornarem a si mesmos divinos, tomando os frutos da natureza, ao invés de se prostrarem em aceitação do sobrenatural fruto da divina graça. Lúcifer também se rebelou contra Deus. Em seu orgulho, ele procurou ascender ao trono de Deus, não por participar na vida sobrenatural d'Ele, mas por cavar profundamente em sua própria natureza e alcançar as estrelas — e, deste modo, cair no abismo do Inferno. Sobrenaturalismo[4] — depender de Deus, que está acima do natural — é catolicismo. Naturalismo — depender, sem o auxílio de Deus, de nossa natureza criada — é satanismo.

A Igreja Católica está em crise porque os inimigos de Cristo envidaram esforços organizados para fazer sentar um papa de Satanás na Cátedra Romana de São Pedro. Os inimigos de Cristo, de Nero a Napoleão, eventualmente descobriram que atacar ou assassinar o papa apenas gerava simpatia e mártires. É uma estratégia fracassada em todas as épocas. Assim, ao invés disso, eles buscaram silenciosamente fazer um dos seus calçar os múleos papais. Exigir-se-iam décadas, mesmo um século, para criar os seminários, os padres, os bispos, os cardeais eleitores, e então o próprio papa ou papas — mas a espera valeria a pena. Estabelecer uma revolução satânica, com o papa como marionete, tem sido um lento e paciente plano.

Se você não crê que Satanás exista, largue este livro. Ademais, se você acredita que a Igreja Católica pode ser purificada meramente através da atualização de regras, políticas e procedimentos canônicos, você encontrará pouca esperança no diagnóstico histórico e no tratamento encontrados neste livro. São Paulo afirmou: "Porque nós não temos que lutar contra a carne e o sangue, mas sim contra os principados e potestades, contra os dominadores deste mundo tenebroso, contra os espíritos malignos pelos ares" (Ef 6, 12). A crise da Igreja Católica remete à invasão desses "dominadores deste mundo tenebroso", e ela pode ser purificada apenas através da guerra santificada contra o demoníaco.

Em uma homilia para a Santa Missa durante a celebração de São Pedro e São Paulo (29 de junho de 1972), e em comemoração do nono aniversário da coroação como Bispo de Roma, o Papa Paulo VI lamentou-se: "Diríamos que, por alguma misteriosa brecha — não, ela não é misteriosa; por alguma brecha —, a fumaça de Satanás se

---

4   No original: *supernaturalism* – NT.

introduziu na Igreja de Deus. Há dúvida, insegurança, problemas, inquietação, insatisfação, confrontação". Esse testemunho de Paulo VI reconheceu não meramente que a Igreja Católica passara por uma secularização, mas que a fumaça do próprio Satanás se introduzira na Igreja por uma brecha. O que é essa fumaça satânica?

Nas Sagradas Escrituras, a palavra "fumaça" é usada aproximadamente cinqüenta vezes. Em quase todos os casos, a palavra se refere à devoção litúrgica pelo Deus de Israel através da fumaça do incenso e da fumaça do sacrifício animal como "incenso de cheiro suave" (Eclo 38, 11). Em um caso, "fumaça" é mesmo usada para o exorcismo de um demônio: "E quando o demônio sentiu o odor, fugiu para as partes mais remotas do Egito, e o anjo o amarrou" (Tb 8, 3).[5] Quando Isaías misticamente adentra a casa celestial de Deus, ele menciona particularmente que "a casa encheu-se de fumo" (Is 6, 4). Por fim, o livro do Apocalipse detalha as nuvens de fumaça dentro do celestial Santo dos Santos: "E o fumo dos perfumes, com as orações dos santos, subiu da mão do anjo até a presença de Deus" (Ap 8, 4). As Escrituras em geral, então, associam a fumaça à adoração e à presença de Deus. Por que, então, refere-se o Papa Paulo VI à fumaça de Satanás?

Embora a fumaça seja quase sempre um sinal de santidade, sacrifício e adoração, no livro do Apocalipse nós encontramos algumas exceções. Repetidamente observamos como Satanás mimetiza a Deus, assim como os mágicos egípcios copiavam os milagres de Moisés. Por exemplo, o Apocalipse apresenta uma pervertida e satânica trindade formada pelo Diabo, um rei anticristo e um falso profeta. No lugar de uma Santa e Virginal Igreja casada com Cristo, Satanás estabelece a Prostituta da Babilônia cavalgando o Anticristo. De maneira semelhante, observamos a sagrada fumaça do incenso em Ap 8, e então imediatamente lemos sobre a fumaça demoníaca de Satanás em Ap 9:

> O quinto anjo tocou a trombeta, e vi uma estrela caída do céu sobre a terra. Foi-lhe dada a chave do poço do abismo. Ela abriu o poço do abismo; e subiu um fumo do poço, como fumo de uma grande fornalha, e escureceram-se o sol e o ar com o fumo do poço. Do fumo

---

5   A tradução do Pe. Matos Soares diverge. No trecho citado de Tobias, lê-se apenas: "Nessa altura, o anjo Rafael pegou no demônio e ligou-o no deserto do alto Egipto [sic]". Que é, com efeito, a literalidade do texto latino: *tunc Rafahel angelus adprehendit daemonium et religavit eum in deserto superiores Aegypti*. Biblia Sacra Iuxta Vulgatam Versionem. Ed. Roger Gryson. Deutsche Bibelgesellschaft, 2007 – NT.

saíram gafanhotos para a terra, e foi-lhes dado um poder, como o poder que têm os escorpiões da terra (Ap 9, 1–3).

Eis a "fumaça de Satanás" à qual o Papa Paulo VI se referiu em 1972. Satanás é a "estrela caída do céu sobre a terra". Assim como Simão recebeu um novo nome (Pedro) e as "chaves do reino dos céus" (Mt 16, 19), assim também o diabo recebeu um novo nome (Satanás) e uma "chave do poço do abismo". Tanto Pedro quanto Satanás receberam novos nomes e o poder de chaves. Satanás é, portanto, o papa dos condenados. Que Satanás seja o *papa*[6] ou pai dos condenados pode ser depreendido do aviso de Cristo aos fariseus: "Vós tendes por pai o demônio".[7]

O ofício católico do papa remonta a Simão Pedro. Tendo Cristo perguntado aos apóstolos: "E vós, quem dizeis que eu sou?", Simão respondeu: "Tu és o Cristo, o Filho de Deus vivo" (Mt 16, 15–16). Cristo então promete a Simão o ofício davídico de administrador ou primeiro-ministro, mudando-lhe o nome:

> "Bem-aventurado és, Simão Bar-Jona, porque não foi a carne e o sangue que te revelaram, mas meu Pai que está nos céus. E eu digo-te que tu és Pedro, e sobre esta pedra edificarei a minha Igreja, e as portas do Inferno não prevalecerão contra ela. Eu te darei as chaves do reino dos céus: tudo o que ligares sobre a terra, será ligado também nos céus, e tudo o que desatares sobre a terra, será desatado também nos céus" (Mt 16, 17–19).

Os sucessores de São Pedro são aqueles *papas* que sucederam a São Pedro como bispos da cidade de Roma. Para compreender plenamente como a "fumaça de Satanás" entrou na Igreja Católica antes de 1972 sob o Papa Paulo VI, nós devemos necessariamente começar com a infestação do naturalismo institucional na Igreja Católica, e isso nos leva para o ano 1859 da era de Nosso Senhor.

---

6   Em latim no original: *papa, ae* – NT.

7   "Vós tendes por pai o demônio, e quereis satisfazer os desejos do vosso pai. Ele foi homicida desde o princípio, e não permaneceu na verdade, porque a verdade não está nele. Quando ele diz a mentira, fala do que é próprio, porque é mentiroso e pai da mentira" (Jo 8, 44).

CAPÍTULO II
ALTA VENDITA: A REVOLUÇÃO DE SATANÁS EM TIARA E PLUVIAL

∽

O papa, seja ele quem for, jamais virá para as sociedades secretas. Cabe às sociedades secretas ir primeiro para a Igreja, com o objetivo de vencer a ambos. A obra à qual nos comprometemos não é a obra de um dia, tampouco a de um mês, tampouco a de um ano. Ela pode durar muitos anos, um século talvez, mas em nossos flancos os soldados morrem, e a luta continua.

— Instrução Maçônica Permanente da *Alta Vendita*

O francês Jacques Crétineau-Joly tinha uma fé ardente e ingressou no seminário apenas para se convencer de que não tinha vocação para o sacerdócio. Ele fora um professor de filosofia e arriscou certa poesia, mas descobriu seu talento em pesquisar e escrever. Em 1846, Crétineau-Joly publicou uma exaustiva história dos jesuítas em seis volumes, intitulada *A história religiosa, política e literária da Companhia de Jesus* (*Histoire religieuse, politique et littéraire de la Compagnie de Jésus*). Em 1859, com a aprovação e o incentivo do Papa Pio IX, ele publicou seu mais importante livro, *A Igreja Romana em face da Revolução* (*L'Église romaine en face de la Révolution*).

A Igreja Romana em face da Revolução foi uma obra explosiva que afirmava que as sociedades secretas anticatólicas não mais atacariam a Igreja a partir do exterior, mas que iriam se infiltrar nela a partir de dentro. A trama foi detalhada em um documento secreto adquirido da maior loja na Itália, a *Alta Vendita* dos Carbonari. Os

Carbonari italianos, ou "produtores de carvão", eram uma sociedade secreta alinhada a sociedades secretas na França, Espanha, Portugal e Rússia. Essas lojas maçônicas compartilhavam sentimentos em comum, tais como um ódio pelo catolicismo e pela monarquia. Os Carbonari italianos mantinham uma postura de ódio singular porque, para eles, o principal monarca italiano vinha a ser também o papa católico. O Papa Pio IX escrevera a encíclica *Qui Pluribus* em 1846 diretamente contra a crescente influência dos Carbonari.

Em algum momento antes de 1859, a Igreja Católica adquiriu um documento secreto intitulado *Instrução permanente da Alta Vendita*, detalhando como eles iriam eventualmente assumir o papado. Os Carbonari italianos se reuniam em segredo nas lojas, as quais eles chamavam *venditas*, ou "vendas".[8] A principal loja ou *vendita* era a "Alta Venda" ou *Alta Vendita*. Esse documento era, assim, um manual da "Alta Venda" dos Carbonari. Crétineau-Joly expôs a tese da *Alta Vendita*, e o padre irlandês Monsenhor George Francis Dillon a adotou em seguida.

A Reforma Protestante de 1517 obliterara a cristandade européia. Na medida em que o protestantismo se dispersou e enfraqueceu, houve um desejo naturalístico por uma nova ordem mundial reunida em torno de *liberté, égalité, fraternité*. Tendo início em 1717, o estabelecimento dessa nova ordem mundial seria concluído com a formação de uma nova "religião" organizada através de sociedades secretas por toda a Europa.

De 1717 em diante, o principal inimigo da Igreja Católica foi a maçonaria. As fraternidades maçônicas mais antigas parecem derivar das guildas medievais de pedreiros.[9] Durante a Reforma, porém, essas lojas maçônicas assumiram a forma de sociedades secretas subversivas com ritos ocultos e filosofia gnóstica.

A maçonaria oculta provavelmente deriva dos ritos da Ordem Rosacruz, ou "Cruz Rosa", popularizados nas regiões protestantes da Alemanha. O documento fundador do misticismo rosacruz é *Fama Fraternitatis Rosae Crucis* (1614), escrito pelo alquimista gnóstico Michael Maier (1568–1622). Esse documento se apresenta como se

---

[8] A tradução mais usual para *shop* seria "loja", mas, para evitar homonímia com a "loja" (lodge) maçônica, optou-se por "venda". Dessa forma, em eventuais próximas ocorrências, *lodge* se traduzirá como "loja" e *shop*, "venda" – NT.

[9] "Maçônico": *freemason*. "Pedreiro": *stonemason* – NT.

tivesse sido escrito por um certo homem chamado "Pai Irmão c.r.c.", ou "Christian Rosa Cruz", que teria nascido em 1378 e supostamente vivido 106 anos. Esse suposto fundador é tipicamente referido como Christian Rosenkreuz. Ele viajou para o leste e adquiriu sabedoria secreta a partir do zoroastrismo, do sufismo, da cabala e de professores gnósticos. Muitas tradições consideram Christian Rosenkreuz como um herege albigense. O núcleo da Ordem Rosacruz é formado por parábolas místicas e ritos ou liturgias de moralidade que ensinam lições ocultas aos iluminados. O mistério central é a alquimia, ou a crença de que se pode criar ouro a partir de substâncias menores. Essa é a heresia do naturalismo — manipular a natureza para criar algo acima da natureza —, da mesma forma como Satanás tentou transcender sua natureza a fim de se tornar Deus.

Tendo a Reforma de 1517 deixado um vácuo na Europa, a maçonaria organizou uma nova "igreja católica" universal, instituída para unir os homens em naturalismo, racionalismo e irmandade universal. Nesse sentido, a estratégia da Ordem Rosacruz e da maçonaria consiste em dispor sociedades secretas para subverter a ordem (católica) corrente e comutá-la por uma ordem iluminada na qual todas as religiões são aproximações da verdade — todas as religiões se tornam alegóricas e iguais. A Igreja Católica é a *Vetus Ordo Saeculorum* — a Velha Ordem do Mundo. A maçonaria é a *Novus Ordo Saeculorum* — a Nova Ordem do Mundo.

A maçonaria é a busca organizada daquilo que Lúcifer queria e que Adão e Eva tentaram. Trata-se da tentação da alquimia — transformar chumbo em ouro. Lúcifer, Adão e Eva buscaram transformar suas boas naturezas em naturezas divinas. De forma semelhante, os maçons negam a única Encarnação de Jesus Cristo e rejeitam a idéia do pecado e a necessidade, de Cristo, de morrer e ressuscitar para a salvação humana. Conseqüentemente, não há graça, não há sacramentos e não há Igreja — a natureza humana sozinha é suficiente para a felicidade da humanidade. Trata-se do erro teológico de que a natureza não é curada nem aperfeiçoada pela graça. Ao invés disso, a natureza é divina. A criação é divina, e nós devemos procurar iluminação oculta para ver a nova ordem mundial da natureza como divina.

Previsivelmente, a maçonaria sempre prosperou onde o protestantismo fincou raízes antes. Escócia (presbiterianismo), Inglaterra (anglicanismo) e Alemanha (luteranismo) são os centros tradicionais da maçonaria européia. De forma semelhante, a América protestante também foi infectada pela maçonaria, especialmente no sul protestante dos Estados Unidos.

Seguindo a Ordem Rosacruz, a maçonaria cultua o "Grande Arquiteto do Universo", que é tanto deus quanto o universo natural. Contudo, antigos membros da maçonaria revelaram que o "Grande Arquiteto do Universo" é, na verdade, Satanás.

A maçonaria formalmente organizada se originou em 1717, dois séculos após a Reforma de 1517. Ela se nutriu do anticatolicismo, do deísmo e do racionalismo de seu tempo. A razão, não a fé, era valorizada pelos homens dessa época, e as lojas maçônicas se proliferaram. A religião organizada foi rejeitada em prol do sentimento de que todas as religiões estão igualmente se dirigindo ao desconhecido "Grande Arquiteto do Universo". Eis por que o maçom Benjamin Franklin pagava o dízimo a todas as religiões e denominações de seu tempo. Eis também por que os maçons consagram as escrituras de todas as religiões em seus altares: a Bíblia Sagrada, o Corão, os Vedas, o Zend-Avesta, o Sohar, a Cabala, o Bhagavad Gita e os Upanishads. Eles são, para os maçons, todos igualmente verdadeiros e todos igualmente falsos. Eles são, para os maçons, meramente esboços de crianças de jardim de infância desenhando Deus.

Uma vez que as religiões organizadas são igualmente aceitas, o modo do conhecimento divino é a razão, não a fé, o Batismo, a pregação, a Eucaristia, a liturgia ou o sacerdócio — e certamente não o papado. A humanidade não precisa de fé — ela precisa mais de razão. Essa é a conseqüência da assertiva de Martinho Lutero da autoridade religiosa a partir somente das Escrituras. Esse princípio fez de cada homem o juiz privado e final da doutrina teológica. A razão privada subjetiva entrou à socapa por essa porta dos fundos inconscientemente deixada aberta por Lutero.

A Igreja Católica excomunga qualquer católico que tenha aderido à maçonaria, porque ela é uma religião de todas as religiões. Embora seja uma sociedade secreta, ela não esconde o fato de que almeja uma nova ordem mundial na qual todas as religiões são honradas e tratadas como igualmente verdadeiras. Em sua busca de igualdade, ela também deseja a distribuição igual da propriedade humana.

***

Agora que estabelecemos o contexto histórico e filosófico da maçonaria, podemos retornar à *Alta Vendita* e à nova estratégia dos Carbonari novecentistas. Escrita sob o pseudônimo de Piccolo Tigre, ou "Pequeno Tigre", a *Instrução permanente da Alta Vendita* ousadamente detalha com precisão como o papado será persuadido pela filosofia e crenças maçônicas, e nunca é demais salientar seu princípio central:

> O papa, seja ele quem for, jamais virá para as sociedades secretas. Cabe às sociedades secretas ir primeiro para a Igreja, com o objetivo de vencer a ambos. A obra à qual nos comprometemos não é a obra de um dia, tampouco a de um mês, tampouco a de um ano. Ela pode durar muitos anos, um século talvez, mas em nossos flancos os soldados morrem, e a luta continua.[10]

Aqui, a *Alta Vendita* garante que seu projeto pode levar um século. O Pequeno Tigre então continua, explicando como o papado será conquistado:

> Agora, a fim de garantir a nós um papa de acordo com nosso próprio coração, é necessário modelar para esse papa uma geração digna do reino com o qual nós sonhamos. Deixe de lado os idosos e os de meia-idade, aproxime-se dos jovens e, se possível, até mesmo das crianças.

O Pequeno Tigre explica como os jovens serão seduzidos ao longo do tempo através da corrupção das famílias, livros, poemas, colégios, ginásios, universidades e seminários. A seguir, o clero católico será seduzido e corrompido:

> A reputação de um bom católico e um bom patriota abrirá o caminho para que nossas doutrinas se introduzam nos corações do clero jovem

---

10 Essa e todas as citações da *Alta Vendita* podem ser encontradas na *Instrução Permanente da Alta Vendita*, por Piccolo Tigre. Reproduzida em tradução inglesa no seminário do Reverendíssimo Monsenhor George Dillon, D.D., em Edimburgo, em outubro de 1884, aproximadamente seis meses após o surgimento da famosa carta encíclica do Papa Leão XIII, *Humanum Genus*, sobre a maçonaria. Algumas poucas mudanças foram feitas pelo Dr. Taylor Marshall para atualizar a linguagem e a ortografia para padrões modernos. O texto completo se encontra ao final deste livro.

e até mesmo nos fundos dos conventos. Em alguns poucos anos, o clero jovem terá, pela força dos acontecimentos, ocupado todos os ofícios. Eles governarão, administrarão e julgarão. Eles formarão o Conselho dos Soberanos. Eles serão convocados para escolher o Pontífice que irá reinar.

Tendo o jovem clero corrompido entrado para o cardinalato e eleito um papa "de acordo com nosso próprio coração", muitos obstáculos permanecerão no caminho:

> E esse Pontífice, como a maior parte dos seus contemporâneos, será necessariamente imbuído dos princípios italianos e humanitários que nós estamos prestes a pôr em circulação. É um pequeno grão de mostarda que nós enterramos na terra, mas o sol da Justiça transformá-lo-á em um grande poder, e vereis um dia que rica colheita aquela pequena semente produzirá. No caminho que traçamos para nossos irmãos há grandes obstáculos a conquistar, dificuldades de mais de um tipo para superar. Eles serão superados pela experiência e pela sabedoria.

A seguir, o Pequeno Tigre se rejubila ante o desfecho de um papa maçom naturalista reinando na Cátedra de São Pedro:

> O objetivo é tão belo que nós devemos necessariamente içar ao vento todas as velas a fim de concretizá-lo. Se quiserdes revolucionar a Itália, olhai o papa cujo perfil acabamos de descrever. Quereis estabelecer o reino dos eleitos no trono da Prostituta da Babilônia? Que o clero marche sob vosso estandarte, enquanto acreditam ingenuamente que estão marchando sob o estandarte das Chaves Apostólicas.
> Quereis exterminar o último vestígio dos tiranos e opressores? Lançai vossas redes como Simão Bar-Jona! Lançai-as profundamente na sacristia, nos seminários e nos mosteiros, ao invés de no fundo do mar. E se não vos apressardes, vos prometemos uma pescaria mais milagrosa do que essa!
> O pescador de peixes se tornou um pescador de homens. Vós também pescareis alguns amigos e os conduzireis aos pés da Sé Apostólica. Vós tereis pregado revolução em tiara e pluvial, precedida pela cruz e pelo estandarte, uma revolução que necessitará tão-somente de uma pequena ajuda para incendiar as regiões do mundo.

O plano do Pequeno Tigre não inclui panfletos, armas, derramamento de sangue ou mesmo eleições políticas. Ele requer uma infiltração passo a passo, primeiro entre os jovens, depois no clero, e então, à medida que o tempo passar, entre aqueles dentre os jovens e o clero que se tornarem cardeais e, então, o papa.

O Papa Gregório XVI foi o primeiro a adquirir o documento da *Alta Vendita*, o que situa sua composição provavelmente nos anos de seu pontificado, de 1831 a 1846. Em 1832, ele emitiu a encíclica *Mirari vos*, sobre liberalismo e indiferentismo religioso. O documento foi escrito contra "os homens insolentes e facciosos que se esforçaram para erguer o estandarte da traição". O Papa Gregório XVI escreve contra o que parece ser uma Revolução Francesa sendo impulsionada *de dentro* da Igreja Católica. Em *Mirari vos*, ele analisa e condena sete erros correntes que invadem os corações dos católicos:

1. "A abominável conspiração contra o *celibato clerical*" (nº 11);

2. "Qualquer coisa contrária à *santidade e indissolubilidade do honrado casamento* dos cristãos" (nº 12);

3. "*Indiferentismo*. Essa perversa opinião está difundida por todos os lados pela fraude dos perversos, os quais sustentam ser possível obter a salvação eterna da alma pela profissão de qualquer tipo de religião, desde que a moralidade seja mantida" (nº 13);

4. "A proposição errônea segundo a qual a *liberdade de consciência* deve ser necessariamente garantida a qualquer um" (nº 14);

5. "A *liberdade de publicar* o que quer que seja e de disseminar isso para o povo... sendo que nós lemos que os próprios apóstolos queimaram um grande número de livros" (nº 15–16);

6. "*Ataques à confiança e à submissão devidas aos príncipes*; as tochas da traição estão sendo acesas em todos os lugares" (nº 17);

7. "Os planos daqueles que desejam veementemente *separar a Igreja do Estado*, e quebrar a concórdia mútua entre a autoridade temporal e o sacerdócio" (nº 20).

Católicos atuais podem ficar chocados ao constatar que papas em nossos dias defendem os opostos diametrais dessas condenações estabelecidas em 1832. Documentos papais e conciliares correntes, e o direito canônico, abriram passagem para o casamento clerical, o divórcio e o novo casamento, a liberdade de consciência acima da lei moral objetiva, a liberdade de imprensa, a rebelião política, e a completa separação entre a Igreja e o Estado. Entre o pontificado de Gregório XVI e o nosso tempo, a trama da *Instrução Permanente da Alta Vendita* de fato se enraizou profundamente.

O sucessor de Gregório, Papa Pio IX, incentivou Jacques Crétineau--Joly a publicar o texto integral da *Alta Vendita* em 1859. A trama para enxertar "nossas doutrinas nos corações do clero jovem e nos monastérios" estava sem dúvida na mente do Papa Pio IX quando ele emitiu seu *Programa de Erros* em 1864, o qual explicitamente atacava os oito erros da maçonaria e dos Carbonari, divididos em dez seções:

1. Contra o panteísmo, o naturalismo e o racionalismo absoluto (proposições 1–7);

2. Contra o racionalismo moderado (proposições 8–14);

3. Contra o indiferentismo e o latitudinarismo[11] (proposições 15–18);

4. Contra o socialismo, o comunismo, as sociedades secretas, as sociedades da Bíblia e as sociedades clericais liberais (uma condenação geral, não numerada);

5. Defesa do poder temporal nos Estados Papais, o qual fora derrubado seis anos antes (proposições 19–38);

6. Relacionamento da sociedade civil com a Igreja (proposições 39–55);

7. Da ética natural e cristã (proposições 56–64);

8. Defesa do casamento cristão (proposições 65–74);

9. Poder civil do pontífice soberano nos Estados Papais (proposições 75–76);

10. Contra o liberalismo em toda forma política (proposições 77–80).

---

11 Original: *indifferentism and latitudinarianism* – NT.

Os maçons lutavam pela deificação panteística dos seres humanos — assim como Satanás lutara pela deificação panteística dos seres angélicos. E uma vez mais, a guerra preternatural chegou à terra. Em alguns poucos anos apenas, os maçons concluiriam a derrubada da independência política do papado e o Papa Leão XIII iria ver misticamente demônios se reunirem em Roma.

CAPÍTULO III
NOSSA SENHORA DE LA SALETTE

∼

O sucessor de São Pedro não era o único preocupado com a infiltração na Igreja Católica. Em 1846, a Santa Virgem Maria apareceu em uma visão a duas crianças em La Salette, França. Cinco anos mais tarde, o Papa Pio IX formalmente aprovou a aparição de Nossa Senhora de La Salette e seus dois "segredos". As duas crianças eram Maximin Giraud (de onze anos) e Mélanie Calvat (de catorze), que habitavam na cidade de La Salette, de oitocentos moradores, no sudeste da França. Ao retornar da montanha onde estiveram cuidando do gado do vizinho de Mélanie, as duas crianças avistaram uma linda dama chorando amargamente no Monte Sous-les-Baisses.

Ali, a Santa Virgem sentou-se sem cerimônias, os cotovelos sobre os joelhos, chorando nas mãos. Vestia um grande véu composto de várias rosas, um vestido prateado, um avental dourado, sapatos brancos e um crucifixo dourado pendia de uma corrente ao seu pescoço. Rosas também estavam no chão aos seus pés. Enquanto chorava, ela falou às crianças em seu dialeto francês occitano. A mensagem de Nossa Senhora de La Salette dizia respeito à reverência ao Santo Nome de Deus e ao descanso do trabalho no sábado. Ela as avisou acerca da iminente fome que abalou a Irlanda e a França em 1846 e 1847. Nossa Senhora então revelou um segredo a cada uma das duas crianças, subiu a colina, e desapareceu.

O bispo local, Philibert de Bruillard de Grenoble, entrevistou as crianças e considerou sua história digna de crença. O Cardeal Bonald, o arcebispo de Lyon, porém, permaneceu cético. Ele insistiu que as crianças revelassem seus respectivos segredos. Mélanie concordou em fazê-lo somente se o texto de seu segredo fosse entregue diretamente ao Papa. Concordando com essa condição, o bispo de Grenoble enviou dois representantes a Roma, carregando os dois segredos de Nossa Senhora, os quais eles apresentaram a Pio IX em 18 de julho de 1851.

Maximin Giraud se tornou seminarista, mas jamais alcançou a ordenação ao sacerdócio; ele morreu antes de completar quarenta anos, em 1º de março de 1875. Mélanie Calvat se tornou freira com vinte anos (assumindo o nome de Irmã Maria da Cruz) com as Irmãs da Providência, e então se transferiu para as Irmãs da Caridade.

As palavras de Mélanie se tornaram controversas, visto que à época vigorava um acordo entre Napoleão III (sobrinho de Napoleão Bonaparte) e os bispos da França. Ela revelou que a Santa Virgem Maria a alertara acerca de uma trama maçônica para derrubar a Igreja Católica na França. Ansiosa por remover essa visionária da política francesa, a hierarquia autorizou a sua transferência para um convento carmelita inglês em 1855.

Durante cinco anos na Inglaterra, ela falou de profecias e coisas por vir. Mas o bispo inglês local a proibiu de falar, então ela retornou à França e entrou para um convento em Marselha. Após sua identidade ser descoberta, ela passou por alguns poucos conventos antes de partir para Nápoles em 1867. Em Nápoles, ela escreveu seu segredo e uma regra para uma comunidade religiosa masculina, chamada Ordem dos Apóstolos dos Últimos Dias, e outra regra para mulheres, chamada Ordem da Mãe de Deus. Mélanie se encontrou em segredo com o Papa Leão XIII para debater essas ordens, mas nada resolveu. Quando ela morreu, em Nápoles, os moradores locais ficaram chocados ao saber que a visionária de La Salette habitara, incógnita, em seu meio.

Qual era o segredo que Nossa Senhora de La Salette entregou a Mélanie? Ela escreveu o segredo pela primeira vez em 1851, ele foi selado e enviado ao Papa Pio IX — após isso ele foi arquivado no Santo Ofício, em Roma. Mélanie o escreveu uma segunda vez em 1873 e publicou essa segunda versão em 1879 no formato de uma brochura que trazia o *imprimatur* do Bispo Salvatore Luigi Zola, da diocese de Lecce, Itália. O título dessa brochura é *Aparição da Santa Virgem na Montanha de La Salette*.

A versão original de Mélanie, de 1851, foi arquivada, perdida e esquecida desde o final dos anos 1800. Em 1999, porém, ela foi redescoberta nos arquivos do Santo Ofício e publicada.[12] Apenas a partir de 1999 fomos capazes de comparar as duas versões lado a lado. A versão arquivada de 1851 e a versão publicada de 1879 abordavam os mesmos temas (perseguição ao papa, apostasia, a destruição de Paris e Marselha, o nascimento do Anticristo a partir de uma freira, etc.), mas a versão de 1879 é muito mais longa e mais precisa, e contém detalhes que não são encontrados na outra versão.

O Santo Ofício censurou a versão de 1879 quase imediatamente após a sua publicação, porque ela predizia a futura apostasia de Roma. Em 1923, ela foi inserida no Índice dos Livros Proibidos. Muitas pessoas hoje acreditam que a versão arquivada de 1851 é a versão pura, prístina e verdadeira, ao passo que a edição publicada de 1879 foi falsificada e sensacionalizada[13] por Mélanie em sua vida adulta. Mas por que iria Mélanie corromper e falsamente expandir um segredo que recebera da Santa Virgem Maria?

Aqueles que rejeitam a versão de 1879, com sua consideração de Roma como o assento do Anticristo, argumentam que Mélanie ou enlouqueceu ou agiu com malícia para com a Igreja Católica, de forma a criar uma versão enfeitada de seu segredo. Entretanto, lemos que ela morreu humildemente, recebendo os sacramentos e professando a fé católica. Aqueles que a conheceram atestaram sua santidade e fidelidade. Até mesmo o Papa Pio X a admirava e sugeriu sua beatificação após sua morte.

Mélanie não era insana, e ela não dava falso testemunho a respeito das palavras da Mãe de Deus. Podemos concluir, então, que as versões de 1851 e 1879 são ambas igualmente verdadeiras e que uma não invalida a outra, não mais do que os detalhes diferentes no Evangelho de São Mateus refutam a autenticidade e a verdade do Evangelho de São Marcos. A versão de 1851 afirma que o Anticristo nascerá de uma freira. A versão de 1879 afirma que o Anticristo nascerá de uma

---

12 O Padre Michel Corteville descobriu o texto original do segredo de Mélanie, de 1851, nos arquivos do Santo Ofício em 1999. A versão de 1851 se conforma, em essência, à sua versão publicada de 1879, mas faltam-lhe as frases "Roma perderá a fé e tornar-se-á o assento do Anticristo" e "Haverá um eclipse da Igreja". Em 2000, no Angelicum, o Padre Michel Corteville defendeu sua tese de doutorado em teologia, intitulada *Descoberta do Segredo de La Salette* [original: *Discovery of the Secret of La Salette*] – NT.

13 Original: *sensationalized* – NT.

freira *hebréia*. Diferenças como esta não desqualificam a mais detalhada versão de 1879. Ademais, nós sabemos que a versão de 1851 foi escrita duas vezes em 1851, e que o primeiro rascunho foi rejeitado e destruído. Alguma manipulação de fato ocorreu também em 1851.

Nós também sabemos que, em 1851, quando a versão original foi aprovada e selada, a criança Mélanie estava sofrendo intimidação de um cardeal, um bispo, inquisidores e teólogos. A versão de 1851, portanto, pode não ter sido a versão exaustiva, mas simplesmente a essência do segredo de Nossa Senhora para satisfazer o cardeal que interrogava Mélanie. Além disso, a versão de 1879 tem uma seção entre parênteses na qual Mélanie faz um comentário: "De acordo com a Visão que tive no momento em que a própria Santa Virgem estava falando da ressurreição dos mortos [...]".[14] Que Mélanie recebeu uma visão à medida que a Virgem falava é freqüentemente negligenciado. Na opinião deste autor, a versão de 1879 incorpora tanto a mensagem quanto a visão, ao passo que a versão de 1851 contém uma truncada versão da mensagem.

Eu acredito que ambas as versões são válidas (ambas as versões estão incluídas no apêndice deste livro) e, desse modo, cito aqui as mais interessantes passagens da edição de 1879. Em primeiro lugar, Nossa Senhora condena os padres malignos da Igreja Católica:

> Os padres, ministros do meu Filho, os padres, por suas vidas perversas, por sua irreverência e sua impiedade na celebração dos santos mistérios, por seu amor ao dinheiro, seu amor de honras e prazeres, os padres têm se tornado latrinas de impureza. Sim, os padres estão pedindo vingança, e vingança está pendendo sobre suas cabeças. Ai dos padres e daqueles dedicados a Deus, os quais, por sua falta de fé e suas vidas perversas, estão crucificando o meu Filho novamente! Os pecados daqueles dedicados a Deus bradam ao Céu e clamam por vingança, e agora vingança está às portas deles, pois não há quem traga misericórdia e perdão para o povo. Não há mais almas generosas, não há um sequer digno de oferecer um sacrifício imaculado ao Eterno por amor ao mundo.[15]

---

14   *Le Secret de Mélanie*, 29–30.

15   Mélanie Calvat, *Apparition of the Blessed Virgin on the Mountain of La Salette*. Lecce, Italy: 1879, 2.

Nossa Senhora de La Salette então elogia o Papa Pio IX e condena Napoleão III:

> Que o Vigário do meu Filho, Papa Pio IX, jamais deixe Roma novamente após 1859; que ele seja, porém, firme e nobre; que ele lute com as armas da fé e do amor. Eu estarei ao seu lado. Que ele esteja alerta contra Napoleão: ele é hipócrita, e deseja fazer de si mesmo papa e imperador. Deus logo se afastará dele. Ele é o idealizador que, sempre buscando subir mais, cairá pela espada que desejava usar para forçar seu povo a exaltá-lo.[16]

Nossa Senhora chama 1864 o ano no qual Satanás e seus demônios serão libertos do Inferno; 1864 marca a publicação do Programa de Erros, no qual o Papa Pio IX condena o liberalismo, o racionalismo e o socialismo.

> No ano de 1864, Lúcifer, junto com muitos demônios, será liberto do Inferno; eles acabarão pouco a pouco com a fé, mesmo naqueles dedicados a Deus. Eles cegá-los-ão de uma maneira tal que, a menos que sejam abençoados com uma graça especial, essas pessoas assumirão o espírito desses anjos do Inferno; várias instituições religiosas perderão toda a fé e muitas almas... Todos os governos civis terão um e o mesmo plano, que será abolir e evitar todo princípio religioso, dando lugar ao materialismo, ao ateísmo, ao espiritualismo e a vícios de todos os tipos.[17]

Nossa Senhora então se volta para o fim do mundo e descreve o advento do Anticristo sobre a terra:

> Será durante este tempo que o Anticristo nascerá de uma freira hebréia, uma falsa virgem que se comunicará com a velha serpente, a mestra de impureza, seu pai será B.[18] No berço, ele proferirá blasfêmias; ele terá dentes; em uma palavra, ele será o demônio encarnado. Ele gritará horrivelmente, fará maravilhas, alimentar-se-á de nada exceto impureza. Ele terá irmãos, que, embora não sejam demônios encarnados, como ele, serão crianças do mal. À idade de doze, eles

---

16 Ibid., 7.

17 Ibid., 11.

18 Aqui, "B" é geralmente entendido como "bispo". Isso significa que o Anticristo não é o filho de Satanás, mas nascido naturalmente de uma união profana entre uma freira e um bispo.

atrairão atenção a si mesmos pelas vitórias galantes que houverem obtido; logo eles conduzirão exércitos cada um, auxiliados pelas legiões do Inferno.[19]

As estações serão alteradas, a terra nada produzirá exceto mau fruto, as estrelas perderão seu movimento regular, a lua refletirá apenas um fraco brilho vermelho. Água e fogo trarão ao globo terrestre convulsões e terríveis terremotos, os quais abalarão montanhas, cidades, etc.[20] Roma perderá a fé e tornar-se-á o assento do Anticristo.[21]

A brochura de Mélanie enfrentou muita resistência em Roma, presumidamente porque condenou com tal violência os padres perversos e afirmou: "Roma perderá a fé e tornar-se-á o assento do Anticristo". Em 1880, o Santo Ofício restringiu o livro, mas ele foi repetidamente reeditado na França e na Itália durante os anos 1900.[22] Entretanto, o Papa Pio X parece ter dado à menina a sua aprovação, quando, após ler a biografia de Mélanie, exclamou ao bispo de Altamura "*la nostra Santa!*" e propôs iniciar o procedimento para a sua beatificação. A despeito da controvérsia em torno de sua publicação de 1879, Mélanie Calvat confirmou a declaração do Cardeal Manning, que afirmou:

> A apostasia da cidade de Roma... e sua destruição pelo Anticristo pode parecer tão nova para muitos cristãos, que eu penso que seria bom recitar o texto de teólogos da maior reputação. Primeiro, Malvenda, que escreve expressamente sobre o assunto, afirma, como sendo opinião de Ribera, Gaspar Melus, Viegas, Suarez, Bellarmine e Bosius, que Roma deverá apostatar da fé, afastar o Vigário de Cristo e retornar ao seu antigo paganismo.[23]

A guerra contra o Vigário de Cristo e a apostasia de Roma apenas começou. E, de acordo com Mélanie, começou com fúria satânica em 1864.

---

19 Calvat, *Apparition*, 26.

20 Ibid., 27

21 Ibid., 28.

22 O Santo Ofício, sob o Papa Bento XV, inseriu uma reedição da versão de 1879 do segredo no Índice dos Livros Proibidos em 9 de maio de 1923.

23 Henry Edward Cardeal Manning, "The Present Crises of the Holy See Tested by Prophecy", reeditado em *The Pope and the Antichrist*. Sainte-Croix du Mont, France: Tradibooks, 2007, 75.

CAPÍTULO IV
ATAQUES AOS ESTADOS PAPAIS EM 1870

~

Quando esta corrupção tiver sido abolida, é vosso dever erradicar aquelas sociedades secretas de homens facciosos, os quais, completamente opostos a Deus e a príncipes, estão totalmente dedicados a promover a ruína da Igreja, a destruição dos reinos, e a desordem em todo o mundo. Tendo acabado com os resquícios da verdadeira religião, eles preparam o caminho para crimes infames.

— Papa Pio VIII, *Traditi humilitati*

Certa vez, Napoleão Bonaparte insultou um cardeal católico, ao ameaçá-lo: "Vossa Eminência não percebe que tenho o poder de destruir a Igreja Católica?". Ao que o cardeal gracejou: "Vossa Majestade, nós, o clero católico, temos feito o nosso melhor para destruir a Igreja durante os últimos 1800 anos. Não conseguimos, nem você conseguirá".

Dos tempos do Imperador César ao tempo de Napoleão Bonaparte, os inimigos de Cristo tentaram destruir Sua Igreja Católica através de um ataque externo de perseguição. A cada século, esses ataques deixaram a Igreja mais forte, o que confirma o testemunho de Tertuliano: "O sangue dos mártires é a semente da Igreja".[24]

Nero matou Pedro e Paulo, e a Igreja em Roma cresceu. Diocleciano implementou a maior perseguição aos cristãos, e dentro de décadas o Império Romano se tornou majoritariamente cristão, até mesmo gerando o primeiro imperador batizado. Parece ter levado 1800

---

24 Tertuliano, *Apologeticus*, 50.

anos para que os inimigos da Igreja percebessem que ela não pode ser destruída por ataques externos. Ela deve necessariamente ser infiltrada e prejudicada a partir de dentro. A perseguição pela espada apenas encheu o mundo de catedrais e basílicas erigidas em honra aos mártires.

Então, como Judas traiu a Cristo, assim a Igreja Católica em breve será traída por um beijo. Os anos de 1800 e 1900 veriam a Igreja ser atacada por padres-Judas de dentro de seus próprios flancos.

***

A corrupção moral e financeira do catolicismo contemporâneo começa não com o Concílio Vaticano II, como alguns católicos ingenuamente insistem, mas sim com a queda dos Estados Papais sob o Papa Pio IX em 1870.

Antes de apreciarmos a maneira como os ataques internos à Igreja foram efetuados, devemos apreciar a origem e o papel dos Estados Papais na proteção do ofício papal. Desde o tempo em que Constantino moveu sua capital para Constantinopla, em 330 d.C., o papa em Roma manteve *de facto* autonomia política em Roma. Os reis dos francos formalmente ratificaram a autonomia política do papado cinco séculos mais tarde.

Em 751, o Papa Zacarias coroou Pepino, o Breve, "Rei dos Francos", a fim de substituir o rei merovíngio Quilderico III. O sucessor do Papa Zacarias, Papa Estêvão II, estendeu os privilégios ao também conceder ao Rei Pepino o título de "Patrício dos Romanos". O Rei Pepino exprimiu sua gratidão ao derrotar os lombardos em 754 e ao transferir suas terras ao Papa Estêvão II e seus sucessores. Esses novos "Estados Papais" foram chamados em latim de *Status Ecclesiasticus*, ou o "Estado-Igreja", onde o papa era tanto pastor espiritual quanto governador temporal.

Em 781, o filho do Rei Pepino, Carlos Magno, confirmou os Estados Papais como os Ducados de Roma, Ravena, a Pentápole, partes do Ducado de Benevento, Toscana, Córsega, Lombardia e certo número de cidades italianas. Os favores e gratidão se tornaram mútuos quando o Papa Leão III coroou Charles Magnus, ou Carlos Magno, como é comumente conhecido, como Sacro Imperador Romano no Natal de 800. Esse acordo franco-romano estabeleceu dois importantes reinos. Haveria um Estado Papal oficial que protegeria os papas de invasões políticas através do isolamento geográfico em torno de Roma; e haveria um "Sacro Império Romano" que serviria de guarda de segurança aliada para proteger o Estado Papal.

De 754 a 1870, o papa de Roma foi tanto o pontífice espiritual quanto o regente temporal dos Estados Papais. Celebremente, o Papa Bonifácio VIII carregava duas espadas na procissão, para simbolizar sua autoridade tanto sobre o reino espiritual da Igreja quanto sobre o reino temporal dos Estados Papais. Em 18 de novembro de 1302, o Papa Bonifácio VIII emitiu a bula papal *Unam Sanctam*, na qual ele afirmou que a dupla autoridade do papa deriva das "duas espadas" de São Pedro na Última Ceia:

> "Digo-te, Pedro, que não cantará hoje o galo, sem que tu, por três vezes, tenhas negado que me conheces"... Disse-lhes, pois: "Mas agora quem tem bolsa, tome-a, e também alforje, quem não tem espada venda o seu manto, e compre uma. Porque vos digo que é necessário que se cumpra em mim isto que está escrito: 'foi posto entre os malfeitores'. Porque as coisas que me dizem respeito estão perto do seu cumprimento". Eles responderam: "Senhor, eis aqui duas espadas". Jesus disse-lhes: "Basta" (Lc 22, 34, 36–38).

Isso se tornou conhecido como a teoria das "duas espadas", a qual permaneceu até 1798, quando tropas comandadas por Napoleão dissolveram os Estados Papais. No ano seguinte, o Papa Pio VI morreu no exílio. Seu sucessor, Pio VII, foi eleito em Veneza e coroado às pressas com uma famosa tiara papal feita de papel machê. Napoleão autorizou Pio VII a retornar para Roma e restaurou os Estados Papais para o papa em 1800 — um aniversário milenar apropriado da coroação de Carlos Magno pelo papa. Entretanto, Napoleão apreendeu os Estados Papais em 1809, e o Congresso de Viena não os devolveu ao papa até 1814.

De 1814 até 1870, os Estados Papais estiveram em perigo. Em 1859, o Papa Pio IX ordenou que cada Missa Baixa da Igreja Católica terminasse com três Ave-Marias, a *Salve Regina*, um versículo e responso, e uma coleta para a proteção da Igreja. Em fevereiro de 1849, uma República Romana foi declarada, e o Papa Pio IX fugiu de Roma. Em 1860, o Imperador Napoleão III apreendeu boa parte dos

Estados Papais, mas protegeu Roma. Porém, com a eclosão da Guerra Franco-Prussiana, Napoleão III recuou e deixou Roma vulnerável. O Rei Victor Emmanuel II ofereceu proteção ao papa. O Papa Pio IX recusou. A Itália declarou guerra contra o papa em 10 de setembro de 1870. A Roma papal caiu em 20 de setembro de 1870, após um cerco de algumas poucas horas. O Reino da Itália ofereceu ao papa o usufruto do Vaticano e uma conta de 3,25 milhões de liras. A Itália negou a soberania do papa, mas garantiu-lhe o direito de enviar e receber embaixadores. O Papa Pio IX resolutamente rejeitou essa oferta. Ele se recusou a reconhecer o novo reino e excomungou o Rei Victor Emmanuel II e o parlamento italiano por sua usurpação sacrílega.

Esse foi o termo definitivo dos Estados Papais — o fim de 1.116 anos de governo temporal do papa (de 754 a 1870). O Papa Pio IX declarou a si mesmo um prisioneiro no Vaticano. Ele via o ataque não meramente como político, mas como demoníaco.

CAPÍTULO V
O PAPA LEÃO XIII VÊ DEMÔNIOS REUNIREM-SE EM ROMA

∽

Ainda em 1859, o Papa Pio IX decretou que uma série de orações fosse recitada após cada Missa Baixa. Padres e leigos deveriam se ajoelhar e rezar a Ave-Maria três vezes, seguida pela *Salve Regina*, e então uma oração pela Igreja.[25] A razão para as adições à Santa Missa é o tópico de uma teoria da conspiração, mas, nesse caso, trata-se de uma "conspiração", com reconhecimento papal, de "socialismo e comunismo" abordada diretamente pelo Papa Pio IX em sua encíclica *Nostis et Nobiscum*:

> Mas se os fiéis desprezam tanto os avisos paternos de seus pastores quanto os comandos da Lei Cristã lembrados aqui, e se eles deixam a si mesmos serem enganados pelos atuais promotores de tramas, decidindo colaborar com eles em suas *teorias pervertidas de socialismo e comunismo*, que eles saibam e sinceramente considerem o que estão trazendo sobre si mesmos. O Juiz Divino procurará vingança no dia da ira. Até lá, nenhum benefício temporal para o povo resultará de sua *conspiração*, mas sim novos aumentos da miséria e do desastre. Pois o homem não tem poder para estabelecer novas sociedades e uniões as quais são opostas à natureza da humanidade. Se essas *conspirações* se espalharem por toda a Itália, haverá apenas um único resultado: se o arranjo político presente for violentamente abalado e totalmente arruinado pelos ataques recíprocos de cidadãos contra cidadãos por suas dotações e matanças equivocadas, no final alguns

---

25 Essa oração de 1859 pela Igreja era composta de quatro orações retiradas da *Missa B. Mariae Virginis*, da *Missa pro remission peccatorum*, da *Missa pro pace* e da *Missa pro inimicis*.

poucos, enriquecidos pela pilhagem de muitos, tomarão o supremo controle para a ruína de todos.[26]

Essas conspirações das quais Pio IX fala vieram a acontecer, como vimos, em 1870, mas seu sucessor direto, o Papa Leão XIII, misticamente viu uma aparição que revelava uma infiltração profundamente demoníaca e agora sitiando a própria Roma. Leão XIII considerou essa infiltração satânica como sendo realizada por "sociedades secretas" que promovem adoração demoníaca e rebelião. Em sua encíclica *Quod Multum*, de 1886, ele se refere a essa obra de infiltração:

> É suficiente recordar o racionalismo e o naturalismo, essas fontes morais do mal cujos ensinamentos são livremente distribuídos em todos os lugares. Devemos então acrescentar as muitas fascinações da corrupção: a oposição à Igreja ou a defecção aberta desta por oficiais públicos, *a obstinação cega das sociedades secretas*, aqui e ali um currículo sem consideração a Deus para a educação dos jovens.[27]

O Papa Leão XIII também lamentaria que essa "conspiração" não tenha permanecido distante: "Através de conspirações, corrupções e violência, ela finalmente dominou a Itália e mesmo Roma".[28] Diante dessa nova infestação demoníaca, Leão XIII acrescentou, em 1886, à Missa Baixa uma recentemente composta oração a São Miguel, implorando ao arcanjo ajuda na batalha contra o diabo. É a mesma oração a São Miguel com a qual estamos familiarizados hoje:

> São Miguel Arcanjo, defenda-nos na batalha. Seja nossa proteção contra as maldades e armadilhas do diabo. Que Deus o repreenda, nós humildemente oramos, e que vós, ó Príncipe das hostes celestiais, pelo poder de Deus, lanceis ao Inferno Satanás e todos os espíritos malignos, os quais rondam pelo mundo à procura da ruína das almas. Amém.[29]

---

26 Papa Pio IX, Encíclica sobre a Igreja nos Estados Papais *Nostis et Nobiscum* (8 de dezembro de 1849), n° 25, grifos adicionados.

27 Papa Leão XIII, Encíclica sobre a Liberdade da Igreja *Quod Multum* (22 de agosto de 1886), n° 3.

28 Papa Leão XIII, Encíclica sobre a Maçonaria *Custodi di quella fede* (8 de dezembro de 1892), n° 3.

29 *Sáncte Míchael Archángele, defénde nos in proélio, cóntra nequítiam et insídias diáboli ésto præsídium. Ímperet ílli Déus, súpplices deprecámur: tuque, prínceps milítiæ cæléstis, Sátanam aliósque spíritus malígnos, qui ad perditiónem animárum pervagántur in múndo, divína virtúte, in inférnum detrúde. Ámen.*

As orações após a Missa Baixa organizada por seu predecessor, Papa Pio IX, eram essencialmente marianas em seu escopo. Quando, então, o Papa Leão XIII se sentiu compelido a adicionar essa oração apocalíptica a São Miguel contra "Satanás e todos os espíritos malignos, os quais rondam pelo mundo à procura da ruína das almas"? Em 1931, Monsenhor Carl Vogl (1874-1941) contou a seguinte lenda sobre a origem dessa oração:

> Uma muito peculiar circunstância induziu o Papa Leão XIII a compor esta poderosa oração. Certa vez, após celebrar a Missa, ele estava em conferência com os Cardeais. Subitamente, ele caiu ao chão. Vários médicos foram chamados, e um deles não encontrou sinal algum de pulso — a própria vida parecia ter deixado o corpo frágil e envelhecido. De repente, ele se recuperou e disse: "Que visão horrível me foi mostrada!". Ele viu as eras por vir, os poderes sedutores e lucubrações de demônios contra a Igreja em toda terra. Mas São Miguel apareceu no momento da maior angústia e empurrou Satanás e suas coortes de volta para o abismo do Inferno. Tal foi a ocasião que levou o Papa Leão XIII a prescrever essa oração para a Igreja universal.[30]

Os críticos destacam que o relato de Monsenhor Vogl em 1931 dista 45 anos da composição, por Leão, da oração a São Miguel e de sua inclusão nas Missas Baixas, em 1886. O fato de que o Papa Leão XIII adicionou uma específica oração a São Miguel para "nossa proteção contra as maldades e armadilhas do diabo" não precisa exigir uma aparição mística ao Santo Padre.

Entretanto, um certo Cardeal Giovanni Battista Nasalli Rocca di Corneliano (1872-1952) testemunhou ter repetidamente ouvido precisamente a mesma história do secretário pessoal do Papa Leão XIII, Monsenhor Rinaldo Angeli (1851-1914):

> "Os quais rondam pelo mundo" tem uma explicação histórica, a qual tem sido compartilhada numerosas vezes pelo mais fidedigno secretário do Santo Padre, que lhe foi muito próximo durante a maior parte de seu pontificado, Monsenhor Rinaldo Angeli.
>
> O Papa Leão XIII verdadeiramente teve uma visão de espíritos demoníacos, que estavam se reunindo na Cidade Eterna [Roma]. Dessa

---

30   Carl Vogl, *Weiche Satan!*, Alötting: Geiselberger, 1931.

experiência — a qual ele compartilhou com o Prelado e certamente com outros sob confidencialidade — veio a oração que ele quis que fosse recitada por toda a Igreja. Essa foi a oração que ele recitou (ouvimo-la muitas vezes na Basílica do Vaticano) com uma forte e poderosa voz, que ressoou de uma maneira inesquecível no silêncio universal sob as abóbadas do mais importante templo da Cristandade.

Não apenas isso, mas ele escreveu um exorcismo especial, o qual se encontra no *Rituale Romanum* sob o título *Exorcismus in Satanam et angelos apostaticos*. O Pontífice recomendou aos bispos e padres que esses exorcismos fossem recitados freqüentemente em suas dioceses e em suas paróquias por padres que houvessem recebido as faculdades apropriadas de seus ordinários. Entretanto, para dar um bom exemplo, ele mesmo o recitou freqüentemente durante o dia. De fato, outro prelado familiar ao Pontífice costumava nos dizer que mesmo em suas caminhadas pelos Jardins do Vaticano ele tomava do bolso um pequeno livro — desgastado pelo excessivo uso — e recitava seu exorcismo com fervente piedade e profunda devoção. O pequeno livro é ainda preservado por uma família nobre em Roma, a qual nós conhecemos bem.[31]

Esse relato fornecido pelo secretário pessoal do Papa Leão XIII acrescenta a "explicação histórica" de que o papa teve "uma visão de espíritos demoníacos, que estavam se reunindo na Cidade Eterna". O secretário do papa observa que Leão XIII não apenas adicionou a oração a São Miguel ao final da Missa Baixa, mas também que ele compôs uma mais extensa oração de exorcismo em 1890 a ser usada por bispos e padres por todo o mundo. Esse é o testemunho do secretário do papa — o homem mais próximo ao coração, pensamentos e palavras do Papa Leão XIII nesses assuntos.

A suposta conversa entre Deus e Satanás

A aparição demoníaca ao Papa Leão XIII foi embelezada com detalhes apócrifos pouco depois dessa época. Em 1947, o Padre Domenico Pechenino recontou que o Papa Leão XIII estava assistindo a uma

---

31 Traduzido por Bryan Gonzalez e disponível em *Pope Leo XIII and the Prayer to St. Michael*, de Kevin Symonds, Boonville, NY: Preserving Christian Publications, 2018, 27–28.

segunda Missa após ter ele mesmo celebrado a Santa Missa. Essa versão aduz que o papa fitou algo acima da cabeça do padre celebrante e então saiu apressadamente da capela para seu escritório privado, onde ele imediatamente compôs a oração a São Miguel. O Padre Pechenino então acrescenta um provocante detalhe à história, relatando que o Papa Leão XIII viu o próprio Satanás durante a Missa.

> Isto é o que aconteceu. Deus revelou Satanás ao Vigário de Seu Divino Filho na terra, assim como ele fizera com Jó. Satanás vangloriava-se de já ter devastado a Igreja em uma larga escala. De fato, esses eram tempos tumultuosos para a Itália, para muitas nações na Europa e para algumas ao redor do mundo. Os maçons dominavam, e os governos esbanjavam autoritarismo. Com a audácia de um presunçoso, Satanás propôs a Deus um desafio:
>
> "E se vós me désseis um pouco mais de liberdade, vós poderíeis ver o que eu faria à vossa Igreja!".
> "O que faríeis?".
> "Eu iria destruí-la".
> "Oh, isso seria algo a se ver. Quanto tempo levaria a empresa?".
> "Cinqüenta ou sessenta anos".
> "Tendes mais liberdade, e o tempo de que necessitais. Então veremos o que acontecerá".[32]

Esse relato de 1947 é o primeiro relato conhecido de que Satanás e Deus conversaram acerca do momento da destruição da Igreja, e que Deus designou um período de tempo para Satanás tentar seu golpe. Deveríamos crer nessa história?

Segundo a versão do Padre Pechenino, essa visão leonina aconteceu "pouco tempo após 1890". Isso não é inteiramente preciso, uma vez que a oração a São Miguel para a Missa Baixa foi datada em 1886 e o exorcismo maior de São Miguel foi publicado em 1890. Então, nós sabemos desde logo que os detalhes de Pechenino não são inteiramente confiáveis.

Outro problema em seu diálogo com Satanás é que ele parece ter sido derivado das visões da Santa Anne Catherine Emmerich (1774–

---

32 Symonds, *Pope Leo XIII*, 46.

1824), que, em seu *Detached account of the descent into Hell*,[33] afirma o seguinte:

> O próprio Deus decretou isto, e eu fui igualmente avisada, se me lembro corretamente, que ele será desacorrentado (*freigelassen*) por um período cinqüenta ou sessenta anos antes do ano 2000 d.C. As datas de muitos outros acontecimentos me foram apontadas, dos quais eu não me recordo agora; mas um certo número de demônios será libertado muito antes de Lúcifer, a fim de tentar os homens, e de servir de instrumentos da vingança divina.

Emmerich (que precede Pechenino em um século) se refere especificamente à soltura de Satanás por "cinqüenta ou sessenta anos". Se, entretanto, Pechenino ignorava Emmerich, temos um acordo providencial de duas fontes separadas — a saber, que Satanás será solto durante os últimos "cinqüenta ou sessenta anos" do século XX. Há problemas históricos e teológicos com o diálogo de Pechenino. Contudo, nós devemos descobrir exemplos substanciais de infiltração na Igreja Católica começando nos anos 1940 e 1950 — consentâneos com a visão de Emmerich de Satanás sendo "desacorrentado" nos "cinqüenta ou sessenta anos" finais do século XX. Antes de observarmos o joio que preenche o campo de Nosso Senhor, devemos primeiro compreender como as sementes heréticas do modernismo foram plantadas na Igreja na virada do século.

---

33 *Consideração independente da descida ao inferno*, em tradução livre – NT.

CAPÍTULO VI
INFILTRAÇÃO DE SOCIEDADES SECRETAS E DO MODERNISMO NA IGREJA

~

> Todos devem evitar familiaridade ou amizade com qualquer um suspeito de pertencer à maçonaria ou a grupos afiliados. Conheça-os pelos seus frutos e evite-os. Toda familiaridade deve ser evitada não apenas com aqueles ímpios libertinos que publicamente promovem o caráter da seita mas também com aqueles que se escondem sob a máscara da tolerância universal, do respeito a todas as religiões e da ambição de reconciliar as máximas do Evangelho com aquelas da revolução. Esses homens buscam reconciliar Cristo e Belial, a Igreja de Deus e o Estado sem Deus.
>
> — Papa Leão XIII, *Custodi di quella fede*

Três anos após o Papa Leão XIII ter visto demônios se reunirem em Roma, uma estátua de Giordano Bruno de Nola foi erguida na cidade, no Campo de' Fiori. Giordano Bruno foi um frade dominicano que publicamente pregou e negou as doutrinas católicas da Santa Trindade, da divindade de Cristo, da virgindade de Maria, da transubstanciação eucarística e da eternidade do Inferno. Parece também que ele ensinou panteísmo, reencarnação e que *todas* as religiões conduzem ao divino. Bruno foi condenado pelo Santo Ofício e executado em 1600. Foram os maçons que ergueram essa estátua de Bruno em Roma como um sinal de sua falsa filosofia e sua ambição de ganhar influência sobre a Roma papal.

O Papa Leão XIII se pronunciou contra a "construção da estátua ao renomado apóstata de Nola" em sua encíclica de 1890, *Dall'alto dell'Apostolico*. O papa considerou a construção do memorial como "conduzida pelos maçons" e "um insulto ao papado". Era um símbolo teológico da *Alta Vendita* maçônica: que o padre católico seja aquele que dissemine a semente dos ideais maçônicos. Bruno era a mascote da sua infiltração. Os escritores da *Alta Vendita* quiseram eventualmente eleger um papa nos moldes de Giordano Bruno de Nola: panteísta, naturalista, relativista e universalista. A *Alta Vendita* esperava por um papa que iria inflexivelmente ensinar que a pluralidade e a diversidade de religiões são expressões da sábia e divina vontade de Deus, que criou todos os seres humanos. Mas levaria mais de um século para alcançar isso.

O Papa Leão XIII morreu em 1903 após ter publicado 88 encíclicas, inclusive doze sobre o Rosário e quatro contra a maçonaria.[34] Depois de sua Missa de Réquiem, 62 dos 64 cardeais em atividade se encontraram em Roma para eleger o próximo Sucessor de São Pedro. Dos dois ausentes, um estava doente e o outro estava ainda vindo da Austrália de navio. O Papa Leão XIII viveu por tanto tempo que somente um desses cardeais em atividade havia votado na eleição papal anterior.

O candidato favorito a papa era o cardeal siciliano Mariano Rampolla. O Cardeal Rampolla, como Leão XIII, aprovou a Terceira República da França e tolerou o republicanismo. Por essa razão, ele fora um favorito de Leão XIII e seu herdeiro aparente. Relatórios sobre a primeira votação apontaram 29 votos para Rampolla, dezesseis votos para Girolamo Maria Gotti e dez votos para Giuseppe Sarto.[35] O número de votos necessários para a eleição de um papa, naquela época, eram 42. O impasse entre esses três candidatos requereria um consenso.

Após três votações, o cardeal polonês Jan Puzyna de Kosielsko, da Cracóvia, entregou o veto imperial do Imperador Franz Joseph contra a eleição do Cardeal Rampolla. Essa manobra oficialmente obstruiu a eleição de Rampolla ao papado. O veto imperial, ou *ius exclusivae* (direito de exclusão), é um privilégio concedido ao imperador cristão reconhecido de excluir um cardeal da candidatura papal. Esse direito

---

34 *Humanum genus* (1884), *Dall'alto dell'Apostolico Seggio* (1890), *Custodi di quella fede* (1892) e *Inimica vis* (1892).

35 David V. Barret, "Ballot Sheets from 1903 Conclave to Be Sold at Auction", em *Catholic Herald*, 2 de junho de 2014.

imperial de exclusão fora usado não menos do que dez vezes desde 1644. O privilégio remete aos imperadores romanos orientais. Por exemplo, quando o Papa Pelágio II morreu da praga em 7 de fevereiro de 590, o clero de Roma elegeu o Papa Gregório, o Grande, pouco tempo depois. Após essa eleição papal, entretanto, houve um atraso em sua instalação em Roma, enquanto eles esperavam pelo *iussio* do imperador em Constantinopla. Uma vez recebida a aprovação imperial, o Papa Gregório foi instituído bispo de Roma em 3 de setembro de 590 — após um interregno papal de cerca de sete meses.

Esse equilíbrio entre o imperador e o papa existiu quando dos imperadores cristãos bizantinos dos anos 600 e continuou com os sacros imperadores romanos no Oeste. Em 1903, o direito de veto papal pertencia ao Imperador Franz Joseph da Áustria, que o exerceu assim contra o Cardeal Rampolla. Ultrajado por esse ato de intervenção imperial, o Cardeal Rampolla o denunciou como "uma afronta à dignidade do Santo Colégio". Os cardeais em apoio a Rampolla ignoraram o veto imperial e novamente reuniram 29 votos para este na votação seguinte, mas os finalistas inverteram as posições, com 21 para Sarto e nove para Gotti. Os cardeais começavam a reconhecer que o frágil papado, sem os Estados Papais e entrando em uma época mais secularizada, exigiria a lealdade do Imperador Franz Joseph. Seus votos se voltaram mais e mais para o Cardeal Sarto, que assumiu a liderança na quinta votação e venceu a eleição papal na sétima eleição com cinquenta votos, o que lhe deu mais do que os 42 votos necessários. Inicialmente, Sarto recusou, mas, após ser pressionado pelos cardeais, ele aceitou a eleição.

O Cardeal Giuseppe Melchiorre Sarto (1835–1914) escolheu o nome papal Pio X, indicando que seu papado iria dar seqüência às rígidas políticas do Papa Pio IX antes dele. O Papa Pio X proferiu sua primeira benção papal *Urbi et Orbi* voltado para o interior da Basílica de São Pedro, *de costas para a secularizada cidade de Roma*. Esse ato simbolizou sua oposição ao domínio secular italiano sobre Roma e sua demanda pelo retorno dos Estados Papais. Seis meses depois, ele emitiu uma constituição apostólica banindo para sempre o veto imperial na eleição papal e instituindo uma excomunhão automática contra qualquer monarca que tente impor um veto em um conclave papal.

Um fato menos conhecido é que foi o Papa Pio X, não o Papa João Paulo II, o primeiro papa etnicamente polonês — seus pais eram imigrantes poloneses na Itália. Sarto era o segundo de dez filhos e cresceu muito pobre. Ele estudou latim com o pároco e recebeu a tonsura clerical com a idade de quinze anos, de maneira a poder seguir a formação no seminário e a ordenação ao sacerdócio.

Aos 23 anos, Sarto foi ordenado padre. Aos 49 foi designado bispo de Mântua pelo Papa Leão XIII e consagrado pelo Cardeal Lucido Parocchi, pelo Bispo Pietro Rota e pelo Bispo Giovanni Maria Berengo. Sarto recebeu uma dispensação papal porque lhe faltava um doutorado. O Papa Leão XIII o designou cardeal e patriarca de Veneza à idade de 58 anos, em 1893. Dez anos mais tarde, ele se tornaria papa.

O Papa Pio X foi um homem de impecável doutrina e santidade pessoal. Após sua morte e durante o processo de sua canonização, o "advogado do diabo" designado, incumbido de descobrir qualquer coisa desordenada em sua vida, podia apresentar somente duas "faltas" conhecidas de Pio X: ele fumava um cigarro por dia e sua Missa Baixa diária às vezes durava menos de 25 minutos. Esses eram os únicos argumentos contra sua canonização como santo.

O Papa Pio X é celebrado por promover freqüente Comunhão entre os leigos, e por diminuir a idade canônica da Primeira Comunhão da idade de doze para a idade de sete.[36] Ele amava a liturgia sagrada como "participação nos mais santos mistérios e na oração pública e oficial da igreja".[37] O papa favoreceu o canto gregoriano tradicional e alertou que "o emprego do piano é proibido na igreja, como também o é o de instrumentos barulhentos ou frívolos, tais como tambores, címbalos, sinos e semelhantes".[38]

Sua maior contribuição para a Igreja Católica foi sua resolução adamantina contra a heresia do modernismo. Os teólogos católicos dos anos 1800 haviam pressionado os limites da ortodoxia católica ao seguir o racionalismo e a consideração crítica protestante da Sagrada Escritura. O Papa Leão XIII havia escrito contra isso usando a alcunha de "liberalismo", mas o Papa Pio X classificou o movimento de "modernismo".

Pio X reconheceu que a maçonaria não iria desafiar abertamente o catolicismo, mas iria miná-lo a partir de dentro *com idéias*.

---

36 Pio X diminuiu a idade da razão em seu decreto *Quam Singulari* (1910).

37 Santo Pio X, *Tra le Sollecitudini*.

38 Ibid., 19.

Ele imediatamente considerou esse ataque maçônico interno como "modernismo", o naturalismo da maçonaria com uma aparência católica que justifica a si mesmo apelando para a "evolução do dogma".

A heresia modernista almeja *reinterpretar* a história bíblica, assim como a filosofia, a teologia e a liturgia católicas, através do prisma moderno da ciência racional e da filosofia pós-Iluminismo. Em um primeiro momento, isso parece soar admirável. Alguém poderia perguntar: "Não deveria a fé católica se aculturar ao mundo moderno a fim de tornar a fé mais convincente? Paulo não citou filósofos não-cristãos? Agostinho não empregou o platonismo? Tomás de Aquino não reconciliou Aristóteles? Por que não tentar reconciliar Kant, Hegel ou mesmo Nietzsche com o catolicismo?". Os Apóstolos, os Pais da Igreja e os Escolásticos "saquearam os egípcios" e freqüentemente empregaram os escritos, pensamentos e analogias dos pagãos que lhes antecederam.

O modernismo, entretanto, veio a existir *após* a rejeição da tradição intelectual católica. Sócrates viveu antes de Cristo. Seu sistema filosófico não era contra o cristianismo *per se*. Ele era pré-cristão. O mesmo é verdade para os pensadores platônicos, peripatéticos e a maioria dos estóicos.

Mas a filosofia de Kant ou de Hegel é propositalmente pós-cristã e busca substituir a fé católica por algo melhor e novo. Logo, o modernismo tenta fazer o impossível: ele almeja reinterpretar o catolicismo dentro de um sistema moderno que já rejeita o cristianismo.

As características do modernismo, de acordo com Pio x, são três. A primeira característica é a análise crítica e a "demitologização" racional da Sagrada Escritura. Para os modernistas, a Bíblia é uma importante coleção de lendas redigidas por pessoas poderosas para comunicar uma mensagem. A existência de Noé, Abraão, Moisés e Davi está sujeita a suspeita. Mesmo os quatro Evangelhos são questionados por causa de seus relatos de milagres. Seguindo o suposto naturalismo da maçonaria, o modernismo rejeita qualquer coisa verdadeiramente sobrenatural. Por exemplo, quando Nosso Senhor Jesus Cristo multiplica os pães e os peixes, isso é na verdade o "milagre da partilha". Nada sobrenatural aconteceu para aumentar a quantidade de comida consumível. Cristo expelindo demônios, explica o modernismo, é uma história simbólica sobre trazer paz psicológica a pessoas perturbadas. Jesus caminhando sobre as águas é apenas uma forma literária de retratá-Lo superando as dificuldades do mundo. Quando Cristo diz a seus Apóstolos "isto é o meu corpo", Ele lhes está pedindo que se lembrem d'Ele. O pão não se torna algo sobrenatural. Tudo tem uma explicação natural.

A segunda característica do modernismo é o secularismo e a fraternidade universal. São Tomás de Aquino corretamente ensinou que a graça cura e eleva a natureza. A ordem da realidade é que o sobrenatural reina sobre o natural. Quando o modernismo nega o sobrenatural, o secular e o político se tornam primários. Os conceitos de beatitude e salvação são reinterpretados como objetivos seculares ou políticos. Isso reduz o clero a ativistas políticos e rebaixa o papa a meramente um "*coach*" inspirador para as nações seculares. A separação entre Igreja e Estado é tal que a Igreja não tem mais nem mesmo relevância na esfera pública. A religião é privada.

A terceira característica do modernismo é a rejeição do que os católicos conhecem como o bom (moral), o verdadeiro (doutrina) e o belo (estética). O rígido sistema do pecado original, pecado venial, pecado mortal, e o perdão e a cura através da redenção em Cristo são abandonados. O relativismo moral é promovido. Os modernistas dizem que a doutrina deve sempre ser "pastoral", não "verdadeira". E as deslumbrantes arte, estatutária, arquitetura e música da Igreja Católica são substituídas pelo pedestre, moderno e útil.

Qualquer católico vivendo no terceiro milênio irá imediatamente discernir os vestígios do modernismo ainda corrompendo a Igreja Católica. A Escritura não é lida ou é ignorada nas homilias. Quantas vezes ouvimos: "Mateus não escreveu isso realmente" ou "Paulo de fato não escreveu isso"? O papa e os cardeais são geralmente reduzidos a líderes de torcida pelo globalismo, migração e redistribuição de bens. A moralidade católica decaiu. A heresia é pregada no púlpito. E igrejas antes gloriosas têm sido renovadas para remover o estatuário do santuário em favor de sua mera utilidade como "espaços de culto".

Em julho de 1907, o Santo Ofício publicou *Lamentabili sane Exitu*, que condenou 65 proposições modernistas. A maior parte dessas proposições foram extraídas dos escritos dos suspeitos Padres George Tyrrell, s.j.,[39] e Alfred Loisy.

Quando as pessoas perguntam: "O que aconteceu aos jesuítas?",

---
39 Companhia de Jesus – NT.

alguém poderia adequadamente responder: "Padre Tyrrell". George Tyrrell foi um anglicano irlandês convertido ao catolicismo que se reuniu aos jesuítas. Ele adquiriu certa reputação ao rejeitar a tradição escolástica de São Tomás de Aquino. Tyrrell abertamente ensinou que a razão não se aplica aos dogmas da Igreja Católica. Essa afirmação condena não apenas Tomás de Aquino, mas todo o consenso medieval entre fé e razão. Ao invés disso, ele defendeu "o direito de cada época para ajustar a expressão histórico-filosófica do cristianismo às certezas contemporâneas, pondo assim um fim a esse absolutamente desnecessário conflito entre fé e ciência, o qual é uma mera aberração teológica".[40]

Essa afirmação de Tyrrell reflete o pressuposto modernista de que o cristianismo precisa ser conformado a todas as épocas e a cada uma, e especialmente ao nosso tempo moderno. A teologia de Tyrrell foi vista como ultrajante, mesmo para os jesuítas, e ele foi expulso da Sociedade de Jesus por suas crenças heréticas em 1906 — um ano antes da edição de *Lamentabili sane Exitu*.

O Papa Pio X deu seqüência em setembro de 1907 com sua encíclica antimodernista *Pascendi Dominici Gregis*, na qual ele descreveu o modernismo como a "síntese de todas as heresias". O Padre Tyrrell então publicou duas cartas críticas contra a *Pascendi* no *Times* e foi suspenso e excomungado em seguida. Posteriormente lhe foi negado um funeral católico, porque ele se recusou a abjurar suas crenças modernistas.

Em 1908, o Padre Alfred Loisy também foi excomungado por modernismo. Loisy concordou substancialmente com Tyrrell. A audácia do modernismo de Loisy é manifesta por sua própria admissão: "Cristo tem ainda menos importância na minha religião do que ele tem naquela dos protestantes liberais: pois eu atribuo pouca importância à revelação de Deus Pai pela qual eles honram a Jesus. Se eu sou alguma coisa em religião, sou mais panteísta-positivista-humanitário do que cristão".[41]

A *Pascendi* do Papa Pio X exigiu que todos os bispos, padres e professores católicos fizessem um juramento antimodernista. Esse foi o meio formal e público pelo qual Pio X iria expor o modernismo entre

---

[40] *Autobiography and life of George Tyrell: life of George Tyrell from 1884 to 1909*, New York: Longman, Green, 1912, 185.

[41] Alfred Loisy, *Mémoires pour servir à l'histoire religieuse de notre temps*, Paris: E. Nourry, 1930–1931, v. II, 397.

o clero e nos seminários e universidades.⁴² Um grupo não oficial de teólogos monitores chamado *Sodalitium Pianum*, ou "Sociedade de Pio", foi incumbido de denunciar qualquer um que ensinasse doutrinas modernistas. Referindo-se ao clero modernista dissimulado, Pio X disse: "Pois eles devem ser espancados com os punhos. Em um duelo, não se conta ou se mede os golpes, bate-se o quanto puder".⁴³

Para corrigir a doutrina e firmar ainda mais a Igreja Católica em ortodoxia, Pio X decretou uma classe de catecismo em todas as paróquias da terra. Em 1908, ele emitiu o *Catecismo de Pio X*, de 115 páginas, para instrução doutrinal nas paróquias. O papa exigiu que, nos casamentos entre católicos e não-católicos, os parceiros não-católicos prometessem que iriam permitir que as crianças fossem feitas católicas. Ele conferiu aos bispos maior fiscalização sobre os seminários e solicitou seminários regionais. Pio X também solicitou o primeiro Código de Direito Canônico universal, o qual só seria finalizado após a sua morte e então promulgado por seu sucessor, Papa Bento XV, em 1917, como o Pio-Beneditino Código de Direito Canônico.

Teologicamente, Pio X deu seqüência ao ardente entusiasmo do Papa Leão XIII pelo tomismo, mas politicamente ele foi muito mais conservador. Pio X foi um radical contra o Estado secular da Itália e rompeu relações diplomáticas com a França. Ele se opôs a uniões comerciais não-católicas e disse aos católicos italianos que nunca deveriam votar em socialistas. Um mês antes de morrer, o Papa Pio X aprovou o requerimento do Cardeal James Gibbons para a construção do Santuário Nacional da Imaculada Conceição em Washington D.C. Ele sofreu um ataque cardíaco após a eclosão da Primeira Guerra Mundial e morreu em 20 de agosto de 1914.

O Conclave da Primeira Guerra Mundial

O Conclave Papal de 1914 se reuniu onze dias após a morte do Papa Pio X. Antes disso, um nacionalista iugoslavo sérvio-bósnio, chamado Gavrilo Princip, assassinou o herdeiro austro-húngaro, Arquiduque Franz Ferdinand, em Sarajevo, em 28 de junho de 1914. Essa crise de

---

42 Esse juramento permaneceu vigente até 1967, quando o Papa Paulo VI o aboliu.

43 John Cornwell, *Hitler's Pope: the secret history of Pius XII*, New York: Penguin, 2008, 37.

julho dividiu a Europa entre duas coalizões que consistiam em Inglaterra, França e Rússia aliadas em oposição a Alemanha, Áustria-Hungria e Itália. O Conclave de 1914 reuniu cardeais de todas as alianças e nacionalidades opostas.

Cinqüenta e sete cardeais participaram e votaram. Oito cardeais não puderam estar presentes devido a doença ou a distância — tais como os dois cardeais americanos e o cardeal canadense, que chegou tarde demais para votar. O Conclave Papal durou quatro dias e consistiu em dez votações. Três cardeais eram inicialmente favoritos. Cardeal Domenico Serafini era o sucessor moral de Pio X. Ele era um arquiconservador e desejava fazer prosseguir os protocolos antimodernistas de Pio X. Oposto a ele estava o liberal Cardeal Pietro Maffi de Pisa. Entre Serafini à direita e Maffi à esquerda estava o candidato do meio-termo:[44] Cardeal Giacomo della Chiesa de Bologna.

Os três cardeais eram igualmente apoiados. Na quinta eleição, o liberal Maffi perdeu apoio e deixou a eleição para Serafini e Della Chiesa. Os apoiadores de Maffi passaram para della Chiesa, e na décima votação Della Chiesa obteve a maioria de dois terços. Houve uma reunião posterior porque Della Chiesa vencera a maioria de dois terços por apenas um voto, e o pio Cardeal Rafael Merry del Val observou que, se Della Chiesa votara em si mesmo, a eleição era inválida. Quando eles checaram os votos, foi constatado que Della Chiesa não votara em si mesmo. A eleição permaneceu.

O Cardeal della Chiesa, eleito à jovem idade de 59 anos, assumiu o nome de Bento XV. Ele foi conhecido como *Il Piccoletto*, ou "o pequeno homem", e a batina papal branca teve de ser rapidamente ajustada para lhe servir. Bento XV imediatamente declarou que a Santa Sé permanecia neutra na Primeira Guerra Mundial, a qual ele chamou de "o suicídio da Europa".

A guerra havia interrompido a obra missionária católica em todo o mundo. Por isso, o Papa Bento XV buscou revitalizar as missões. Em 1917, ele promulgou o Código de Direito Canônico iniciado por seu predecessor, Pio X. O papa canonizou Santa Joana d'Arc e Santa Margarida Maria Alacoque. Ele aprovou a festa de Maria Mediadora de Todas as Graças ao autorizar uma Missa e ofício sob esse título

---

44 No original, *compromise candidate*, literalmente "candidato compromisso", sem equivalente. Pense-se em um candidato que não é a primeira opção de nenhum eleitor, mas a quem nenhum eleitor se opõe categoricamente – NT.

para as dioceses da Bélgica. Acima de tudo, o Papa Bento XV continuou a luta contra o modernismo em sua *Ad beatissimi Apostolorum*. Ele também sustentou as excomunhões de modernistas por Pio X, a despeito das alegações iniciais de que ele era um moderado teológico. O Papa Bento XV morreu de pneumonia em 22 de janeiro de 1922.

Seu pontificado é conhecido não tanto por sua liderança quanto pelo que aconteceu durante seu reino. Próximo do final da guerra, de 13 de maio a 13 de outubro de 1917, aparições de Nossa Senhora ocorreram em Fátima, Portugal. Teólogos e historiadores associaram a carta pastoral do Papa Bento XV em 5 de maio de 1917 ao começo das aparições de Fátima, oito dias depois. Nessa carta, o papa formalmente acrescentava o título "Nossa Senhora da Paz" à Litania de Loreto e pedia um fim para a Primeira Guerra Mundial através da intercessão da Santa Virgem Maria:

> Nossa sinceramente suplicante voz, invocando o fim do vasto conflito, o suicídio da Europa civilizada, foi e tem sido ignorada. De fato, parecia que a negra vaga do ódio crescera ainda mais e mais amplamente entre as nações beligerantes, e arrastara outros países em seu curso terrível, multiplicando ruína e massacre. Todavia, nossa confiança não diminuiu [...]. À Maria, então, que é a Mãe da Misericórdia e onipotente pela graça, subam apelos amorosos e devotos de todos os cantos da terra — dos nobres templos e das menores capelas, dos palácios reais e mansões dos ricos tanto quanto da mais pobre choupana — das planícies e mares encharcados de sangue. Que eles levem a Ela o angustiado grito de mães e esposas, o lamento dos pequeninos inocentes, os suspiros de cada coração generoso: que Sua mais tenra e benigna solicitude seja movida e que a paz que pedimos seja obtida para nosso agitado mundo.[45]

É providencial e milagroso que, oito anos mais tarde, as visões de Fátima tenham começado, e que naquele mesmo dia o Papa Bento XV tenha consagrado Eugenio Pacelli como bispo. Pacelli tornar-se-ia Papa Pio XII e, como tal, serviria como o papa de Fátima.

---

45   Papa Bento XV, Carta de 27 de abril de 1915.

CAPÍTULO VII
NOSSA SENHORA DE FÁTIMA

Os acontecimentos em Fátima marcam a mais importante aparição mariana na história da Igreja Católica e levam ao maior milagre testemunhado na história da humanidade, atrás somente da divisão do Mar Vermelho por Moisés. A história começa em 1916, quando Lúcia dos Santos, de nove anos, e seus primos Francisco e Jacinta Marto apascentavam ovelhas na Cova da Iria, próxima à paróquia de Fátima, Portugal. Eles foram visitados três vezes por um anjo que se apresentou dessa maneira:

> "Não temais. Eu sou o Anjo da Paz. Orai comigo". Ele se ajoelhou, levando a testa ao chão. Por um impulso sobrenatural nós fizemos o mesmo, repetindo as palavras que ouvimo-lo falar: "Meu Deus, eu creio, eu adoro, eu espero e eu O amo. Eu peço perdão por aqueles que não crêem, não adoram, não esperam e não O amam". Após repetir essa oração três vezes, o anjo se ergueu e nos disse: "Orai desta forma. Os Corações de Jesus e Maria estão prontos para vos ouvir".[46]

É notável que, durante a Primeira Guerra Mundial, o Papa Bento XV tenha acrescentado "Nossa Senhora da Paz" à Litania de Loreto, e que esse anjo chamasse a si mesmo "o Anjo da Paz". Uma segunda vez, o anjo apareceu e os exortou a orar: "O que estais fazendo? Deveis orar! Orai! Os Corações de Jesus e Maria têm desígnios misericordiosos para vós. Deveis oferecer vossas orações e sacrifícios a Deus, o Altíssimo".

---

46 Exceto quando referido de outra forma, as citações neste capítulo são extraídas de "Celebrating 100 Years of Fatima", em EWTN, https://www.ewtn.com/fatima/.

Quando as crianças perguntaram quais sacrifícios deveriam fazer, o Anjo explicou: "De todas as formas podeis oferecer sacrifícios a Deus em reparação dos pecados pelos quais Ele é ofendido, e em súplica pelos pecadores. Dessa maneira trareis paz à nossa nação, pois eu sou seu anjo guardião, o Anjo de Portugal. Sobretudo, suportai e aceitai com paciência os sofrimentos que Deus trará a vós".

Durante a terceira e última visita, o Anjo ensinou as crianças a rezarem esta oração:

> Santíssima Trindade, Pai, Filho e Santo Espírito, eu Vos adoro profundamente, e eu Vos ofereço o Mais Precioso Corpo, Sangue, Alma e Divindade de Jesus Cristo, presente em todos os tabernáculos do mundo, em reparação dos ultrajes, sacrilégios e indiferenças pelos quais Ele é ofendido. E pelos méritos infinitos de Seu mais Sagrado Coração e pelo Imaculado Coração de Maria, eu imploro a conversão dos pobres pecadores.

Então o anjo ofereceu a hóstia e o cálice eucarísticos às crianças, dizendo: "Comei e bebei o Corpo e o Sangue de Jesus Cristo, terrivelmente ultrajado pela ingratidão dos homens. Oferecei reparação em favor de vós e consolai a Deus". Então ele desapareceu, e elas jamais o viram novamente.

A primeira Aparição de Fátima

Assim como tais visões terminaram com o Santo Sacramento, da mesma maneira elas recomeçaram, quase oito meses depois, na festa do Santo Sacramento: 13 de maio de 1917. Naquela manhã, as três crianças passaram pela igreja paroquial de Fátima e caminharam em direção ao norte para as encostas da Cova para apascentar suas ovelhas enquanto brincavam no campo. Elas comeram seus lanches empacotados e decidiram orar o Rosário. As três crianças adotaram uma rápida versão do Rosário na qual elas diziam apenas as primeiras poucas palavras de cada oração. Após terminar seu Rosário abreviado, elas viram um relâmpago e se prepararam para voltar à casa. Enquanto conduziam as ovelhas de volta para a casa, viram outro relâmpago e então avistaram, sob um pequeno carvalho, uma dama vestida de branco "resplandecendo mais do que o sol, emitindo raios de clara e intensa luz, como um globo de cristal cheio de água pura quando o sol ardente passa através dele. Nós paramos, espantados pela aparição. De tão próximos, estávamos na luz que a circulava, ou a qual ela irradiava, talvez a um metro e meio de distância". A Dama vestia um manto de puro branco que descia até seus pés, enfeitado com ouro. O rosário pendente de suas mãos brilhava como estrelas, em seu crucifixo a gema mais radiante de todas.

A Senhora ternamente se dirigiu às crianças: "Por favor, não tenhais medo de mim; não vos farei mal".

Lúcia respondeu: "De onde és?".

"Eu vim do Céu".

"E o que queres de mim?".

A Senhora explicou: "Quero que retorneis para cá no 13º dia de cada mês pelos próximos seis meses, e nesta mesma hora. Depois eu devo vos dizer quem sou, e o que mais desejo. E devo retornar para cá ainda uma sétima vez".

"E eu deverei ir ao Céu?".

"Sim, você irá", respondeu a Senhora.

"E Jacinta?".

"Ela irá também".

"E Francisco?".

"Francisco também, minha querida, mas primeiro ele terá muitos Rosários a rezar".

Por um momento, a Senhora olhou para Francisco com compaixão. Lúcia, então, lembrou-se de alguns amigos que haviam morrido. "Maria Neves está no Céu?".

"Sim, ela está".

"E Amélia?".

"Ela está no Purgatório".

"Oferecer-vos-eis a Deus, e suportareis todos os sofrimentos que Ele vos enviará? Em expiação de todos os pecados que O ofenderam? E pela conversão dos pecadores?".

"Oh, nós iremos, nós iremos!".

"Então tereis muito a sofrer, mas a graça de Deus será convosco e vos fortalecerá".

Lúcia disse que "quando a Senhora pronunciou essas palavras, ela abriu as suas mãos, e nós fomos banhados em uma luz celestial que parecia vir diretamente das suas mãos. A realidade da luz penetrou em nossos corações e em nossas almas, e nós soubemos de alguma forma que essa luz era Deus, e nós pudemos ver a nós mesmos envolvidos nela. Por um impulso interior de graça nós caímos de joelhos, repetindo em nossos corações: 'Ó, Santíssima Trindade, nós Vos adoramos. Meu Deus, meu Deus, eu Vos adoro no Santo Sacramento'".

As crianças permaneceram ajoelhadas na torrente dessa maravilhosa luz, até que a Senhora falou novamente, mencionando a guerra na Europa, sobre a qual o papa pregara quase oito dias antes, mas sobre a qual eles tinham pouco conhecimento.

"Orai o Rosário todos os dias, para trazer paz ao mundo e um fim à guerra".

Lúcia se recordou posteriormente: "Após isso, ela começou a elevar-se na direção do leste, até desaparecer na imensa distância. A luz que a circundava parecia percorrer um caminho entre as estrelas, e isso é porque nós às vezes dissemos ter visto os céus abertos".

Lúcia instruiu as outras duas crianças a manter essa visão em segredo. Entretanto, Jacinta, de sete anos de idade, posteriormente contou tudo a sua mãe, que pacientemente ouviu, mas deu pouco crédito. Seus irmãos e irmãs fizeram perguntas e piadas. De forma muito comovente, apenas seu pai considerou a história como verdadeira. Ele é lembrado como o primeiro crente de Fátima.

A mãe de Lúcia não era assim tão crente. Ela temeu que sua filha estivesse mentindo e blasfemando. Ela exigiu que Lúcia abjurasse, e como a filha não o faria, ela levou Lúcia ao padre da paróquia, Padre Ferreira. Lúcia permaneceu firme em sua crença de que uma Senhora celestial vestida de branco a tinha visitado.

Enquanto isso, as crianças se preparavam para sua próxima reunião, em 13 de junho de 1917.

A segunda Aparição de Fátima

A Senhora lhes havia dito que retornassem ao carvalho à mesma hora no 13º dia de cada mês. O 13º de junho caiu na festa do mais famoso santo de Portugal, Antônio de Pádua (que nascera em Lisboa, Portugal, mas morrera em Pádua, Itália). A mãe de Lúcia esperava que as festividades paroquiais distraíssem as três crianças da suspeita aparição marcada para esse dia.

Apesar disso, ao meio-dia, as crianças caminharam para o lugar onde a Senhora havia aparecido antes. Ali elas encontraram uma pequena e curiosa multidão aguardando-as. Após orar o Rosário com Jacinta, Francisco e as outras pessoas que estavam presentes, as crianças avistaram novamente a luz próxima a elas e então a Senhora no carvalho, exatamente como no mês anterior.

"Diga-me, por favor, Senhora, o que queres de mim?", Lúcia perguntou.

"Eu quero que venhas aqui no 13º do próximo mês. Quero que continues orando o Rosário todos os dias. E após cada um dos mistérios, minhas crianças, quero que oreis desta forma: 'Ó, meu Jesus, perdoa-nos os nossos pecados, salva-nos do fogo do Inferno. Conduze todas as almas para o Céu, especialmente as mais carentes'. Quero que aprendas a ler e a escrever, e posteriormente direi o que mais quero de ti".

"Levar-nos-ás para o Céu?".

"Sim, eu deverei levar Jacinta e Francisco em breve, mas tu permanecerás um pouco mais, pois Jesus deseja que tu me tornes conhecida e amada na terra. Ele também deseja que estabeleças devoção no mundo ao meu Imaculado Coração".

"Devo ficar sozinha no mundo?".

"Não sozinha, minha criança, e não deves te entristecer. Eu estarei contigo sempre, e meu Imaculado Coração será teu conforto e o caminho que te levará a Deus".

Lúcia explicou o que aconteceu a seguir:

> Ela disse as últimas palavras, abrindo as suas mãos ela nos transmitiu, pela segunda vez, o reflexo daquela intensa luz. Nela nós nos sentimos

submergir em Deus. Jacinta e Francisco pareciam estar naquela parte da luz que estava subindo ao Céu, e eu na parte que se espalhava sobre a terra. Diante da palma da mão direita de Nossa Senhora estava um coração circundado por espinhos, os quais pareciam perfurá-lo. Nós compreendemos que era o Imaculado Coração de Maria ofendido pelos pecados da humanidade, ansiando reparação. Uma vez mais, a Senhora partiu para o leste e desapareceu no céu. As pessoas não viram a Senhora, mas alguns disseram ter visto a luz ou o relâmpago.

A terceira Aparição e o Segredo de Fátima

Como as aparições estavam sendo amplamente discutidas, o pastor local de Fátima começou a intervir e a expressar sua preocupação de que elas pudessem de fato ser demoníacas. A desaprovação do pastor de Lúcia a desencorajou tanto que ela relutou em partir para a terceira reunião, em 13 de julho. Todavia, ela compareceu com Jacinta e Francisco ao meio-dia daquele dia, onde uma grande multidão havia se reunido. Eles viram o raio de luz, e a Senhora apareceu no carvalho.

"Lúcia, fala", Jacinta instruiu. "Nossa Senhora está falando contigo".

"Sim?", disse Lúcia. Ela falou humildemente, pedindo perdão por suas dúvidas em cada gesto, e à Senhora: "O que queres de mim?".

"Quero que voltes aqui no 13º dia do próximo mês. Continua a orar o Rosário todos os dias em honra a Nossa Senhora do Rosário, para obter a paz do mundo e o fim da guerra, porque apenas ela pode obtê-la".

"Sim, sim. Eu gostaria de perguntar quem és, e se farás um milagre, a fim de que todos saibam com certeza que tens aparecido a nós".

"Deves voltar aqui a cada mês, e em outubro direi quem sou e o que quero. Então eu farei um milagre, a fim de que todos possam crer".

Assegurada disso, Lúcia começou a apresentar perante a Senhora as petições por auxílio que tantos lhe confiaram. A Senhora disse gentilmente que iria curar alguns, mas não outros.

"E o filho aleijado de Maria da Capelinha?".

"Não, nem de sua enfermidade nem de sua pobreza ele será curado, e ele deve orar o Rosário com sua família todos os dias".

Outro caso apresentado por Lúcia perante a Senhora foi o de uma mulher enferma de Atouguia que pediu que fosse levada ao Céu.

"Diz a ela que não se apresse. Diz-lhe que sei bem quando deverei vir para buscá-la. Faze sacrifícios pelos pecados e diz freqüentemente, especialmente ao fazer um sacrifício: 'Ó Jesus, isto é por amor a Vós, pela conversão dos pecadores e em reparação das ofensas feitas contra o Imaculado Coração de Maria'".

Nossa Senhora falou essas palavras, e abriu suas mãos uma vez mais, como fizera nos dois meses anteriores. Os raios de luz pareciam penetrar a terra, e nós vimos como que um mar de fogo. Mergulhados nesse fogo estavam demônios e almas em forma humana, tais como brasas transparentes em chamas, todas enegrecidas, ou como bronze queimado, flutuando na conflagração, lançados ao ar pelas chamas que os queimavam junto com grandes nuvens de fumaça, e por todo lado caindo novamente como centelhas em grandes fornalhas, sem peso ou equilíbrio, em meio a gritos e gemidos de dor e desespero, os quais nos horrorizaram e nos fizeram tremer de medo (deve ter sido essa visão que me fez gritar, como as pessoas disseram ter me ouvido fazer). Os demônios podiam ser distinguidos por sua terrível e repelente semelhança a desagradáveis e desconhecidos animais, pretos e transparentes como brasas ardentes. Aterrorizados e como que para implorar ajuda, olhamos para Nossa Senhora, que nos falou, tão gentil e tristemente:

> Vistes o Inferno, aonde as almas dos pobres pecadores vão. É para salvá-las que Deus quer estabelecer no mundo devoção a meu Imaculado Coração. Se fizerdes o que eu vos digo, muitas almas serão salvas, e haverá paz.
>
> Esta guerra acabará, mas se os homens não deixarem de ofender a Deus, outra e mais terrível guerra começará durante o pontificado de Pio XI. Quando virdes uma noite iluminada por uma estranha e desconhecida luz,[47] sabereis que é o sinal, dado por Deus a vós, de que Ele está prestes a punir o mundo com guerra e com fome, e pela perseguição à Igreja e ao Santo Padre.

---

47   A ocorrência histórica dessa luz milagrosa é explicada posteriormente no capítulo sobre o Papa Pio XII.

Para prevenir isso, eu virei ao mundo para pedir que a Rússia seja consagrada ao meu Imaculado Coração, e pedirei que no primeiro sábado de cada mês Comunhões de reparação sejam feitas em expiação dos pecados do mundo. Se meus desejos forem cumpridos, a Rússia será convertida e haverá paz; senão, então a Rússia espalhará seus erros por todo o mundo, provocando novas guerras e perseguições à Igreja; os bons serão martirizados e o Santo Padre terá muito a sofrer; algumas nações serão aniquiladas. Mas, ao final, meu Imaculado Coração triunfará. O Santo Padre consagrará a Rússia a mim, e ela será convertida, e o mundo gozará um período de paz. Em Portugal a fé será sempre preservada.

A visão do Inferno e a consagração da Rússia são a primeira e a segunda partes do segredo de Fátima. A controversa terceira parte, que se seguiu, foi tão horrorosa e terrível que não pôde ser revelada até 1960. Nós iremos retornar à terceira parte do segredo de Fátima por completo, mas por ora devemos continuar a narrativa do dia 13 de julho, como relatada por Lúcia.

"Lembra, não deves dizer isso a ninguém exceto Francisco. Quando orares o Rosário, diz após cada mistério: 'Ó meu Jesus, perdoa-nos os nossos pecados, salva-nos do fogo do Inferno. Conduze todas as almas para o Céu, especialmente as mais carentes'".

"Há algo mais que queres de mim?".

"Não, eu não quero mais nada de ti hoje".

Como nos meses anteriores, a Senhora se elevou para o leste em direção ao céu.

A família, os vizinhos e o padre tentaram fazer com que as três crianças revelassem o tríplice segredo da Senhora, mas as crianças mantiveram sua promessa à Senhora. Por essa razão, a aparição de 13 de julho de 1917 continua sendo a mais controversa. Lúcia manteve o Segredo Tríplice até 1941, quando escreveu as partes primeira e segunda. É melhor considerar o Segredo de Fátima como um único segredo com três partes inter-relacionadas, mas, por conveniência, nós nos referiremos a tais partes como o Primeiro Segredo, o Segundo Segredo e o Terceiro Segredo. Assim, em 1941, Lúcia revelou o Primeiro Segredo sobre a visão do Inferno e o Segundo Segredo sobre a consagração e conversão da Rússia ao Imaculado Coração.

Em outubro de 1943, o bispo ordenou à Lúcia, sob obediência, que reduzisse a escrito o Terceiro Segredo, o que ela hesitou em fazer, por causa de seu conteúdo chocante. Em 2 de janeiro de 1944, Nossa Senhora de Fátima apareceu a Lúcia e deu sua permissão para escrever o Terceiro Segredo, mas para mantê-lo selado até 1960, porque "ele será mais claro então". Lúcia, assim, escreveu o segredo e o selou em um envelope. Esse envelope selado seria transferido em 1955 para Roma e aguardaria sua abertura pelo Papa João XXIII em 1959. A essa controvérsia nós retornaremos posteriormente.

A quarta Aparição de Fátima

Em agosto, as três crianças estavam atingindo a condição de celebridades e recebendo atenção negativa por parte do clero e dos políticos. Em 11 de agosto de 1917, uma intervenção foi preparada para forçar as crianças a revelar seu segredo e a admitir que mentiam. Porém, elas se recusaram a abjurar. Então o prefeito local, Artur Santos, um maçom e anticatólico, concebeu uma trama para tomar as crianças sob custódia.

Antes que as três crianças chegassem à Cova no 13º dia de agosto, Santos ofereceu-lhes o prestigioso favor de levá-las ao local em seu automóvel. O Ford modelo T havia estreado nos Estados Unidos em 1908 com um lançamento limitado na Inglaterra e na França em 1911. Ainda em 1917, a visão de um automóvel era rara no Portugal rural. O prefeito ofereceu a corrida em seu automóvel para transportar as crianças com segurança através das multidões. Essas crescentes multidões confirmam o vibrante interesse regional nos visionários de Fátima em agosto de 1917.

As três crianças morderam a isca e subiram no automóvel do maçom com seus pais. O Prefeito Santos levou-os à igreja para visitar o padre paroquial antes de dirigir para a Cova. Uma vez na igreja, Santos abandonou os pais e levou as três crianças para sua sede distrital em Vila Nova de Ourém, a nove milhas de distância. Ali ele tentou subornar as crianças, e quando isso não aconteceu, ameaçou jogá-las na prisão com outros criminosos. Finalmente, ele as ameaçou de morte. Lúcia tinha dez anos. Francisco tinha nove e Jacinta, sete.

A despeito de sua idade, eles resistiram firmemente contra o prefeito e suas ameaças.

Enquanto isso, de volta à Cova, o relâmpago reluziu como fizera previamente, mas, como antes, as multidões não viram a Senhora de branco sob o carvalho. Sem as crianças presentes, as multidões se dispersaram em confusão. Para a tristeza de seus pais, as três crianças permaneceram sob custódia por dois dias. Elas foram libertadas na festa da Assunção de Maria, em 15 de agosto, quando foram levadas de volta para Fátima e deixadas nos degraus da igreja. Como era um dia festivo, a igreja estava cheia e todos viram que o Prefeito Santos as havia seqüestrado.

No 19º dia de agosto, Lúcia, seu irmão João e Francisco estavam apascentando ovelhas em uma área diferente, onde o Anjo da Paz lhes havia aparecido em 1916. Pouco antes do fim do dia, Lúcia sentiu a presença de Nossa Senhora. Ela deu a seu irmão João alguns trocados para ir buscar Jacinta. Quando Jacinta finalmente chegou, a Senhora de branco lhes apareceu.

"O que queres de mim?".

"Volta novamente para a Cova da Iria no 13º dia do próximo mês, minha criança, e continua a rezar o Rosário todos os dias. No último mês eu farei um milagre a fim de que todos possam crer".

"O que devemos fazer com as ofertas de dinheiro que as pessoas deixam na Cova da Iria?".

"Quero que façais dois ardores [liteiras para carregar estátuas] para a festa de Nossa Senhora do Rosário. Quero que tu e Jacinta carreguem um deles com duas outras meninas. Vós vos vestireis ambas de branco. E então quero que Francisco, com a ajuda de três meninos, carregue o outro. Os meninos, também, estarão vestidos de branco. O que sobrar ajudará na construção de uma capela que haverá de ser construída aqui".

Lúcia, então, pediu a cura de algumas pessoas doentes.

"Algumas eu curarei durante o ano. Orai, orai muito. Fazei sacrifícios pelos pecadores. Muitas almas vão para o Inferno, porque ninguém está desejoso de ajudá-las com sacrifícios". Tendo dito isso, ela partiu para o leste.

A quinta Aparição de Fátima

Setembro de 1917, a imprensa nacional noticiara a história das três crianças visionárias. Os maçons e a imprensa secular conspiraram para ridicularizar as visões mensais como exemplos da ignorância católica. Em 13 de setembro, mais de 30 mil pessoas curiosas se reuniram na Cova para orar o Rosário e esperar a Senhora aparecer às três crianças.

"O que queres de mim?", disse Lúcia para a Senhora, a quem ela podia ver, mas as multidões não.

A Senhora lhe respondeu: "Continua o Rosário, minha criança. Reza-o todos os dias para que a guerra termine. Em outubro, Nosso Senhor virá, como também Nossa Senhora das Dores e Nossa Senhora do Monte Carmelo. São José aparecerá com o Menino Jesus para abençoar o mundo. Deus está satisfeito com vossos sacrifícios, mas Ele não quer que useis o cilício para dormir. Mantende-os durante o dia".

"Tenho as petições de muitos por tua ajuda. Ajudarás uma pequena garota que é surda e muda?".

"Ela melhorará dentro de um ano".

"E as conversões que alguns pediram que suscitasse? As curas dos doentes?".

"Alguns eu irei curar, e alguns eu não irei. Em outubro eu farei um milagre a fim de que todos possam crer".

A Senhora se elevou e desapareceu no céu oriental e Lúcia conclamou a multidão: "Se desejais vê-la: olhai! Olhai!".

A sexta Aparição de Fátima

A chuva se derramou durante toda a noite, até a manhã do 13º dia de outubro. O chão estava encharcado, e peregrinos curiosos abriam caminho até a Cova avançando pela lama. Entre 50 e 70 mil espectadores foram à Cova a pé, montados em animais, em carruagens ou mesmo em automóveis. Agora, um cavalete havia sido erguido sobre o pequeno carvalho onde a Senhora se postaria e de onde falaria às crianças. Seis meses antes, as três crianças receberam a primeira aparição ali sozinhas com seus rosários e ovelhas. Agora, elas estavam cercadas por observadores — tanto pios quanto céticos. Após o Rosário ao meio-dia, a Senhora apareceu.

Lúcia perguntou: "O que queres de mim?".

"Quero que uma capela seja construída aqui em minha honra. Quero que continues a rezar o Rosário todos os dias. A guerra terminará logo, e os soldados retornarão para suas casas".

"Sim. Sim. Dir-me-ás teu nome?".

"Eu sou a Senhora do Rosário".

"Eu tenho muitas petições de muitas pessoas. Concedê-las-ás?".

"Algumas eu hei de conceder, e outras eu devo negar. As pessoas devem emendar suas vidas e pedir perdão pelos seus pecados. Elas devem deixar para sempre de ofender Nosso Senhor, pois Ele já está muito ofendido!".

"E é isso tudo o que tens a pedir?".

"Não há nada mais".

Lúcia então descreve como a Senhora se elevou ao leste e virou suas palmas para o céu. As nuvens escuras que bloqueavam os raios do sol se abriram, e a luz irrompeu com o sol girando como um disco de prata.

"Olhai para o sol!".

Entre 50 e 70 mil espectadores observaram o sol girar e dançar no céu.

Ao mesmo tempo, as três crianças viram uma magnífica aparição no céu que correspondeu aos Mistérios Gozoso, Doloroso e Glorioso do Rosário. Primeiro, elas viram São José com o Menino Jesus e Nossa Senhora vestida de branco com um manto azul, ao lado do sol. São José e o Menino Jesus pareciam abençoar o mundo, pois eles faziam o Sinal da Cruz com suas mãos. Isso é notável, porque revela que São José tem um poder sacerdotal de abençoar, junto com nosso Sumo Sacerdote, Jesus Cristo.

Essa aparição inicial desapareceu, e as três crianças viram depois um sinal correspondente ao Mistério Doloroso. Lúcia disse: "Eu vi Nosso Senhor e Nossa Senhora. Parecia-me que era Nossa Senhora das Dores. Nosso Senhor apareceu para abençoar o mundo da mesma maneira que São José fizera". Essa aparição então desapareceu.

Por último, Lúcia apenas viu a Senhora uma vez mais, desta vez semelhante a Nossa Senhora do Monte Carmelo. A representação de Nossa Senhora do Monte Carmelo simboliza a gloriosa Realeza de Maria, pois seus devotos mostram que são seus súditos ao usar o Santo Escapulário.

Esse milagre público para as multidões e as aparições privadas a Lúcia, Francisco e Jacinta deram um fim às aparições de Fátima, com uma exceção. Nossa Senhora retornaria à Cova para uma sétima e última visita em 1920, antes de Lúcia partir para o internato. A Senhora viria para exortá-la a dedicar a si mesma inteiramente a Deus, o que posteriormente viria a se concretizar, quando Lúcia foi consagrada freira carmelita.

Jornais seculares e maçônicos publicaram o fato do Milagre do Sol. Muitos foram convertidos a Cristo na Igreja Católica. Numerosos livros registraram os artigos e os testemunhos pessoais feitos por relatos de testemunhas. Todos concordam que os ali presentes viram o sol se mover e girar. Cores de amarelo, vermelho, azul, púrpura e branco, arco-íris ou madrepérola foram relatadas. Muitos declararam que parecia que o sol se elevara e então caíra sobre eles. Muitos gritaram: "Vamos morrer". O chão encharcado secou-se. As vestes molhadas do povo se secaram por um calor que durou dez minutos. As multidões gritaram de alegria e de medo. Alguns berravam: "Um milagre! Um milagre!".

Alfredo da Silva Santos de Lisboa foi uma testemunha em primeira mão do Milagre do Sol:

> Arrumamo-nos e partimos em três carros motorizados no começo da manhã do dia 13. Havia uma névoa espessa, e o carro que ia à frente errou o caminho, de forma que todos ficamos perdidos por um tempo e só chegamos à Cova da Iria ao meio-dia, debaixo do sol. Estava absolutamente cheio de gente, mas de minha parte eu me sentia privado de qualquer sentimento religioso. Quando Lúcia gritou: "Olhai para o sol!", toda a multidão repetiu: "Atenção para o sol!". Foi um dia de garoa incessante, mas, alguns momentos antes do milagre, parou de chover. Eu mal consigo encontrar palavras para descrever o que se seguiu. O sol começou a se mover, e em um certo momento pareceu

ser destacado do céu e prestes a chocar-se contra nós como uma roda de fogo. Minha esposa — estávamos casados há pouco tempo — desmaiou, e eu estava perturbado demais para socorrê-la, e meu cunhado, João Vassalo, a amparou em seu braço. Eu caí de joelhos, esquecido de tudo, e quando me levantei, não sei o que disse. Eu acho que comecei a gritar como os demais. Um velho homem com uma barba branca começou a atacar os ateus em voz alta e os desafiou a negar que algo sobrenatural havia ocorrido.[48]

O Padre Ignacio Lorenco disse ter visto o milagre a sete milhas de distância:

Eu tinha apenas nove anos de idade na época, e eu tinha ido à escola local do vilarejo. Aproximadamente ao meio-dia nós fomos surpreendidos por berros e gritos de alguns homens e mulheres que estavam passando pela rua na frente da escola. A professora, uma boa e piedosa mulher, embora nervosa e sensível, foi a primeira a correr para a estrada, com as crianças depois dela.

Do lado de fora, as pessoas estavam gritando e chorando e apontando para o sol, ignorando as perguntas afobadas da professora. Era o grande Milagre, o qual se podia ver muito distintamente do topo da colina na qual meu vilarejo estava situado — o Milagre do Sol, acompanhado por todos os seus extraordinários fenômenos.

Sinto-me incapaz de descrever o que eu vi e senti. Eu olhei fixamente para o sol, que parecia pálido e não feria os olhos. Semelhante a uma bola de neve girando sobre seu próprio eixo, ele subitamente pareceu descer em um zigue-zague, ameaçando a terra. Aterrorizado, eu corri e me escondi no meio do povo, que estava chorando e esperando o fim do mundo a qualquer momento.

Próximo a nós estava um descrente que havia passado a manhã zombando dos simplórios que haviam partido para Fátima apenas para ver uma garota ordinária. Ele agora parecia paralisado, seus olhos fixos no sol. Depois ele tremeu da cabeça aos pés e erguendo os braços caiu de joelhos na lama, gritando por Nossa Senhora.

---

48 Andrew Apostoli, *Fatima for today: the urgent Marian Message of Hope*, San Francisco: Ignatius Press, 2010, 131.

Enquanto isso, o povo continuou a gritar e a chorar, pedindo a Deus perdão pelos seus pecados. Nós todos corremos para as duas capelas no vilarejo, que logo estavam completamente cheias. Durante esses longos momentos do prodígio solar, objetos ao nosso redor assumiram todas as cores do arco-íris. Nós víamos a nós mesmos azuis, amarelos e vermelhos. Todos esses estranhos fenômenos aumentaram o medo do povo. Após cerca de dez minutos, o sol, agora opaco e pálido, retornou ao seu lugar. Quando o povo percebeu que o perigo cessara, houve uma explosão de alegria, e todos se juntaram em ações de graças e louvores a Nossa Senhora.

As igrejas de Portugal se encheram, e os bispos reconheceram esse Milagre do Sol. O Papa Bento XV, por sua invocação papal da Virgem Maria, recebeu uma resposta divina, e ele reconheceu o milagre em parte. Em uma carta datada de 29 de abril de 1918 para os bispos portugueses, ele se referiu às ocorrências em Fátima como "uma extraordinária ajuda da parte da Mãe de Deus", mas ele parecia ter tido pouco interesse formal nessas aparições em Fátima. Por isso, a aparição de Nossa Senhora de Fátima não seria aprovada como "digna de crença" até 1930, durante o papado do seu sucessor, o Papa Pio XI.

CAPÍTULO VIII
O CONCLAVE DE 1922: PAPA PIO XI

~

> As sociedades secretas, as quais por sua natureza estão sempre prontas para ajudar os inimigos de Deus e da Igreja — sejam eles quem forem —, estão tentando adicionar chamas renovadas a esse ódio venenoso, do qual não advém nenhuma paz ou felicidade de ordem civil, mas a certa ruína dos estados.
>
> — Papa Pio XI, *Caritate Christi compulsi*

O Conclave de 1922 começou onze dias após o Papa Bento XV morrer de pneumonia, em 22 de janeiro de 1922. Havia sessenta cardeais vivos, mas apenas 53 participaram. Três estavam doentes, e um não pôde fazer a viagem do Rio de Janeiro a Roma. Os dois cardeais americanos e o cardeal canadense chegaram tarde demais para votar (como acontecera no conclave que elegera Bento XV). Diversos cardeais insistiram que o conclave aguardasse esses cardeais não-europeus, mas eles foram ignorados.

Esse conclave foi o que mais apresentou impasses em todo o século XX. Enquanto os três conclaves anteriores haviam eleito um pontífice supremo em três dias ou menos, este conclave durou cinco dias com catorze votações. As duas facções se alinharam aos dois pontificados anteriores. O primeiro era formado por antimodernistas robustos, o "Partido Irreconciliável". Eles reverenciavam o Papa Pio X e apoiavam o seu secretário de estado, Cardeal Merry del Val (que fora demitido pelo Papa Bento XV). O outro era o partido progressista que tinha predileção pela abordagem mais conciliar do Papa Bento XV.

Eles apoiaram o Cardeal Pietro Gasparri, que servira como secretário de estado sob o último papa.

Um provérbio romano diz: "Quem quer que entre no conclave como 'papa' deixa o conclave como cardeal". Isto é, o homem inicialmente mais apoiado geralmente não atinge a maioria de dois terços necessária para a eleição papal. Em 1922, os dois partidos estavam equilibradamente divididos e não podiam atingir a maioria requerida. Quando se tornou claro, após três dias de votação, que nem Merry del Val nem Gasparri venceria, Gasparri apresentou o Cardeal Achille Ratti como um possível candidato de meio-termo[49] e se ofereceu para enviar seus apoiadores a Ratti. O Cardeal Gaetano de Lai supostamente disse para o Cardeal Ratti: "Nós elegeremos Vossa Eminência se Vossa Eminência prometer não escolher o Cardeal Gasparri como secretário de estado".[50] O Cardeal Ratti repudiou o pedido, dizendo: "Eu espero e oro para que, entre tão altamente merecedores cardeais, o Santo Espírito selecione outrem. Se eu for o escolhido, é de fato o Cardeal Gasparri quem tomarei como meu secretário de estado".[51] Dessa forma, o Cardeal Ratti mostrou-se um aliado do Cardeal Gasparri e do legado do Papa Bento XV.

Os seguidores do Cardeal Merry del Val no legado do Papa Pio X buscaram atingir a maioria, mas o Cardeal Ratti venceu a eleição na 14ª votação com 38 votos em 6 de fevereiro de 1922. Surpreendentemente, Ratti assumiu o nome não de Bento, mas da oposição, escolhendo Pio XI. Quando questionado por que escolhera o nome Pio, ele respondeu que "desejava um Pio para terminar a questão romana[52] que começara sob um Pio".[53] Dessa maneira, ele sutilmente repreendia o legado radical de ambos os Papas Pio IX e Pio X.

Alguns dos cardeais conservadores e seguidores do Cardeal Merry del Val imploraram ao novo Papa Pio XI que não proferisse a bênção *Urbi et Orbi* da varanda da Basílica de São Pedro. A omissão dessa

---

49   V. nota 45 – NT.

50   David I. Kertzer, *The Pope and Mussolini: the secret history of Pius XI and the rise of fascism in Europe* (Oxford, UK: Oxford University Press, 2014), 15.

51   Thomas J. Reese, *Inside the Vatican: the politics and organization of the Catholic Church*, Cambridge, MA: Harvard University Press, 1996, 94.

52   A disputa em torno do poder temporal dos papas.

53   "Cardinal Ratti New Pope as Pius XI", em *New York Times*, 7 de fevereiro de 1922.

bênção se tornara um protesto simbólico contra o Estado secular da Itália e um sinal do aprisionamento do papa no Vaticano. O Papa Pio XI respondeu-lhes: "Lembrai, eu não sou mais um cardeal. Agora eu sou o Supremo Pontífice".[54] Então, o Papa Pio XI começou por proferir a bênção *Urbi et Orbi* voltado para o povo; ele foi o primeiro papa a fazê-lo desde a queda dos Estados Papais em 1870. Isso indicava que ele, de fato, recuaria da firme posição de Pio IX, Leão XIII e Pio X. Ele acomodaria o moderno Estado secular da Itália e abriria mão das reivindicações temporais do papado. Para a grande decepção dos cardeais conservadores, o Papa Pio XI imediatamente designou o Cardeal Gasparri como seu secretário de estado — justamente como prometera no conclave.

O Papa Pio XI era um montanhista e um erudito. Ordenado padre em 1879, ele dedicou a sua vida a estudar manuscritos medievais. Sua paixão era a Biblioteca Ambrosiana de Milão, onde ele editou e publicou uma edição do Missal do Rito Ambrosiano particular a Milão. Ele acabou se tornando vice-prefeito da Biblioteca do Vaticano (1914–1915) e então prefeito da Biblioteca do Vaticano (1915–1919). Ratti passava suas férias escalando montanhas e chegou a subir o Matterhorn e o Mont Blanc.

Pio XI publicou 31 encíclicas que proclamavam a ortodoxia católica. Ele também publicou uma encíclica que promovia o estudo de São Tomás de Aquino, *Studiorum Ducem*, em 1923. Além disso, instituiu a festa de Cristo Rei em 1925 e promoveu o Reino Social de Cristo Rei. Em 1928, Pio XI rejeitou a idéia de que a unidade cristã poderia ser obtida por uma federação de denominações cristãs, ensinando, ao invés disso, que todos os cristãos devem entrar na única verdadeira Igreja (Católica). Ele também proibiu que católicos se reunissem em associações e conferências ecumênicas.

Em 1930, após a Igreja da Inglaterra autorizar meios artificiais de contracepção, o Papa Pio XI emitiu a *Casti Connubii*, que prestigiava o casamento cristão e condenava a contracepção artificial com palavras inconfundíveis: "Qualquer uso do Matrimônio exercido de tal forma que o ato é deliberadamente frustrado em seu poder natural para gerar vida é uma ofensa contra a lei de Deus e da natureza, e aqueles que aquiescem nisso estão marcados pela culpa de um pecado

---

54   Ibid.

grave".[55] Para comemorar o 14º aniversário da *Rerum Novarum* do Papa Leão XIII, ele editou a *Quadragesimo Anno*, condenando o socialismo como intrinsecamente mau e o capitalismo irrestrito como contrário à dignidade humana.

Todos os papas anteriores haviam se recusado a reconhecer o Estado da Itália ou se comprometer com este. Porém, o Papa Pio XI estava determinado a encontrar uma solução. O primeiro-ministro da Itália, Benito Mussolini, estava também ansioso para chegar a um acordo com o papa. Mussolini ofereceu os seguintes termos ao Papa Pio XI:

- A Cidade-Estado do Vaticano (108,7 acres dentro dos muros do Vaticano) receberia soberania como uma nação independente em troca da renúncia, pelo Vaticano, de sua reivindicação dos antigos territórios dos Estados Papais.
- Pio XI seria reconhecido como soberano dessa Cidade-Estado do Vaticano.
- O catolicismo seria reconhecido como a única religião da Itália.
- A Itália pagaria salários a padres e bispos.
- O reconhecimento civil seria outorgado a casamentos religiosos (anteriormente, o Reino da Itália exigia que os casais fizessem uma cerimônia civil).
- A instrução católica teria lugar nas escolas públicas.
- O Estado italiano teria poder de veto sobre a seleção de seus bispos.
- A Itália pagaria ao Vaticano 1,750 milhão de liras (cerca de US$100 milhões) pelas apreensões de propriedades eclesiásticas desde 1860.

Esse era um mau negócio, mas o Papa Pio XI mordeu a isca. Ele concordou com o Tratado de Latrão em 1929. Mussolini comprou a Igreja Católica a um preço barato: US$100 milhões e algumas concessões que mais tarde poderiam ser, e seriam, revogadas. Imagine-se o sorriso alegre de Mussolini quando o acordo passou pelo Papa Pio XI e foi posteriormente ratificado pelo parlamento italiano. Infelizmente, esse compromisso de 1929 minou o ensinamento de Pio XII em 1928 de que Cristo é Rei sobre o reino político.

---

55   Pio XI, Encyclical *Casti Connubii* (31 de dezembro de 1930), nº 56.

Em retrospecto, o Tratado de Latrão se parece mais com um suborno e menos com um pacto baseado em princípios católicos. Como o papado não estava mais em conflito com o Estado italiano, o Papa Pio XI esclareceu que as Preces Leoninas seriam mantidas, mas seriam rezadas para um novo propósito: "Permitir que a tranqüilidade e a liberdade de professar a fé sejam restauradas ao povo aflito da Rússia".[56] O eixo do mal deslocou-se de Roma para Moscou. Isso era apropriado porque Nossa Senhora havia alertado, em 1917, dos erros da Rússia, e Moscou implementava uma nova campanha anticristã em 1929 pela qual a destruição de igrejas atingiu o cume por volta de 1932.

Eu pessoalmente acredito que o Papa Pio XI agiu de boa-fé, mas que, de fato, assinou um acordo com o diabo na pessoa de Benito Mussolini. O Papa Pio X e seu santo secretário de estado, Cardeal Merry del Val (a quem é atribuída a Litania da Humildade), tiveram a postura correta contra o modernismo e a postura correta contra o Reino Maçônico da Itália. Já o Tratado de Latrão de 1929 abriu as comportas para a influência demoníaca no mundo, como veremos.

---

56   *Indictam Ante* de 30 de junho de 1930, in *Acta Apostolicae Sedis* 22 (1930): 301.

CAPÍTULO IX
INFILTRAÇÃO COMUNISTA NO SACERDÓCIO

~

> Ele levantará uma contra-igreja que será imitadora da Igreja, porque ele, o diabo, é o imitador de Deus. Ela terá todos os sinais e características da Igreja, mas ao revés e esvaziada de seu conteúdo divino. Ela será um corpo místico do Anticristo que em todos os aspectos externos será semelhante ao corpo místico de Cristo.
> — Arcebispo Fulton J. Sheen[57]

Os maçons e socialistas perseguiram impiedosamente a cristandade no México, Espanha e Rússia durante o pontificado do Papa Pio XI. Pio XI designou o núncio de Berlim, Eugenio Pacelli (futuro Pio XII), para trabalhar secretamente em arranjos diplomáticos entre o Vaticano e a União Soviética. Porém, essa aproximação fracassou. Pio XI é amplamente visto como o papa que abandonou os Cristeros, que lutaram pela Igreja Católica na Guerra dos Cristeros no México (1926–1929). Durante a Guerra Civil Espanhola (1936–1939), padres, monges e freiras foram brutalmente atacados, igrejas saqueadas e crentes torturados. A ex-agente comunista Bella Dodd posteriormente explicou: "Durante a Guerra Espanhola, o Partido Comunista foi capaz de usar alguns dos melhores talentos do país contra a Igreja Católica, repetindo antigos apelos ao preconceito e insinuando que a Igreja fosse indiferente aos pobres e contra aqueles que apenas

---

[57] Fulton J. Sheen, *Communism and the conscience of the West*, Indianapolis: Bobbs-Merrill Company, 1948, 24–25.

queriam ser livres".[58] Como resultado, o governo espanhol maçom-comunista se apropriou de todas as propriedades e escolas eclesiásticas. Em 1937, Pio XI apoiou uma terceira via contra o comunismo e também o fascismo em sua encíclica *Divini Redemptoris*, a qual nada fez para impedir o poder emergente dos sovietes comunistas e dos fascistas na Itália, Alemanha e Espanha. Pio XI morreu em 10 de fevereiro de 1939. Em 1º de setembro do mesmo ano, a Alemanha nazista invadiria a Polônia e iniciaria a Segunda Guerra Mundial. Entre essas duas datas, o Papa Pio XII foi eleito.

Desconhecidos para Pio XI, os comunistas não estavam simplesmente atacando governos e monarcas católicos. A partir dos anos 1930, os russos começaram a se infiltrar secretamente nos seminários católicos para implantar seus próprios agentes comunistas como padres e eventualmente como bispos, cardeais e mesmo papa. Lembremo-nos do conselho dos maçons Carbonari, os quais, já em 1840, recomendavam a seguinte estratégia: "Então, a fim de garantir um papa de acordo com nosso coração, é necessário antes de tudo modelar para esse papa uma geração digna do reino com o qual nós sonhamos. Deixe de lado os idosos e os de meia-idade, aproxime-se dos jovens e, se possível, até mesmo das crianças".[59] O objetivo planejado dos inimigos de Cristo desde os anos 1800 era eventualmente "garantir um papa de acordo com nosso coração", o que pressupunha implantar os seus como seminaristas.

Bella Dodd depôs perante o Comitê da Casa dos Estados Unidos sobre Atividades Não-Americanas, em 1953, sobre as maneiras subversivas pelas quais os comunistas tentam se infiltrar nas instituições americanas. Ela originalmente se converteu ao comunismo "porque apenas os comunistas pareciam se importar com o que estava acontecendo às pessoas em 1932 e 1933. [...] Naquela época eles combatiam a fome e a miséria e o fascismo, e nem os maiores partidos políticos nem as igrejas pareciam se importar. É por isso que sou comunista". Tendo vivido como uma agente comunista na América, ela posteriormente renunciou ao seu comunismo sob a direção espiritual do Arcebispo Fulton J. Sheen e retornou ao catolicismo em 1952.

---

58 Depoimento de Bella V. Dodd no Comitê da Casa dos Estados Unidos sobre Atividades Não-Americanas, *Investigation of communist activities in Columbus, Ohio*, Washington, D.C.: U.S. Government Printing Office, 1953, 1741–1777.

59 *Alta Vendita*, 7.

Dodd revelou perante um comitê da Casa dos Representantes que, no final dos anos 1920 e durante toda a década de 1930, agentes comunistas nos Estados Unidos seguiam diretrizes de Moscou. Uma de tais ordens vindas da Rússia era no sentido de destruir a Igreja Católica a partir de dentro, implantando membros do Partido Comunista nos seminários e em posições diocesanas.

Dodd informou que "nos anos 1930, nós introduzimos 11 mil homens no sacerdócio a fim de destruir a Igreja a partir de dentro, e agora mesmo eles estão nas posições mais altas da Igreja".[60] Ela alegou não ter trabalhado sozinha, mas sim com um grupo de comunistas que buscavam se infiltrar não apenas no sacerdócio católico mas também no sistema de ensino público americano, de acordo com o que é pregado abertamente na *Alta Vendita*: "Deixe de lado os idosos e os de meia-idade, aproxime-se dos jovens e, se possível, até mesmo das crianças". Como uma ex-agente comunista na América, seu depoimento ecoa perfeitamente a estratégia traçada na *Alta Vendita*.

Um segundo ex-comunista, o agente afro-americano Manning Johnson, também depôs perante o Comitê da Casa dos Estados Unidos sobre Atividades Não-Americanas, em 1953, a respeito da infiltração de comunistas russos no sacerdócio católico:

> Uma vez que a tática de infiltração em organizações religiosas fora lançada pelo Kremlin [...] os comunistas descobriram que a destruição da religião poderia prosseguir muito mais rapidamente através da infiltração na Igreja [Católica] por comunistas operando de dentro da própria Igreja. [...] Nos primeiros estágios foi determinado que, com somente poucas forças disponíveis, seria necessário concentrar os agentes comunistas nos seminários. A conclusão prática tirada pelos líderes vermelhos foi que essas instituições tornariam possível a uma pequena minoria comunista influenciar a ideologia dos futuros clérigos de forma compatível com propósitos comunistas. Essa política de infiltração em seminários foi bem-sucedida, além mesmo das expectativas comunistas.[61] Aqui temos depoimentos juramentados de

---

60 Bella Dodd, "Lecture at Fordham University in 1953", fita gravada; discurso citado em C. P. Trussell, "Bella Dodd Asserts Reds Got Presidential Advisory Posts", em *New York Times*, 11 de março de 1953.

61 Depoimento de Manning Johnson no Comitê da Casa dos Estados Unidos sobre Atividades Não-Americanas, *Investigation of communist activities in the New York City Area*, Washington, D.C.: U.S. Government Printing Office, 1953, 2278.

ex-agentes comunistas de que o Kremlin estava estrategicamente introduzindo seus próprios homens em seminários americanos e europeus a fim de se infiltrar no sacerdócio católico e que a empresa foi "bem-sucedida, além mesmo das expectativas comunistas" — tudo isso antes de 1953. Em outras palavras, bem antes do Concílio Vaticano II (1963–1965), os comunistas tinham seus próprios homens nos seminários, no sacerdócio e no episcopado. Bella Dodd revelou que quatro de seus padres infiltrados haviam atingido o nível de cardeais.

Em 1967 ou 1968, pouco antes da morte de Dodd, ela foi entrevistada pelo acadêmico Dietrich von Hildebrand e sua esposa, Alice, em New Rochelle, Nova York. Alice von Hildebrand relata sua conversa:

DIETRICH VON HILDEBRAND: "Eu temo que a Igreja tenha sido infiltrada".

BELLA DODD: "Você teme, querido professor; eu sei! Quando eu era uma comunista fervorosa, trabalhei em contato íntimo com quatro cardeais no Vaticano que trabalhavam para nós; e eles são ainda hoje muito ativos".

DIETRICH VON HILDEBRAND: "Quem são eles? Meu sobrinho, Dieter Sattler, é um alemão sediado na Santa Sé".[62]

"Mas Bella, que estava sob a orientação espiritual do Arcebispo Sheen, se recusou a fornecer a informação", explicou Alice von Hildebrand[63].

Quem eram esses cardeais ativos do Vaticano?

Nós podemos elaborar uma lista limitada de cardeais, considerando que Dodd estava ativa desde os anos 1930 e que ela se converteu em 1952. Além disso, esses cardeais estavam "ativos" ainda em 1966 ou 1967. Essas restrições históricas nos deixam com apenas 26 cardeais que poderiam ser os quatro cardeais comunistas mencionados por Dodd:

---

62 "Alice von Hildebrand Sheds New Light on Fatima", em *One Peter Five*, 12 de maio de 2016.

63 Ibid. Em 1973, um livro intitulado *AA-1025* foi publicado, alegando ser as memórias de um comunista que se infiltrara na Igreja e que provocara muitas das infelizes mudanças na Igreja que se seguiram ao Vaticano II. Como sua página de rosto inclui um aviso dizendo que se trata apenas de uma "apresentação dramatizada", muitos contestaram a sua autenticidade, então eu não incluí aqui materiais provenientes desse livro.

- Krikor Bedros XV Aghagianian
- Benedetto Aloisi Masella
- Clemente Micara
- James Charles McGuigan
- Carlos Carmelo de Vasconcelos Motta
- Norman Thomas Gilroy
- Francis Joseph Spellman
- Jaime de Barros Câmara
- Enrique Pla y Deniel
- Josef Frings
- Ernesto Ruffini
- Antonio Caggiano
- Thomas Tien Ken-sin
- Augusto Álvaro da Silva
- Pietro Ciriaci
- Maurice Feltin
- Carlos María Javier de la Torre
- Giuseppe Siri
- James Francis Louis McIntyre
- Giacomo Lercaro
- Stefan Wyszynski
- Benjamín de Arriba y Castro
- Fernando Quiroga y Palacios
- Paul-Émile Léger
- Valerian Gracias
- Alfredo Ottaviani

Alguns desses cardeais, como Siri e Ottaviani, podem ser excluídos em consideração devida à sua ortodoxia. Entre os mais prováveis estariam o Cardeal Spellman (reputado sodomita e patrono eclesiástico do jovem Theodore McCarrick), o Cardeal Lercaro (o principal candidato liberal a papa no Conclave de 1963, que em vez dele elegeu o Cardeal Montini) e o Cardeal Frings (importante líder alemão no Vaticano II e patrocinador do jovem Joseph Ratzinger).

Outro caso de infiltração envolve o misterioso conteúdo de uma pasta esquecida. Em 1975, o Arcebispo Annibale Bugnini esqueceu sua pasta em uma sala de conferências no Vaticano. Bugnini foi o arquiteto principal do Novo Rito da Missa, publicado em 1969 e 1970, e nós devemos cobrir completamente sua influência sobre Pio XII e Paulo VI nas páginas por vir. Basta aqui observar que Bugnini era um padre infiltrado e um maçom. Um padre dominicano descobriu a pasta esquecida e a abriu, a fim de descobrir a identidade de seu proprietário. Dentro dela ele encontrou documentos endereçados "ao Irmão Bugnini", com "assinaturas e locais de origem [que] mostraram que eles vieram de dignitários de sociedades secretas em Roma".[64] Isso se tornou um escândalo em Roma e o Papa Paulo VI foi forçado a enviar seu liturgista principal e recentemente ordenado arcebispo para o Irã como pró-núncio, uma surpreendente e óbvia demoção e exílio. O respeitado teólogo Padre Brian Harrison também atestou a veracidade da descoberta dos documentos maçons de Bugnini:

> Um eclesiástico internacionalmente reconhecido de integridade impecável também me disse que ele ouviu o relato da descoberta da evidência contra Bugnini diretamente do padre romano que a descobriu em uma pasta que Bugnini por descuido deixou em uma sala de conferências do Vaticano após uma reunião.[65]

Quando o Registro Maçônico Italiano foi lançado em 1976, o nome de Annibale Bugnini foi encontrado no registro maçônico junto com seu codinome maçônico, "Buan".[66] Ele se juntara à loja maçônica na festa de São Jorge, em 23 de abril de 1963. Isso se deu menos de dois meses antes da morte de João XXIII.

Claramente, padres e bispos de alto escalão antes e durante o Vaticano II eram maçons infiltrados. Os depoimentos prestados por Bella Dodd e Manning Johnson, além da culpa e expulsão do Arcebispo Annibale Bugnini, revelam que a infiltração no clero católico foi feita antes e depois de 1940. Antes, porém, de examinar o Concílio Vaticano II, devemos retornar à cronologia histórica que leva à eleição do Papa Pio XII e então do Papa João XXIII depois dele.

---

64 Piers Compton, *The broken cross: the hidden hand in the Vatican*, Australia: Veritas Publications, 1984, 61.

65 Padre Brian Harrison, "A Response to Michael Davies' Article on Archbishop Bugnini", em AD2000.com, junho de 1989.

66 *Most asked questions about the society of Saint Pius X*, Kansas City, MO: Angelus Press, 26.

CAPÍTULO X
O CONCLAVE PAPAL DE 1939: PIO XII

~

O Papa Pio XI havia estipulado que o Colégio dos Cardeais esperasse mais tempo de forma a permitir que os cardeais das Américas do Norte e do Sul chegassem a Roma para a eleição do papa. Ele dissera que o conclave deveria esperar até dezoito dias pelos seus irmãos americanos. Assim, pela primeira vez em um longo tempo, todos os cardeais vivos participaram do Conclave de 1939 — todos os 62.

O Cardeal Eugênio Pacelli era a opção incontestável, e ele venceu logo no primeiro dia, na segunda votação. Como mencionado anteriormente, Pacelli fora consagrado bispo em 13 de maio de 1917, exatamente o mesmo dia em que Nossa Senhora de Fátima apareceu pela primeira vez às três crianças. Pio XI dera indicações sutis de que desejava que Pacelli o sucedesse. O Cardeal Pacelli foi o camerlengo, ou o camareiro papal, e fiscalizou a eleição. Quando eleito, ele aceitou, dizendo: *accepto in crucem* ("eu o aceito como uma cruz"). Pacelli adotou o nome de Papa Pio XII "como um sinal de gratidão para com Pio XI".[67]

O Papa Pio XII nasceu como Eugênio Maria Giuseppe Giovanni Pacelli em 1876. Sua família tinha profundas raízes na *nobiltà nera*, ou "nobreza negra" — aqueles provenientes das famílias aristocráticas romanas que se aliaram ao papa contra a invasão de Roma em 1870.[68] Seu avô, Marcantonio Pacelli, fora subsecretário do Ministério Papal

---

67 Joseph Brosch, *Pius XII: Lehrer der Wahrheit*, Trier: Kreuzring, 1968, 45.

68 Após o Tratado de Latrão em 1929, a nobreza negra recebeu dupla cidadania na Itália e na Cidade do Vaticano. O Papa Paulo VI aboliu a condição e as honras da nobreza negra em 1968.

das Finanças e então secretário do interior sob o Papa Pio IX de 1851 a 1870. Seu avô foi também parcialmente responsável pela fundação do jornal *L'Osservatore Romano* em 1861. Seu pai, Filippo Pacelli, servira como decano da Rota Romana,[69] e seu irmão, Francesco Pacelli, serviu como jurista canônico, negociando o Tratado de Latrão de 1929 entre o Papa Pio XI e Benito Mussolini.

Pio XII cresceu em Roma dentro dos corredores da corte papal. Sua família comparecia à Missa na Chiesa Nuova. Foi aqui que o jovem Eugênio fez sua Primeira Comunhão e serviu como coroinha para os padres oratorianos. Ele parece ter recebido dispensas especiais no seminário, devido ao prestígio de sua família na corte papal. Por exemplo, seus colegas seminaristas foram ordenados juntos na Basílica de São João de Latrão, mas Pacelli foi ordenado padre privadamente no Domingo de Páscoa de 1899 na capela pessoal de um amigo da família, o vice-gerente de Roma, Monsenhor Paolo Cassetta. Sua primeira tarefa eclesiástica foi a de curador da paróquia da família, Chiesa Nuova. Em 1901, o Papa Leão XIII pessoalmente pediu a Pacelli que prestasse as condolências em nome do Santo Padre ao Rei Eduardo VII da Inglaterra após a morte da Rainha Vitória.

Pacelli era já um homem internacionalmente conhecido quando obteve seu doutorado em 1904, após escrever sua dissertação sobre a natureza das concordatas e a função do direito canônico quando uma concordata é suspensa. Em 1908, ele acompanhou o Cardeal Merry del Val a Londres, onde se encontrou com Winston Churchill. Em 1911, ele representou a Santa Sé na coroação do Rei George V. Em 24 de junho de 1914, apenas quatro dias antes de o Arquiduque Francisco Ferdinando da Áustria ser assassinado em Sarajevo, Pacelli e o Cardeal Merry del Val estavam presentes, representando a Santa Sé, quando a Concordata Sérvia foi assinada.

Como mencionado anteriormente, o Papa Pio X morreu naquele mesmo ano, em 20 de agosto. Seu sucessor, Papa Bento XV, como prometera, designou como secretário de estado o Cardeal Gasparri, que escolheu Pacelli como seu subsecretário. Em 1915, Pacelli viajou para Viena durante negociações com o Imperador Francisco José I da Áustria a respeito da Itália.

---

69 Tribunal da Rota Romana, órgão superior de jurisdição da Igreja Católica – NT.

O Papa Bento XV designou Pacelli como núncio para a Bavária em 1917, consagrando-o arcebispo titular de Sárdis na Capela Sistina em 13 de maio de 1917. Uma vez que não havia núncio para a Prússia ou para a Alemanha, Pacelli efetivamente se tornou o embaixador da Santa Sé para todo o Império Alemão, onde se encontrou com o Rei Luís III e com o Imperador Guilherme II. Foi nessa época que conheceu Madre Pascalina Lehnert — uma freira bávara que iria servi-lo pelo resto de sua vida como governanta e secretária. Madre Pascalina é nossa fonte primária para a vida pessoal e os detalhes da vida de Pacelli, antes e depois de se tornar Papa Pio XII.

Na Alemanha, Pacelli foi repetidamente ameaçado, e uma vez sob arma de fogo, de acordo com Madre Pascalina. O papa oficialmente designou Pacelli como núncio para a Alemanha em 1920. Durante a década seguinte, Pacelli assistiria com desgosto à emergência das crenças nazistas. Ele proferiu 44 discursos como núncio apostólico para a Alemanha, quarenta deles contra o nazismo.[70] Devido à sua posição na Alemanha, Pacelli também se tornou o núncio *de facto* para a Rússia durante os anos 1920. Através de acordos não-oficiais e secretos, ele negociou suprimentos de comida e socorro para os católicos na Rússia, até o Papa Pio XI ordenar a interrupção de todas as comunicações com Moscou em 1927.

Depois de ter assinado o Tratado de Latrão e consolidado a "Questão Romana", o Papa Pio XI chamou Pacelli a Roma e o nomeou cardeal antes do Natal de 1929. O Papa Pio XI então fez do Cardeal Pacelli cardeal secretário de estado — o maior posto na Igreja, depois tão-somente do papa. Uma vez que o Vaticano havia sido privado de seu status político internacional desde a queda dos Estados Papais em 1870, a criação da nova Cidade-Estado do Vaticano em 1929 significava que Pacelli, como secretário de estado, teria de reestabelecer as ligações perdidas. Então, ele visitou Franklin Roosevelt e reestabeleceu as relações diplomáticas oficiais com os Estados Unidos. Tendo servido por tanto tempo na Alemanha durante a década de 1920, Pacelli teve o papel único de alertar o mundo contra a crescente ameaça nazista dos anos 1930, especialmente após 1933, quando Adolf Hitler foi designado chanceler. Com a ajuda de Pacelli, o Papa Pio XI emitiu uma encíclica na Alemanha, *Mit brennender Sorge*, a qual condenava

---

70 David G. Dalin e Joseph Bottum, *The Pius war: responses to the critics of Pius XII*, Lanham, MD: Lexington Books, 2010, 17.

o nazismo como desumano e pagão na ideologia. Ela circulou clandestinamente dentro do país e foi entregue secretamente a cada igreja católica, de modo que os padres puderam lê-la em voz alta aos fiéis no Domingo de Ramos de 1937.

Observando o mundo se despedaçar em alianças e em guerra iminente, o Cardeal Pacelli lamentou que os perigos profetizados por Nossa Senhora de Fátima estivessem prestes a acontecer:

> Preocupo-me com as mensagens da Santa Virgem para Lúcia de Fátima. A persistência de Maria sobre os perigos que ameaçam a Igreja é um aviso divino contra o suicídio de modificar a fé, em Sua liturgia, Sua teologia e Sua alma. [...] Eu ouço ao redor de mim inovadores que desejam desmantelar a Sagrada Capela, destruir o estandarte universal da Igreja, rejeitar seus ornamentos e fazê-la sentir remorso por seu passado histórico.
>
> O dia virá quando o mundo civilizado negará seu Deus, quando a Igreja duvidará como Pedro duvidou. Ela será tentada a acreditar que o homem se tornou Deus. Em nossas igrejas, os cristãos procurarão em vão pela lâmpada vermelha onde Deus os espera. Como Maria Madalena, chorando diante da tumba vazia, eles perguntarão: "Aonde O levaram?".[71] Estava bem definido que Pacelli era o inconteste candidato ao papado após Pio XI, e Pacelli o sabia. Quando olhou para o futuro, talvez ele tenha previsto os ataques contra a Mãe Igreja e contra "Sua liturgia, Sua teologia e Sua alma". O que é mais surpreendente é que ele parece ter previsto a remoção dos tabernáculos da Igreja, de modo que os fiéis iriam procurar em vão pela lâmpada vermelha que simboliza a Presença Real de Cristo Nosso Senhor. "A Igreja duvidará como Pedro duvidou".

---

71 Alguns duvidam dessa citação, mas ela se encontra em Georges Roche e Philippe Saint Germain, *Pie XII devant l'Histoire*. 1972, 52.

CAPÍTULO XI
PIO XII COMO O PAPA DE FÁTIMA

~

Portanto, a doutrina católica, toda e inteira, está para ser apresentada e explicada: de maneira nenhuma é permitido ignorar em silêncio ou encobrir com termos ambíguos a verdade católica relativa à natureza e maneira da justificação, à constituição da Igreja, à primazia da jurisdição do Pontífice Romano e à única verdadeira união pelo retorno dos dissidentes à única verdadeira Igreja de Cristo.

— Papa Pio XII, Instrução *Sobre o "Movimento Ecumênico"*

Parece haver um erro aparente na mensagem de Fátima. A mulher de branco dissera a Lúcia: "Esta guerra acabará, mas se os homens não deixarem de ofender a Deus, outra e mais terrível guerra começará durante o pontificado de Pio XI". Pio XI morreu em 10 de fevereiro de 1939, e a Segunda Guerra Mundial não começou oficialmente senão após a invasão alemã da Polônia em 1º de setembro de 1939 — durante o pontificado de Pio XII. Estaria Lúcia errada sobre o começo da Segunda Guerra Mundial?

Lúcia não revelou a informação até 1941, de modo que ela poderia facilmente ter fraudado ou corrigido o erro. Pode-se argumentar, entretanto, que a "guerra mais terrível" prevista por Nossa Senhora de Fátima de fato começou antes de 1939, quando a Alemanha anexou a Áustria e reivindicou partes da Tchecoslováquia em 1938, durante o pontificado de Pio XI. As peças do xadrez já estavam movidas para suas posições.

Independentemente da data precisa do início, o Papa Pio XII é conhecido como o papa de Fátima e o papa da Segunda Guerra Mundial. Pio XII era devoto de Nossa Senhora de Fátima e atentou para o fato de que sua consagração episcopal ocorreu em conjunção com a primeira aparição da Virgem no mesmo dia de 13 de maio de 1917. Lúcia revelara o Primeiro e o Segundo Segredos de Fátima em 1941 e o Papa Pio XII teve notícia do Segundo Segredo, o qual mencionou uma "desconhecida luz" e também a consagração da Rússia:

> Esta guerra acabará, mas se os homens não deixarem de ofender a Deus, outra e mais terrível guerra começará durante o pontificado de Pio XI. Quando virdes uma noite iluminada por uma desconhecida luz, sabereis que é o grande sinal, dado por Deus a vós, de que Ele está prestes a punir o mundo por seus crimes, por meio de guerra, fome, e perseguição à Igreja e ao Santo Padre. Para prevenir isso, eu virei ao mundo para pedir a consagração da Rússia ao meu Imaculado Coração, e a Comunhão de reparação nos primeiros sábados. Se meus desejos forem cumpridos, a Rússia será convertida e haverá paz; se não, ela espalhará seus erros por todo o mundo, provocando guerras e perseguições à Igreja. Os bons serão martirizados; o Santo Padre terá muito a sofrer; várias nações serão aniquiladas. Ao final, meu Imaculado Coração triunfará. O Santo Padre consagrará a Rússia a mim e ela será convertida, e um período de paz será garantido ao mundo.[72]

Acerca da "desconhecida luz", algo semelhante à aurora boreal apareceu na noite de 25–26 de janeiro de 1938. Entre as 20h45 e 1h15, essas luzes setentrionais estranhamente se estenderam longe ao sul, para a Espanha, Áustria e Portugal, onde a própria Lúcia as testemunhou como um sinal. Surgiram rumores de que o Papa Pio XI em Roma vira a "desconhecida luz". O *New York Times* de 26 de janeiro de 1938 noticiou:

> A Aurora Boreal, raramente vista na Europa meridional ou ocidental, espalha medo em partes de Portugal e do sul da Áustria nesta noite, onde centenas de britânicos maravilhados afluíram correndo para as ruas. O brilho vermelho levou muitos a pensar que metade da cidade estava ardendo em chamas. O Departamento de Incêndios de Windsor foi chamado, acreditando-se que o Castelo de Windsor estava em

---

72 Apostoli, *Fatima for today*, 71.

chamas. As luzes foram claramente vistas na Itália, Espanha e mesmo em Gibraltar. O brilho que banhava os topos revestidos de neve das montanhas na Áustria e na Suíça foi um sinal maravilhoso, mas os bombeiros saíram à caça de incêndios inexistentes. Os aldeões portugueses fugiram às pressas de suas casas, temendo o fim do mundo.

Duas semanas mais tarde, o Papa Pio XI morreu, em 10 de fevereiro de 1938, e o Papa Pio XII foi eleito em 2 de março de 1939. Mas era muito tarde: "Quando virdes uma noite iluminada por uma desconhecida luz, sabereis que é o grande sinal, dado por Deus a vós, de que Ele está prestes a punir o mundo por seus crimes, por meio de guerra, fome, e perseguição à Igreja e ao Santo Padre".

Enquanto a Segunda Guerra Mundial incendiava em todo o mundo "por seus crimes", o Papa Pio XII tentou obedecer à Santa Virgem de Fátima. Em 1942, ele fez a consagração de Fátima ao Imaculado Coração de Maria para todo o mundo. Ela se tornaria o modelo para muitas outras consagrações papais ao Imaculado Coração de Maria que não iriam especificar a Rússia em suas fórmulas. Isso provocou décadas de debates sobre a consagração da Rússia. Teria a "consagração do mundo" propriamente "consagrado a Rússia", da maneira como Nossa Senhora de Fátima pedira?

Uma analogia pode ser útil para esclarecer essa questão. Se um pai pedir ao papa que abençoe seu filho terminalmente doente, e o papa responder: "Sim, ficarei feliz em fazer essa bênção. Eu abençôo todas as crianças no mundo *in nomine Patris, et Filii, et Spiritus Sancti*". Teria o papa abençoado o filho doente do homem? Sim, ele de fato abençoou o menino, mas de um modo genérico e não específico. E aí está a diferença. A Igreja Católica, em suas bênçãos e liturgia, requer especificidade em seus ritos. Um padre não pode batizar várias pessoas simultaneamente com um balde de água ou uma mangueira. Cada pessoa deve ser batizada individualmente. Quando os padres consagram a Eucaristia, eles consagram apenas as hóstias no corporal[73] — não aquelas que estão próximas, na sacristia. No exorcismo, uma pessoa específica é exorcizada, não um grupo.

As instruções dadas pela Santa Mãe em Fátima a Lúcia diziam respeito a uma consagração específica da Rússia, e não a uma consagração geral do mundo. E, entretanto, nas datas seguintes, os papas

---

73 Pano estendido sobre o altar, sobre o qual é colocado o cálice e a hóstia – NE.

evitaram fazer isso, por causa da grande pressão que a Rússia exercia sobre a Europa e a Igreja Católica, começando nos anos 1940 até nossos próprios dias:

- Pio XII em 31 de outubro de 1942
- Paulo VI em 21 de novembro de 1964
- João Paulo II em 13 de maio de 1982
- João Paulo II em 25 de março de 1984, com todos os bispos
- Francisco em 13 de outubro de 2013

Todas essas foram consagrações genéricas do mundo ao Imaculado Coração de Maria e, como tais, foram graciosas, boas e benéficas à Igreja Católica e, por extensão, à toda a humanidade. "Lembra, ó mui graciosa Virgem Maria, que nunca se soube de alguém que se abandonou à tua proteção, implorou a tua ajuda ou buscou a tua intercessão, e foi deixado desamparado". E, entretanto, não é isso uma consagração papal exata da Rússia ao Imaculado Coração.

Há uma e apenas uma consagração papal na história da Igreja Católica que se aproxima de uma consagração específica da Rússia ao Imaculado Coração, e ela é encontrada na Carta Apostólica *Sacro Vergente*, de Pio XII, datada de 7 de julho de 1952. Ali, Pio XII reconta o relacionamento centenário de Roma com o povo russo, começando com os esforços missionários de São Cirilo e São Metódio (em cuja festa essa carta foi escrita), que foram enviados pelo Papa Adriano II para os povos eslavos. Pio XII lembra o relacionamento feliz de Roma com a Rússia e menciona a ajuda fornecida (por sua própria mediação como Cardeal Pacelli) pelos Papas Bento XV e Pio XI. Sem desculpas, ele destaca que Pio XI determinou que as tradicionais Orações Leoninas após a Missa Baixa fossem feitas para "as condições infelizes da religião na Rússia". Então, Pio XII especificamente consagra a Rússia ao Imaculado Coração:

> Nós, portanto, para que nossas orações sejam mais prontamente garantidas, e para dar-vos uma singular prova de nossa particular benevolência, da mesma forma como há poucos anos consagramos todo o mundo ao Imaculado Coração da Virgem Mãe de Deus, assim agora, muito especialmente, *nós consagramos todos os povos da Rússia ao mesmo Imaculado Coração, na certa confiança de que com o mais*

poderoso patrocínio da Virgem Maria os votos serão cumpridos assim que possível, os quais nós — todos os bons — constituímos para a paz verdadeira, para uma concórdia fraternal e para a devida liberdade de todos e primeiramente para a Igreja; de forma que, através da oração que levantamos convosco e com todos os cristãos, o reino salvífico de Cristo, que é o reino da verdade e da vida, o reino da santidade e da graça, o reino da justiça, em todas as partes da terra possa triunfar e rapidamente crescer.[74]

Pio XII explicitamente se refere à consagração internacional de todas as nações em 1942, e aqui em 1952 ele a renova, mas desta vez especificamente para a Rússia: "Nós consagramos todos os povos da Rússia ao mesmo Imaculado Coração, na certa confiança de que com o mais poderoso patrocínio da Virgem Maria os votos serão cumpridos assim que possível". Isso, de fato, parece ser uma específica e precisa consagração papal da Rússia ao Imaculado Coração e de certa forma satisfaz o requerimento de Maria em 1917 — mas não incluiu a participação dos bispos do mundo. Assim, não cumpre as precisas instruções de Nossa Senhora.

Menos de dois meses mais tarde, em 2 de setembro de 1952, o Papa Pio XII enviou o Padre Joseph Schweigl para Coimbra, Portugal, a fim de entrevistar a Irmã Lúcia em seu convento acerca do Terceiro Segredo. Em seu retorno ao Russicum[75] em Roma, o Padre Schweigl confidenciou isto a um de seus colegas: "Eu não posso revelar nada do que aprendi em Fátima atinente ao Terceiro Segredo, mas posso dizer que ele tem duas partes: uma tem relação com o papa. A outra, logicamente — embora eu nada possa dizer —, haveria de ser a continuação das palavras 'em Portugal, o dogma da Fé será sempre preservado'".[76]

---

74 Pio XII, *Sacro Vergente*, 9. Ênfases acrescentadas.
75 Colégio católico dedicado a estudar a cultura e a espiritualidade russas – NT.
76 Michael of the Holy Trinity, *The whole truth about Fatima*, vol. 3, "The Third Secret", Buffalo, NY: Immaculate Heart Publishing, 1990, 710.

CAPÍTULO XII
INFILTRAÇÃO COMUNISTA NA LITURGIA

~

Infelizmente, a segunda metade do pontificado de Pio XII não foi tão brilhante quanto a primeira. Em 1948, ele nomeou o controverso Padre Annibale Bugnini para a Comissão de Reforma Litúrgica.

A comissão foi designada para restaurar a liturgia da Missa do Sábado Santo, comumente celebrada pela manhã, trazendo de volta a antiga liturgia de uma Vigília Pascal celebrada durante a noite em antecipação da Páscoa da manhã seguinte. Em 800 d.C., a Missa do Sábado Santo foi celebrada logo antes do anoitecer. Em 1076, a Missa do Sábado Santo foi celebrada à tarde. Em 1500, essa Missa do Sábado Santo, com o tríplice candelabro, o círio pascal e doze leituras foi universalmente celebrada no começo da manhã do Sábado Santo. O Papa São Pio V chegou a decretar em sua bula *Sanctissimus* de 1566 que todos os padres fossem proibidos de celebrar a Missa do Sábado Santo após o meio-dia.

Porém, os liturgistas perceberam há muito que o hino *Exultet*, cantado pelo diácono na bênção da vela pascal, fala do canto que ocorre durante a noite:

> Portanto, a santidade desta noite afugenta as perversidades, lava os pecados, restaura inocência aos caídos e alegria aos sofredores; ela bane os ódios, e prepara a paz, e faz soberanias se curvarem. Portanto, em favor *desta noite*, recebe, Ó santo Pai...

Uma vez que a própria liturgia é antiga e se refere ao contexto como "desta noite", os liturgistas dos anos 1940 quiseram reinserir a liturgia na noite do Sábado Santo logo antes do Dia da Páscoa. Teólogos anteriores, como São Tomás de Aquino e São Pio v, haviam defendido a celebração diurna do Sábado Santo. O argumento para a celebração da Missa de Vigília do Sábado Santo pela manhã era o de que o jejum requeria um horário mais cedo e que a maioria dos leigos não seria capaz de participar de uma Missa de Sábado tarde da noite e de uma Missa de domingo pela manhã — uma vez que ainda não se concebia qualquer idéia de cumprir uma obrigação de domingo com uma Missa de Vigília de Sábado à noite. Curiosamente, considerava-se uma concessão "pastoral" celebrar a Missa do Sábado Santo no sábado de manhã e não na madrugada da noite de sábado. Teólogos tradicionais também notaram que a liturgia é repleta de "reprogramações temporais". Nosso Senhor Jesus Cristo celebrou a primeira Eucaristia à noite, mas nós quase universalmente a celebramos pela manhã. A Santa Ceia foi em uma quinta-feira, mas nossa obrigação se dá no domingo. E por aí vai.

O Movimento Litúrgico não se importou com isso e quis reestabelecer essa Missa do Sábado Santo como uma Vigília Pascal tarde da noite. Mas eles imediatamente perceberam que isso não era "pastoral" para os leigos (o que já era sabido havia séculos). Então, esses inovadores litúrgicos concluíram que seria necessário reescrever toda a Missa do Sábado Santo para conformar o Sábado Santo a esse encaixe noturno.

Infelizmente, o Papa Pio XII, de forma pouco sábia, escolheu o Padre Annibale Bugnini para realizar a "restauração" de algo que nunca existira previamente.

Annibale, cujo nome significa "presente de Baal", nasceu em Civitella del Lago, na Úmbria, em 1912. Com a idade de 24 anos, ele foi ordenado padre para a Congregação da Missão. Bugnini obteve seu doutorado em teologia sacra na Universidade Pontifícia de São Tomás de Aquino (Angelicum), defendendo sua dissertação sobre a liturgia e o Concílio de Trento. Ele se tornara o editor do *Ephemerides Liturgicae*, um jornal católico dedicado ao Movimento Litúrgico, quando chamou a atenção do Papa Pio XII. Desconhecido do papa, dizia-se que ele era maçom.

A liturgia revista do Sábado Santo de 1951 se converteu em uma Semana Santa revista em 1955, e, em 1956, Bugnini convenceu Pio XII a permitir a concelebração, na qual padres poderiam celebrar a Missa juntos em um grupo em torno do altar — um costume raramente praticado no Rito Romano.[77] Bugnini já estava trabalhando naquilo que seria posteriormente conhecido como "protestantização" da liturgia católica:

- Bênçãos (como a de ramos) foram reduzidas ou eliminadas.
- O padre orava da cadeira e não do altar.
- O tríplice candelabro, representando a Santíssima Trindade e as três Marias que foram à tumba, foi suprimido.
- As tradicionais casulas e vestimentas foram suprimidas ou simplificadas.
- O padre começou a se dirigir mais ao povo.
- Linguagem vernacular foi introduzida.
- O número de leituras foi reduzido de doze para quatro (para fazer a Vigília Pascal mais curta aos leigos).
- A Litania dos Santos foi modificada.
- Contrariamente à tradição, o laicato foi chamado a se ajoelhar para a oração pelos judeus na Sexta-Feira Santa.
- A água benta foi abençoada na frente do povo, e não na fonte batismal.
- A renovação dos votos batismais foi adicionada (no vernacular), de maneira que os leigos pudessem "participar".
- Suprimiram-se as *tenebrae*.
- Celebrações noturnas para a Quinta-Feira Santa e o Sábado Santo foram reforçadas.

Além da Semana Santa, Bugnini suprimiu muitas das oitavas e vigílias, aboliu as Primeiras Vésperas de muitas festas e tornou o *Dies Irae* opcional em Missas fúnebres.

Claramente, esse não era mais o antigo e herdado rito. A liturgia da Semana Santa no Rito Romano é a *mais antiga* liturgia no mundo, e Bugnini a fez em pedaços como em um experimento. Aqueles no Movimento Litúrgico rejubilaram com essas "restaurações" que nada

---

77 Em 619 d.C., o Concílio de Sevilha decretou que os padres não poderiam celebrar a Missa com um bispo presente. Uma exceção pode ter sido feita em Roma aos cardeais para concelebrar com o papa nos dias festivos, ainda nos anos 1100. A concelebração era permitida no Rito Romano na ordenação de um padre de tal modo que o novo padre concelebrava com o bispo ordenador, e similarmente na consagração de um bispo de tal modo que o recém-consagrado bispo concelebrava com o bispo consagrante.

restauraram além de encaixes de tempo às custas dos textos e rubricas vigentes das antigas liturgias.

Para piorar a situação, isso inspirou Bugnini e outros a reclamar por mudanças ainda mais radicais na própria Missa. Eles defenderam a supressão das orações ao pé do altar, das orações do ofertório, do Último Evangelho e das Orações Leoninas. Tudo foi para os ares.

A revisão original do Sábado Santo de 1951 começou meramente como um "experimento", mas se tornou a norma requerida. Isso determinou a agenda. O *modus operandi* deles foi propor mudanças como um "experimento" e depois pressionar para que as mudanças fossem exigidas sob pena de pecado. O que se tornou o *Novus Ordo Missae* de 1969–1970 veio das sementes plantadas por Bugnini na Semana Santa de 1955.

CAPÍTULO XIII
A LAMENTÁVEL DOENÇA DE PIO XII: TRÊS CRIPTO-MODERNISTAS

~

É difícil entender por que o Papa Pio XII se enfraqueceu em seus últimos anos e como foi ele ostensivamente manipulado por pessoas como o Padre Bugnini. Seus amigos e conhecidos notaram uma mudança drástica em sua personalidade a partir de 1954, quando o papa padeceu de um caso sério de gastrite. Fotos mostram que o Papa Pio XII se agradava profundamente da cerimônia do Rito Romano e da pompa e glória das liturgias papais. Ele é freqüentemente retratado com seus braços estendidos e o queixo erguido para cima. Talvez as mais gloriosas representações do papado na história humana sejam as fotos de Pio XII.

Entretanto, a partir de sua extrema doença em 1954, o papa se afastou do cerimonial da Igreja Católica. Diferentemente de sua versão mais jovem como núncio na Alemanha e como um jovem papa, ele se tornou relutante nas tomadas de decisão. Talvez por causa de sua saúde frágil, ele também evitou liturgias longas e responsabilidades papais. De 1955 a 1958, o papa sucumbiu a terrores noturnos e alucinações, e parece ter se resignado à morte.

Com o início da doença, o Papa Pio XII, em 17 de maio de 1955, enviou seu homem de confiança, Cardeal Ottaviani, líder do Santo Ofício do Vaticano, para interrogar a Irmã Lúcia a respeito dos conteúdos selados do Terceiro Segredo de Fátima. Como resultado da entrevista de Ottaviani com Lúcia, a Santa Sé pediu ao bispo de Lúcia que transferisse o Terceiro Segredo, ainda selado em um envelope, para o Vaticano, em abril de 1957. Pouco antes de enviar o Terceiro Segredo ao Vaticano, o Bispo João Venâncio pôs o envelope selado à luz de sua lâmpada. Ele notou que esse envelope continha um pedaço de papel com 25 linhas de texto escrito com ¾ de centímetro de margem em ambos os lados. Quando o Terceiro Segredo veio ao Vaticano, ele foi colocado em um cofre nos apartamentos papais, como mostrado em uma fotografia na revista *Paris Match*. Pio XII, como bom e obediente papa, não abriu o envelope selado, mas deixou claro na inscrição sobre o envelope que ele deveria ser aberto em 1960.

Enquanto isso, três clérigos exerciam imensa influência sobre o moribundo Pio XII: Bugnini, Montini e o jesuíta alemão Augustin Bea. Esses três cripto-modernistas usaram os três anos finais do pontificado para elaborar sua trama para um novo estilo de papa, um novo concílio e uma nova liturgia. Pio XII não havia designado um cardeal secretário de estado. Ele inovou ao bifurcar o ofício de secretário de estado, designando Montini (futuro Papa Paulo VI) como seu secretário de assuntos interiores da Cidade do Vaticano e o Cardeal Domenico Tardini como seu secretário de assuntos exteriores. De fato, foi Montini quem governou a Santa Sé e o papado de 1955 até a morte de Pio XII em 1958. Por exemplo, Montini deixou o desgraçado médico papal entrar no apartamento do papa e fotografar o moribundo Pio XII — fotos que ele vendeu aos jornais por lucro.

Montini tinha um lado negro, como evidenciado por sua amizade com Saul Alinsky. No final da primavera de 1958 (meses antes da morte de Pio XII em 9 de outubro de 1958), Montini se encontrou três vezes com o esquerdista judeu-estadunidense e infiltrado de Chicago, Alinsky, por arranjo do filósofo francês Jacques Maritain. Maritain era um pseudotomista que escrevera o livro modernista *Humanismo integral*[78] em 1935. Nesse livro, Maritain propunha uma "nova forma" de cristandade, enraizada em seu pluralismo filosófico, político e religioso. Em suma, era um protótipo dos ideais e objetivos do Vaticano II (a propósito, Maritain foi o *ghost-writer* do *Credo do Povo de Deus*, solenemente proclamado pelo Papa Paulo VI em 30 de junho de 1968).

Em meados de 1940, Jacques Maritain se tornou amigo e colaborador de Saul Alinsky. Alinsky trabalhara como "organizador comunitário" moderadamente socialista em Chicago desde os anos 1940, e tinha assumido como objetivo estabelecer frentes de justiça social com

---

78 Publicado em francês sob o título *Humanisme Intégral*, Maritain, Jacques. *Humanismo integral*. Trad. Alceu Amoroso Lima, São Paulo: Nacional, 1965 – NT.

os cleros protestante e católico. Desonestamente, Maritain canonizou o agnóstico Alinsky como um "tomista prático".[79] Infelizmente, ele também incentivou Alinsky a publicar seu infame manifesto de infiltração *Regras para radicais*,[80] que foi dedicado "(a)o primeiro radical conhecido pelo homem que se rebelou contra o *establishment* e o fez tão efetivamente que ao final ganhou seu próprio reino — Lúcifer".[81] Eis o "tomista prático". O livro posteriormente se tornou o manual dos organizadores comunitários de Chicago, especialmente para o futuro presidente dos Estados Unidos, Barack Obama. A tese de Alinsky é que um nobre fim apreendido sempre justifica os meios, não importa quão vicioso ou pernicioso o meio possa ser. Maritain celebrou o *Regras para radicais* como "um grande livro, admiravelmente livre, absolutamente destemido, radicalmente revolucionário",[82] e recebeu direitos exclusivos para a tradução ao francês. A respeito de sua admiração por Saul Alinsky, Maritain escreveu:

> Eu vejo no mundo ocidental não mais do que três revolucionários dignos do nome — Eduardo Frei no Chile, Saul Alinsky nos Estados Unidos da América, [...] e eu mesmo na França, que valho menos, pois meu chamado como filósofo obliterou minhas possibilidades como agitador. [...] Saul Alinsky, que é um grande amigo meu, é um corajoso e admiravelmente leal organizador de "comunidades do povo" e um líder anti-racista cujos métodos são tão efetivos quanto não-ortodoxos.[83]

Maritain amava Alinsky; como professor de Montini, ele desejava que o futuro papa se encontrasse com o agitador estadunidense.

Antes do primeiro encontro entre Alinsky e Montini em 1958, Maritain escreveu para aquele, assegurando-lhe o entusiasmo de Montini: "O novo cardeal estava lendo os livros de Saul e deve contatá-lo em breve".[84] Por que estaria o Cardeal Montini de Milão estudando

---

79 Bernard Doering, *The philosopher and the provocateur: the correspondence of Jacques Maritain and Saul Alinsky*, Notre Dame: University of Notre Dame Press, 1994, xx.

80 *Rules for radicals*, sem tradução em português – NT.

81 Saul Alinsky, *Rules for radicals*, New York: Vintage Books, 1972, 4.

82 Doering, *The philosopher and the provocateur*, 110.

83 Bernard Doering, "Jacques Maritain and His Two Authentic Revolutionaries", em *Thomistic Papers*, Houston, TX: Center for Thomistic Studies, 1987, 96.

84 P. David Finks, *The radical vision of Saul Alinsky*, New York: Paulist Press, 1984, 115.

os livros de um agnóstico judeu estadunidense? Montini tinha algum interesse nos princípios da infiltração e revolução organizadas, pois ele quis se encontrar pessoalmente com Alinsky. Sabemos que pelo menos três encontros pessoais aconteceram entre os dois, porque Alinsky diz isso em uma carta a Maritain datada de 20 de junho de 1958: "Eu tive três encontros maravilhosos com Montini e tenho certeza de que você ouviu falar dele desde então".[85] Não sabemos o que foi discutido nesses encontros, mas a admiração entre os dois homens era mútua. Naquele mesmo ano, após a morte de Pio XII, Alinsky escreveu a um amigo o seguinte: "Não, eu não sei quem será o próximo papa, mas se for Montini, as bebidas serão por minha conta pelos anos por vir".[86] Em outras palavras, o autor das *Regras para radicais* não podia imaginar nenhum melhor papa "radical" do que Montini. Mas Montini não era o único cardeal radical minando os dias finais do debilitado Papa Pio XII.

Desde 1946, o Papa Pio XII estava sob a influência de seu confessor e diretor espiritual escolhido, o Cardeal Augustin Bea, S.J., que, após a morte de Pio XII, escolheu como seu secretário pessoal o jovem padre irlandês Malachi Martin, prior da Companhia de Jesus. Antes de Bea, o confessor do Papa Pio XII fora o robusto teólogo tomista Michel-Louis Guérard des Lauriers, O.P.[87], que ajudara a escrever o decreto dogmático de 1950 sobre a Assunção física da Virgem Maria. Por alguma razão, Pio XII dispensou seu confiado Guérard des Lauriers e começou a se confessar ao cardeal jesuíta Bea, e a receber direção espiritual dele.

O Cardeal Bea revelar-se-ia modernista. Ele abertamente lutara contra a imposição do juramento antimodernista ao clero no Vaticano II. Ele amava o novo "ecumenismo" e trabalhou com excessiva determinação para apaziguar os rabinos e intelectuais judeus e para remover do ensino e da liturgia católicos qualquer coisa que eles considerassem anti-semítica (mais tarde, ele iria propor ao Concílio Vaticano II *Nostra Aetate* — o controverso documento sobre o novo ecumenismo). Bea também defendeu as mudanças litúrgicas radicais sugeridas por Bugnini. De fato, Bea havia produzido um novo

---

85 Doering, *The philosopher and the provocateur*, 79.

86 Finks, *The radical vision of Saul Alinsky*, 115.

87 Ordem dos Dominicanos – NT.

"Saltério de Bea", baseado nos Salmos hebreus, que iria efetivamente destruir o canto gregoriano, baseado no Saltério latino tradicional derivado da Septuaginta grega.

Assim como em *O Senhor dos Anéis*, J. R. R. Tolkien representou um moribundo Théoden, rei de Rohan, sob a influência maligna de Gríma Língua-de-Cobra e Saruman, do mesmo modo o moribundo Pio XII estava verdadeiramente sob o feitiço destes três falsos amigos: Bugnini, o liturgista; Montini, o secretário; e Bea, o confessor. Más notícias é um mau convidado.[88] Como o Rei Théoden, seu socorro viria não de Gandalf, mas de Gandolfo.[89]

---

88 Referência ao texto de Tolkien. Gríma diz a Gandalf: "Tal é a hora que esse viajante escolhe para retornar. Por que, de fato, deveríamos nós lhe dar as boas-vindas, Mestre Corvo-de-Tempestade? *Láthspell* eu nomeio você, Más-notícias; e más notícias é um mau convidado, dizem". Tolkien, *The Lord of the Rings, vol.* II, *The two towers*. Ed. Harper Collins, p. 669 – NT.

89 Castel Gandolfo, província de Roma, onde desde o século XVII se encontra a residência de verão do papa – NT.

CAPÍTULO XIV
O MISTERIOSO CONCLAVE DE 1958

∼

O Papa Pio XII morreu em Castel Gandolfo em 9 de outubro de 1958. Mais cedo naquela semana, ele sofrera uma dor estomacal extrema, e seu médico tentara, sem sucesso, bombear o seu estômago. Ele recebeu os últimos ritos e se preparou para a morte. Na noite antes de morrer, o papa olhou para as estrelas e disse: "Olhai, quão belo, quão grande é Nosso Senhor". Às 3:52, ele sorriu, rebaixou sua cabeça, e morreu. Madre Pascalina se lembrou de que o médico afirmou: "O Santo Padre não morreu por alguma doença específica. Ele estava completamente exausto. Ele trabalhou além do limite. Seu coração era saudável, seus pulmões eram bons. Ele poderia ter vivido outros vinte anos, houvesse ele poupado a si mesmo".[90] O Conclave Papal de 1958 durou de 25 a 28 de outubro. Cinqüenta e um dos 53 cardeais vivos participaram. Os dois cardeais ausentes — József Mindszenty e Aloysius Stepinac — haviam sido efetivamente proibidos de viajar a Roma pelos comunistas. Trinta e cinco votos atingiriam a maioria de dois terços requerida para eleger o papa.

Os cardeais conservadores apoiavam o Cardeal Giuseppe Siri de Gênova, que era jovem com a idade de 52 anos. Siri também parecia ter sido apontado pelo Papa Pio XII como seu sucessor preferido. Os cardeais liberais apoiavam o Cardeal Giacomo Lercaro de Bolonha, com a idade ideal de 67 anos. O candidato do meio-termo[91] era o Cardeal Angelo Roncalli, patriarca de Veneza, que contava mais de 25 anos de serviço diplomático internacional na Bulgária, Turquia e

---

90   Pascalina Lehnert, *Ich durfte Ihm Dienen, Erinnerungen an Papst Pius XII*. Würzburg: Naumann, 1986, 91.

91   V. nota 45 – NT.

França. Na idade avançada de 77 anos, o Cardeal Roncalli seria um papa por prazo curto. Era mais consenso que o Cardeal Siri ou o Cardeal Roncalli sairiam do conclave como papa.

Não houve votações no primeiro dia, apenas discussões. No segundo dia, domingo, 26 de outubro de 1958, após supostamente quatro votações, fumaça branca foi vista da chaminé da Capela Sistina às 18h, indicando a eleição de um papa. A fumaça branca continuou por cinco minutos completos. Não apenas a fumaça anunciou uma eleição papal, mas os sinos da Basílica de São Pedro badalaram para confirmá-la. A Rádio Vaticano anunciou: "Não há absolutamente nenhuma dúvida. Um papa foi eleito". A Guarda Suíça assumiu seus postos, e o povo se reuniu na *piazza* de São Pedro para ver o novo papa e receber sua primeira bênção. A multidão esperou por meia hora, e nenhum papa apareceu. A Rádio Vaticano anunciou que um erro fora cometido. A multidão se dispersou. *Non habemus Papam.*

Diz a lenda que o Cardeal Siri foi, de fato, eleito naquele dia e que ele aceitou o papado, escolhendo (ou propondo) o nome Gregório XVII. Então, houve uma intervenção dos cardeais franceses, ou uma comunicação externa, de que um mal poderia acontecer a Siri ou à sua família. Outras versões afirmam que os russos ameaçaram "grande destruição" se o anticomunista Siri fosse eleito. O ex-consultor do FBI Paul L. Williams diz ter visto documentos do FBI que afirmavam que o Cardeal Siri foi eleito, mas esses documentos ou não mais existem, ou ainda são confidenciais.[92] Nós jamais saberemos o que aconteceu no segundo dia do conclave. A fumaça branca e os sinos confirmaram que um papa fora eleito e que algum erro ou má compreensão ocorreu. Outra versão diz que o camerlengo Cardeal Masella invalidou a eleição por alguma razão.

Na noite de segunda-feira, 27 de outubro, um eclipse lunar sombrio apareceu sobre Roma das 5:13 às 6:36. No dia seguinte, os cardeais elegeram o Cardeal Roncalli, que apareceu na sacada de São Pedro como Papa João XXIII — o nome de um antipapa dos tempos do Cisma Ocidental.[93] Em sua idade avançada, ele estava fadado a ser um papa transitório, mas mostrou-se um dos mais revolucionários papas na história católica.

---

92 Paul L. Williams, *The Vatican exposed.* New York: Prometheus Books, 2003, 90–92.

93 Período entre 1378 e 1417, encerrado pelo Concílio de Constança, em que até três homens (sediados em Roma, Avinhão e Pisa) reivindicaram simultaneamente o papado – NT.

CAPÍTULO XV
O PAPA JOÃO XXIII ABRE O TERCEIRO SEGREDO

~

As três pessoas com influência sobre o Papa Pio XII em seus dias de doença — Bugnini, Montini e Bea — ganharam proeminência sob o Papa João XXIII. Uma das primeiras ações do papa enquanto tal, em 1958, foi elevar Montini a cardeal.

Em 25 de janeiro de 1959 — cerca de três meses após sua eleição —, o Papa João XXIII, para o espanto de *alguns* cardeais, anunciou sua intenção de convocar um concílio geral. O secretário de estado, Cardeal Tardini, e o recém-nomeado Cardeal Montini foram apoiadores fervorosos. De forma ainda mais surpreendente, os dois eminentes cardeais conservadores, Ruffini e Ottaviani, apoiaram a idéia de um concílio para reformar a Igreja.

Em 17 de agosto de 1959, o Papa João XXIII recebeu o Terceiro Segredo enquanto passava o verão em Castel Gandolfo. O Papa João abriu o Terceiro Segredo de Fátima, ainda que Lúcia tivesse instruído que ele "será aberto e lido para o mundo ou à época de sua morte ou em 1960, o que vier primeiro".[94] Essa é a razão pela qual o Papa Pio XII, que tinha custódia sobre o envelope selado, jamais o abrira ou lera.

O Papa João XXIII desobedeceu à inscrição. Ele o abriu um ano mais cedo.

Quando o envelope selado chegou, o Papa João hesitou e disse: "Estou esperando para lê-lo com meu confessor". Não podemos ter certeza, mas seu confessor nessa época pode ter sido o Monsenhor

---

94 Joaquin Alonso, *La verdad sobre el Secreto de Fatima*. Madrid: Centro Mariano, 1976, 46–47.

Alfredo Cavagna.⁹⁵ O tradutor português foi o Monsenhor Paulo Jose Tavarez do Secretariado de Estado. O Cardeal Ottaviani também leu o Terceiro Segredo, ou nessa leitura inicial ou depois.

Posteriormente, questionado sobre a desobediência, João XXIII respondeu somente: "Isso não diz respeito ao meu pontificado". E, contrariamente à instrução de Lúcia e da Virgem Maria, o papa disse que ele *não* seria divulgado ao mundo em 1960. João XXIII, com esperança otimista na fraternidade com o mundo, não poderia se comprometer a corroborar as incoerências de "profetas do destino". O Papa João silenciaria o apocalipse pessimista da mensagem de Fátima.

Em 8 de fevereiro de 1960, um comunicado da imprensa do Vaticano afirmou que o Terceiro Segredo não seria publicado em 1960, conforme o esperado, e terminava com o seguinte trecho: "Apesar de a Igreja reconhecer as aparições de Fátima, ela não deseja assumir a responsabilidade pela garantia da veracidade das palavras que três crianças pastoras disseram que a Virgem Maria lhes dirigiu". Em outras palavras, o Papa João XXIII duvidou das palavras das três crianças.

Mais tarde, o Cardeal Ottaviani relatou que o Papa João XXIII lançou o Terceiro Segredo "em um desses arquivos que são como um poço muito profundo e escuro, ao fundo do qual os papéis caem e ninguém é capaz de vê-los novamente".⁹⁶ Essa pode ser talvez a razão pela qual tantos afirmam que há duas partes ou duas versões do Terceiro Segredo.

Teria o Terceiro Segredo duas partes?

Há três teorias concorrentes sobre o conteúdo do Terceiro Segredo. Uma é que ele é o texto apocalíptico publicado pelo Vaticano no ano de 2000. A segunda teoria diz que o texto de 2000 é a primeira parte, mas que outra parte, correspondente a uma página, existe ou existiu. Em terceiro lugar, há a crença de que o Terceiro Segredo se perdeu ou foi destruído em 1959 ou 1960 pelo Papa João XXIII e que ele jamais será conhecido.

---

95 "Confessor of John XXIII Dies", em *New York Times*, 1º de maio de 1970, 35.
96 Alfredo Cardeal Ottaviani, "Allocution on 11 February 1967 at the Antonianum in Rome", registrado na Acta of the Pontifical International Marian Academy.

O Arcebispo Loris Francesco Capovilla, secretário privado do Papa João XXIII em 1959, afirmou que ele estava presente e viu o papa João XXIII romper o selo intacto do envelope em 1959 e ler o Terceiro Segredo. Capovilla também declarou que ele mesmo leu o Terceiro Segredo e que ele corresponde ao segredo publicado pela Igreja Católica em 2000.

O problema com o testemunho de Capovilla é que o Bispo João Venâncio previamente confirmara que o Terceiro Segredo estava em uma única folha de papel.[97] O Terceiro Segredo publicado em 2000, por sua vez, está em quatro folhas de papel. Ademais, sabemos, pelo quarto livro de memórias de Lúcia, que o Terceiro Segredo começa como se segue: "Em Portugal, o dogma da Fé será sempre preservado". Mas a versão do Terceiro Segredo publicada em 2000 não contém essa frase, exceto em uma nota de rodapé.

Além disso, nós sabemos que o Terceiro Segredo de Fátima tem duas partes, uma sobre o papa e outra relativa às palavras finais do Segundo Segredo: "Em Portugal, o dogma da Fé será sempre preservado". Como previamente explicado[98], o Papa Pio XII ordenou ao Padre Joseph Schweigl que entrevistasse a Irmã Lúcia sobre o Terceiro Segredo em 1952. O Padre Schweigl disse: "Eu não posso revelar nada do que aprendi em Fátima atinente ao Terceiro Segredo, mas posso dizer que ele tem duas partes: uma diz respeito ao papa. A outra, logicamente — embora eu nada possa dizer — haveria de ser a continuação das palavras 'Em Portugal, o dogma da Fé será sempre preservado'".[99] Esse testemunho do Padre Schweigl deu ocasião à crença em um Terceiro Segredo em duas partes: 3a e 3b. Isso se conforma aos Segredos Primeiro e Segundo, já que cada um deles contém uma complicada revelação seguida pela explicação direta da Virgem Maria acerca do que ela quis dizer e do que ela deseja. O mesmo seria verdade em relação ao Terceiro Segredo. Haveria uma visão ou revelação seguida da sua explicação direta pela Virgem Maria e do que ela deseja.

O documento do Terceiro Segredo publicado pela Igreja Católica em 2000 tem quatro páginas, e trata do sofrimento e assassinato do

---

97 V. cap. 13 – NT.

98 V. cap. 11 – NT.

99 Michael of the Holy Trinity, *The whole Truth about Fatima*, 710.

papa. Eu reproduzo aqui completa e precisamente o Terceiro Segredo publicado pelo Cardeal Ratzinger em nome da Congregação para a Doutrina da Fé em 26 de junho de 2000:[100]

> A terceira parte do segredo revelado a 13 de Julho de 1917 na Cova da Iria-Fátima.
>
> Escrevo em acto de obediência a Vós Deus meu, que mo mandais por meio de sua Ex.cia Rev.ma o Senhor Bispo de Leiria e da Vossa e minha Santíssima Mãe.
>
> Depois das duas partes que já expus, vimos ao lado esquerdo de Nossa Senhora um pouco mais alto um Anjo com uma espada de fôgo em a mão esquerda; ao centilar, despedia chamas que parecia iam encendiar o mundo; mas apagavam-se com o contacto do brilho que da mão direita expedia Nossa Senhora ao seu encontro: O Anjo apontando com a mão direita para a terra, com voz forte disse: Penitência, Penitência, Penitência! E vimos n'uma luz emensa que é Deus: "algo semelhante a como se vêem as pessoas n'um espelho quando lhe passam por diante" um Bispo vestido de Branco "tivemos o pressentimento de que era o Santo Padre". Varios outros Bispos, Sacerdotes, religiosos e religiosas subir uma escabrosa montanha, no cimo da qual estava uma grande Cruz de troncos toscos como se fora de sobreiro com a casca; o Santo Padre, antes de chegar aí, atravessou uma grande cidade meia em ruínas, e meio trémulo com andar vacilante, acabrunhado de dôr e pena, ia orando pelas almas dos cadáveres que encontrava pelo caminho; chegado ao cimo do monte, prostrado de joelhos aos pés da grande Cruz foi morto por um grupo de soldados que lhe dispararam varios tiros e setas, e assim mesmo foram morrendo uns trás outros os Bispos Sacerdotes, religiosos e religiosas e varias pessoas seculares, cavalheiros e senhoras de varias classes e posições. Sob os dois braços da Cruz estavam dois Anjos cada um com um regador de cristal em a mão, n'êles recolhiam o sangue dos Martires e com êle regavam as almas que se aproximavam de Deus.[101]

---

[100] Transcrevo, com a grafia original, o texto português que se pode encontrar no site do Vaticano. O link é informado pelo autor na nota seguinte – NT.

[101] A versão portuguesa original e fac-símile das quatro páginas está disponível no web-site do Vaticano, https://www.vatican.va/roman_curia/congregations/cfaith/documents/rc_con_cfaith_doc_20000626_message-fatima_po.html.

A visão mostra um anjo com uma ardente espada à esquerda de Nossa Senhora clamando: "Penitência. Penitência. Penitência". Um "bispo de branco", que pensam ser o papa, é então abatido, junto com "bispos, padres, homens e mulheres religiosos, e vários leigos". A visão é muito difícil de interpretar e está ausente a afirmação: "Em Portugal, o dogma da Fé será sempre preservado".

Essa é a parte reveladora do Terceiro Segredo, ou o que eu chamo Segredo 3a. Mas deve haver ainda uma segunda parte do Terceiro Segredo, como Schweigl diz, na qual a Virgem Maria explica o que é retratado pela visão. Ademais, nós sabemos, por Lúcia, que ele começa com "Em Portugal, o dogma da Fé será sempre preservado". E até a presente data, a Igreja Católica nunca publicou esse documento de uma página das palavras da Virgem Maria, começando com "Em Portugal [...]". Isso significa que há outra seção (Segredo 3b) do Terceiro Segredo de Fátima que ainda não veio a público.

Para fundamentar a existência de um Segredo 3b, consideremos uma entrevista com o Cardeal Ratzinger publicada na edição de 11 de novembro de 1984 da revista *Jesus*. Nela, Ratzinger alegou ter lido o Terceiro Segredo e dito que ele trata da "importância das Últimas Coisas" e sobre os "perigos que ameaçam a fé e a vida dos cristãos e, portanto, do mundo". O cardeal ainda deixou claro que, "se ele não foi feito público, ao menos até o tempo presente, é para prevenir a profecia religiosa de ser confundida com uma busca pelo sensacional".[102] E, contudo, a versão do Terceiro Segredo publicada em 2000 nada contém sobre os perigos que ameaçam a fé dos cristãos.

Em uma entrevista com Charles Fiore, Malachi Martin forneceu outro testemunho da leitura do Terceiro Segredo. Martin afirmou que, quando servia o Cardeal Bea como secretário, ocasionalmente presenciou a leitura papal do Terceiro Segredo em 1959: "Fiquei plantado no corredor do lado de fora do apartamento do Santo Padre, enquanto meu chefe, o Cardeal Bea, estava lá dentro, debatendo com o Santo Padre, e com um grupo de outros bispos e padres, e dois jovens seminaristas portugueses, que traduziram a carta, uma única página, escrita em português, para todos os presentes na sala".[103] Aqui, novamente, vemos que o Terceiro Segredo está em uma "única

---

102 Michael of the Holy Trinity, *The whole truth about Fatima*, 822–823.

103 Gravação de áudio por Brian Doran, "Malachi Martin: God's Messenger – In the Words of Those Who Knew Him Best", 11 de agosto de 2000.

página" e não em quatro páginas, como é o caso dos documentos do Terceiro Segredo lançados em 2000.

Além disso, Malachi Martin expõe certos detalhes que contradizem nossos fatos conhecidos sobre a leitura inicial por João XXIII. A leitura inicial aconteceu em Castel Gandolfo. Martin se situa "no corredor do lado de fora do apartamento do Santo Padre", ao fundo do Vaticano. Ele também se refere a dois seminaristas portugueses, ao passo que no relato oficial há um padre português. Martin também contextualiza sua exposição ao Terceiro Segredo em fevereiro de 1960: "Cedo pela manhã, fevereiro de 1960 — antes de lê-lo, tive de fazer um voto de não o revelar. Seria um choque, sem dúvida, alguns ficariam muito irados". Ou Malachi Martin inventou uma versão sensacionalista para introduzir a si próprio nos acontecimentos, ou ele esteve presente em uma segunda leitura que incluiu o Cardeal Bea e, talvez, o Cardeal Ottaviani (que parece ter lido posteriormente). Martin não revelou o que ele alega ter lido, mas ele de fato respondeu nesta entrevista:

> Eu considero Fátima o acontecimento-chave na sorte minguante da organização Católico-Romana para o futuro próximo da Igreja no terceiro milênio, o acontecimento definitivo. Em Roma, há homens entre os grandes com interesses poderosos, todas as suas vidas engajadas em macro-governo, não meramente em religião, mas em estado. Eles não tocariam no assunto com vara curta. O Papa João Paulo II é um ardente apoiador de um único governo mundial. É claro, ele quer introduzir a sua marca de cristianismo. Para a ONU ele disse: "Eu sou um membro da humanidade". Esse não é mais Pio IX ou Pio X, que disseram: "Eu sou o vigário de Cristo". O Reinado de Cristo está completamente ausente.

Por razões que documentei em outro lugar, eu não confio totalmente em Malachi Martin, mas seu testemunho de fato parece se conformar às palavras daqueles que tiveram acesso próximo a Lúcia e ao Terceiro Segredo:

> O Segredo de Fátima não fala nem de bombas atômicas, nem de ogivas nucleares, nem de mísseis Pershing, nem de mísseis SS-20. Seu conteúdo diz respeito apenas à nossa fé. Identificar o Segredo com anúncios catastróficos ou com um holocausto nuclear é deformar o

significado da mensagem. A perda da fé de um continente é pior do que a aniquilação de uma nação; e é verdade que a fé está continuamente diminuindo na Europa.[104]

Assim, é muito possível que, nesse período intermediário que está em questão [a época após 1960], o texto faça referências concretas à crise de Fé da Igreja e à negligência dos próprios pastores.
    — Padre Joaquin Alonso, C.M.F.,[105] arquivista oficial de Fátima[106]

Ele [o Terceiro Segredo] nada tem a ver com Gorbachev. A Virgem Maria estava nos alertando contra a apostasia na Igreja.
    — Cardeal Silvio Oddi[107]

No Terceiro Segredo é predito, entre outras coisas, que a grande apostasia na Igreja começará no topo.
    — Cardeal Mario Luigi Ciappi, O.P.[108]

O Terceiro Segredo completo descreve a grande apostasia na Igreja.

---

104 Bispo Alberto Cosme do Amaral, pronunciamento público feito em Viena, Áustria, em 10 de setembro de 1984.

105 Relativo aos padres claretianos – NT.

106 Michael of the Holy Trinity, *The whole truth about Fatima*, 687.

107 Maike Hickson, "Cardinal Oddi on Fatima's Third Secret, the Second Vatican Council, and Apostasy", em *One Peter Five*, 28 de novembro de 2017.

108 "Alice von Hildebrand Sheds New Light on Fatima".

CAPÍTULO XVI
VATICANO II — O MODERNISMO EM CORTEJO

~

O Papa João XXIII instaurou o Concílio Vaticano II em 11 de outubro de 1962, dizendo: "Os profetas do destino sempre falam como se o presente, em comparação ao passado, estivesse se tornando pior e pior. Mas eu vejo a humanidade entrando em uma *nova ordem* e percebo nisto um plano divino".[109] É digno de nota que houvesse apenas três profetas ou videntes católicos reconhecidos contemporâneos à época do Papa João XXIII: as três crianças de Fátima. O Papa João as teria em mente quando condenou os "profetas do destino"? De qualquer maneira, essa afirmação de abertura reflete a agenda da maçonaria. Os profetas do destino são condenados. O mundo não está se tornando pior; está se tornando melhor. E João XXIII diz ver "a humanidade entrando em uma nova ordem".

Católicos devotos freqüentemente defendem o Vaticano II, argumentando que ele foi "seqüestrado", e esse é certamente o caso, mas a questão é quando, e por quem. Como ficará claro, o Papa João XXIII e seus favoritos, Bugnini, Bea e Montini, já haviam lançado a agenda otimista da nova ordem, ou *novus ordo*. Bugnini criaria a liturgia da *novus ordo*; Bea criaria o ecumenismo da *novus ordo* e a sua primazia da consciência sobre o dogma; e Montini tornar-se-ia o papa da *novus ordo*.

O Vaticano II foi instaurado com mais de duzentos bispos presentes, acompanhados de seus *periti* (especialistas) e representantes de igrejas ortodoxas e de comunidades protestantes. A preparação

---

109 Do discurso do Papa João XXIII em 11 de outubro de 1962 na abertura do Concílio Vaticano II, itálicos adicionados.

para o Concílio durou dois anos, nos quais cerca de uma dúzia de comissões trabalharam para produzir os documentos preliminares. O primeiro ato do Concílio foi rejeitar os *schemata*, ou rascunhos, dessas sessões preparatórias. Novos rascunhos foram criados por novas comissões. O Papa João aprovou.

Alarmado com a súbita mudança de direção, o Arcebispo Marcel Lefebvre se reuniu com dois bispos brasileiros — Geraldo de Proença Sigaud de Diamantina e José Maurício da Rocha de Bragança Paulista — para formar um partido conservador de resistência. Lefebvre organizou um comitê diretor informal que por fim se tornou o *Coetus Internationalis Patrum* (CIP), ou "Grupo Internacional de Padres", ao qual se reuniram o Bispo Antonio de Castro Mayer de Campos, do Brasil, e o Abade de Solesmes, Jean Prou, O.S.B.[110] O CIP cresceu, incorporando 250 bispos (e até nove cardeais) do Canadá, Chile, China e Paquistão. Duzentos e cinqüenta bispos dentre os 2.400 bispos participantes do Vaticano II significa que o CIP sob Lefebvre compreendia mais de 10% dos bispos do Concílio.[111] O grupo se tornou o espinho na carne da agenda modernista e o Concílio continuou pelos dois anos seguintes.

Tendo rejeitado as preparações originais, o Concílio foi adiado para 8 de dezembro de 1962, de forma que as novas comissões pudessem preparar os documentos para a próxima sessão, em 1963. Porém, o Papa João XXIII morreu em 3 de junho de 1963, o que levou a uma interrupção definitiva no Concílio Vaticano II.

---

110 Referente à ordem dos beneditinos – NT.

111 John O'Malley S.J., *What wappened at Vatican II*. Cambridge, MA: Harvard University Press, 2008, Kindle edition location 455.

CAPÍTULO XVII
O CONCLAVE DE 1963: PAULO VI
~

Os cripto-modernistas queriam que o Concílio Vaticano II continuasse. A eleição de um cardeal anticoncílio poderia encerrar o concílio ou desviar severamente sua agenda da determinação de João XXIII sobre "a humanidade entrando em uma *nova ordem*". O conclave durou de 19 a 21 de junho de 1963 e foi o maior jamais reunido. O número de cardeais presentes às eleições papais variou de doze a sessenta. Este conclave incluiu 82 cardeais eleitores, dentre os quais oitenta participaram. Mais uma vez, o Cardeal Mindszenty foi impedido pelos comunistas da Hungria e não pôde viajar para Roma. E o Cardeal Carlos María de la Torre de Quito, do Equador, aos 89 anos, estava muito velho e doente para viajar à Europa.

Os dois principais cardeais que entraram no conclave foram Siri e Montini. O Cardeal Siri representava a velha-guarda do Papa Pio XII e havia se manifestado contra as reformas propostas pelo Concílio Vaticano II. O Cardeal Montini, entretanto, estava abertamente associado à agenda de João XXIII e era um advogado declarado das reformas propostas do Concílio.

O Papa João XXIII pode ter servido um curto pontificado, mas se empenhou em empilhar o Colégio de Cardeais com seus homens. Dos oitenta cardeais votantes, 45 haviam sido selecionados por João XXIII (oito foram designados por Pio XI e 27, por Pio XII). Cinqüenta e seis por cento dos cardeais eram compostos de nomeados do Papa João. Parecia certo que o Concílio Vaticano II seria retomado sob um cardeal de sua escolha. Seria difícil para o Cardeal Siri capturar a maioria de dois terços sobre o Cardeal Montini.

No primeiro dia, como é de costume, não houve votação. Relata-se que os cardeais conservadores formaram um bloco em torno de Siri para impedir a eleição de Montini. No segundo dia, após quatro votações, ainda não havia papa. Supostamente, ao final dessas quatro primeiras votações, Montini estava apenas a quatro votos da maioria de dois terços. No dia seguinte, após a sexta votação, fumaça branca emergiu da Capela Sistina às 11:22. O Cardeal Ottaviani (que sem dúvida votara no Cardeal Siri) anunciou à multidão a eleição do Cardeal Montini, que tomara o nome Paulo vi. Para a decepção da multidão (e do mundo), o Papa Paulo vi não proferiu a tradicional bênção *Urbi et Orbi* (pela qual é concedida uma indulgência apenas por ouvi-la), mas, ao invés disso, proferiu a bênção de um bispo, mais curta. O primeiro ato do Papa Paulo vi como papa deixou clara a direção do resto de seu pontificado: *aggiornamento*, ou "atualização".

CAPÍTULO XVIII
CRIPTO-MODERNISMO E NOUVELLE THÉOLOGIE

~

A primeira tarefa do Papa Paulo VI era garantir que o Concílio Vaticano II procedesse conforme previamente planejado. Ele reduziu os rascunhos *schemata* propostos a dezessete e estabeleceu datas. Para o espanto de muitos cardeais, o Papa Paulo VI avisou que iria convidar católicos leigos e *não-católicos* para participar no Concílio. Isso nunca acontecera antes, a menos que se considere a presença do Imperador Constantino no Primeiro Concílio de Nicéia.

O Papa Paulo VI preconizou aquilo que veio a ser conhecido como *Nouvelle Théologie*, ou "nova teologia". Começando nos anos 1940, quando as políticas de vigilância do Papa Pio X contra o modernismo haviam sido abrandadas, os teólogos católicos começaram a ampliar os limites do racionalismo e do naturalismo através de dissimulação. Eles apresentaram a sua teologia com um desdém pela Escolástica e um retorno (*ressourcement*) aos Pais da Igreja. Esses teólogos tendiam a preferir Orígenes e os Pais da Igreja Oriental. No fundo, os teólogos que esposaram a *Nouvelle Théologie* mostravam desprezo pela precisão tópica de São Tomás de Aquino.

O alarme foi disparado já em 1946 pelo santo e eminente teólogo tomista Padre Réginald Garrigou-Lagrange, O.P., em seu artigo "A Nova Teologia (*Nouvelle Théologie*): Aonde ela está indo?".[112] Garrigou-Lagrange não poupou palavras. Os teólogos que promoviam a *Nouvelle Théologie* estavam levando a Igreja ao modernismo e à descrença, ele disse. Para Lagrange, o apelo deles ao *ressourcement*

---

[112] Réginald Garrigou-Lagrange O.P., "La nouvelle théologie: où va-t-elle?", em *Angelicum* 23 (1946): 126–145.

era desonesto. Bugnini posteriormente tomou uma página do manual de instruções deles e usou o mesmo artifício. Ele alegou que iria refundar e restaurar o antigo Rito Romano, mas terminou criando algo inteiramente novo — a *novus ordo*.

Os assim chamados teólogos *novos* ou do *ressourcement* tornar-se-iam os teólogos proeminentes dos anos 1960 sob o Papa Paulo VI. Eles e seus escritos representariam a fundação intelectual do assim chamado espírito do Vaticano II. Entre eles estavam incluídos os seguintes nomes:

- Pierre Teilhard de Chardin (francês, jesuíta; morreu em 1955)
- Hans Urs von Balthasar (suíço, jesuíta)
- Louis Bouyer (francês, oratoriano)
- Henri de Lubac (francês, jesuíta)
- Jean Daniélou (francês, jesuíta)
- Jean Mouroux (francês, diocesano)
- Joseph Ratzinger (alemão)
- Walter Kasper (alemão)
- Yves Congar (francês, dominicano)
- Karl Rahner (alemão, jesuíta)
- Hans Küng (suíço)
- Edward Schillebeeckx (belga, dominicano)
- Marie-Dominique Chenu (francês, dominicano)

Muitos desses teólogos foram suspeitos de heresia durante o Pontificado de Pio XII, especialmente Congar, Daniélou, De Lubac, Küng, Rahner e Schillebeeckx.[113] Esses teólogos não apenas retornaram ao cristianismo primitivo; eles obliteraram a distinção católica tradicional entre graça e natureza. Eles buscaram fazer que tudo fosse graça e, ao fazê-lo, eles, de fato, reduziram tudo ao natural, de tal forma que os desejos naturais de cada ser humano se tornaram os meios de salvação. Assim, toda a natureza humana, em si mesma, "disponível" para obter salvação. Isso significa que a liturgia deve ser menos sobrenatural e que outras religiões estão "disponíveis" como meios de salvação. Essa teologia necessitava de uma nova liturgia, um novo ecumenismo e uma nova forma de catolicismo. Era naturalismo maçônico encoberto

---

113 Roberto de Mattei, *The second Vatican Council: an unwritten story*. Fitzwilliam, NH: Loreto Publications, 2012, 188.

com citações dos Pais da Igreja. A *Nouvelle Théologie* era um ataque frontal a Tomás de Aquino e à tradição tomista representada por Garrigou-Lagrange.

A encíclica *Humani Generis* (1950) do Papa Pio XII é uma crítica direta à *Nouvelle Théologie* e a Henri de Lubac em particular. O influente livro de De Lubac, *Sobrenatural*,[114] de 1946, foi especialmente criticado na *Humani Generis*. Em *Sobrenatural*, ele afirma que a natureza humana é naturalmente ordenada para a realização sobrenatural na Visão Beatífica, e que o ensino escolástico da pura natureza na pessoa humana é falso e uma corrupção do ensino de São Tomás de Aquino. *Humani Generis* contradiz De Lubac e corretamente ensina que as pessoas racionais (humanas e angélicas) não são *per se* naturalmente orientadas à beatitude sobrenatural. *Humani Generis* é um raro caso no século XX de um teólogo católico sendo refutado e corrigido por um papa. Tem sido dito há muito que Garrigou-Lagrange (um amigo do Papa Pio XII) foi o *ghost-writer* da *Humani Generis*. De Lubac recolheu o livro e posteriormente o corrigiu e o republicou como O *Mistério do Sobrenatural*.[115] Após essa encíclica em 1950, a batalha estava empatada entre os teólogos tradicionais, que favoreciam Tomás de Aquino, a Escolástica e o Papa Pio X (representados por Réginald Garrigou-Lagrange) e os teólogos do *ressourcement* (representados por Henri de Lubac).

O Papa Pio XII não apenas se alinhou a Garrigou-Lagrange em 1950 como também canonizou o Papa Pio X. Este foi outro golpe contra a ala do *ressourcement*. Porém, como dito, Pio XII foi acometido de sua longa e debilitadora doença por volta de 1954. A partir dessa data, as influências de Bea, Bugnini e Montini dominaram. Entre 1954 e 1958, o lado do *ressourcement* expandiu sua influência para eleger João XXIII e depois Paulo VI.

---

114 Em francês no original: *Surnaturel* – NT.

115 Em francês no original: *Le Mystère du Surnaturel* – NT.

CAPÍTULO XIX
INFILTRAÇÃO TEOLÓGICA NO VATICANO II

~

Os engenheiros do Vaticano II foram Karl Rahner, Edward Schillebeeckx, Hans Küng, Henri de Lubac e Yves Congar. Todos os cinco homens foram vigiados sob suspeita de modernismo ante Pio XII. Karl Rahner, S.J., teve mais influência do que qualquer outro sobre a teologia do Vaticano II — tanto que se poderia dizer que o Vaticano II é simplesmente rahnerianismo. Ele conduziu os progressistas alemães ao Vaticano II e foi acompanhado por seus dois brilhantes protegidos, Padre Hans Küng e Padre Joseph Ratzinger. O jesuíta era prolífico, e no momento da abertura do Concílio em 1962 ele havia escrito artigos e livros suficientes para preencher cinco volumes. O Cardeal Ottaviani tentara convencer Pio XII a excomungar Rahner em três ocasiões, sem sucesso.

A sorte de Rahner inverteu quando João XXIII o designou como *peritus*, ou especialista, para o Vaticano II, e ele foi acompanhado por seu amigo, Joseph Ratzinger. Rahner foi incumbido de reestruturar a doutrina da Igreja para tempos modernos, e o resultado foi o documento rahneriano *Lumen Gentium*. Rahner introduziu uma nova eclesiologia na qual a Igreja de Cristo não é a Igreja Católica, mas mais precisamente "subsiste na Igreja Católica".[116] Isso parece contradizer o ensino do Papa Pio XII em sua encíclica de 1943, *Mystici Corporis*, segundo o qual o Corpo Místico de Cristo e a Igreja Católica são uma e a mesma entidade.

---

116 Second Vatican Council, *Dogmatic Constitution on the Church*, em *Lumen gentium* (21 de novembro de 1964), nº 8.

Para Rahner, existem muitos "cristãos anônimos". Tais são pessoas de boa vontade que podem ser professos protestantes, judeus, muçulmanos, budistas, hindus, pagãos ou mesmo ateus. Por sua boa vontade e abertura ao transcendente, eles também estão salvos e estão relacionados à Igreja. Por essa razão, a Igreja de Cristo apenas "subsiste na" Igreja Católica. Para além da Igreja Católica está o "Povo de Deus", mais amplo, que inclui não apenas católicos mas também todas as pessoas de boa vontade que professam outras religiões.[117] Essa teologia abriu o caminho para a perspectiva otimista de João XXIII para o mundo e o ecumenismo religioso do Vaticano II. Ao invés de se esforçar para converter todas as nações e povos a Cristo na Igreja Católica através do Batismo, os católicos iriam agora acompanhar todos os povos em suas jornadas espirituais. A Igreja Católica se tornou uma igreja peregrina convocando não à conversão, mas à conversação. Como Rahner ensinou, a Igreja Católica era o *sacramentum mundi* — o "sacramento do mundo". O Papa Paulo VI iria adotar esse conceito e promover a expressão "Povo de Deus". Ela permanece um chavão de teólogos e papas até o dia presente.

Rahner foi um estudante da filosofia venenosa de Heidegger, que considera apenas o momento presente existencial como relevante. Assim, ele reinterpretou todas as doutrinas cristãs sob essa luz. Rahner disse que Jesus morreu na história, mas que Sua Ressurreição não aconteceu no tempo histórico.[118] Ele viu a Ressurreição de Cristo apenas como uma "reivindicação" existencial de Deus. Tudo é muito evasivo, mas tangencia a maneira como Rahner compreende a Encarnação, a Ressurreição, a fundação da Igreja e a história da Igreja. Ele até mesmo afirma que Cristo é o único salvo: "Nós somos salvos porque esse homem, que é um de nós, foi salvo por Deus, e Deus tem desse modo feito sua vontade salvífica presente historicamente, realmente e irrevogavelmente no mundo".[119] Infelizmente, essa teologia inconsistente é o pano de fundo do Vaticano II e da *Lumen Gentium*.

---

117 Isso também acabou sendo incluído dentro da Oração Eucarística III: "A nossos irmãos e irmãs que partiram e a todos os que Vos agradavam quando da sua partida desta vida, recebei-os ao Vosso reino".

118 Karl Rahner, *Foundations of christian faith: an introduction to the idea of christianity*, trad. William V. Dych. New York: Seabury Press, 1978, 264–277.

119 Ibid., 284.

Dois outros jesuítas desempenhariam um papel-chave nos dois mais controversos documentos do Concílio: *Dignitatis Humanae* e *Nostra Aetate*. *Dignitatis Humanae*, a Declaração do Concílio Vaticano II sobre Liberdade Religiosa, reestruturou o ensino católico sobre o mesmo tema. O documento foi concebido intelectualmente pelo jesuíta alemão Cardeal Bea, mas foi elaborado pelo jesuíta americano John Courtney Murray. Foi promulgado no último minuto, em 7 de dezembro de 1965 — um dia antes de o Papa Paulo VI oficialmente concluir o Concílio Vaticano II.

Ainda é debatido se *Dignitatis Humanae* afirma um direito divinamente garantido de crer em uma falsa religião. Na teologia moral católica, ninguém tem direito de fazer o mal. Ninguém tem direito de quebrar os Dez Mandamentos, os quais incluem "não terás outros deuses diante de mim". Assim, o hindu não pode apelar a um direito dado por Deus para cultuar seus muitos deuses. O culto de um falso deus é um mal intrínseco e jamais permitido pelo direito natural e pelo Decálogo. Uma pessoa humana não possui o "direito" de realizar um aborto ou cultuar Satanás. Previamente, os católicos haviam buscado garantir liberdade religiosa *para os católicos* e meramente toleravam outras religiões. Mas *Dignitatis Humanae* parece supor que os católicos devam trabalhar pela liberdade religiosa de todas as (falsas) religiões, em igualdade com o catolicismo.

A história católica está repleta de narrativas de missionários, como São Bonifácio, que destruíram os totens e ídolos sagrados dos pagãos. Bonifácio não reconheceu a dignidade dos pagãos alemães que veneravam o carvalho sagrado — ao invés disso, ele cortou a árvore com suas próprias mãos. Após ter pregado a fé e o Batismo em Cristo aos pagãos, os recém-batizados convertidos construíram uma igreja com a madeira do carvalho. De forma similar, São Bento foi a Cassino, onde o povo local ainda adorava Apolo em um antigo templo cercado de um bosque. "O homem de Deus, chegando àquele lugar, quebrou o ídolo, derrubou o altar, queimou o bosque, e do templo de Apolo fez uma capela de São Martinho. Onde estava o altar profano, ele construiu uma capela de São João; e pela pregação contínua ele converteu muitas das pessoas que ali estavam".[120] Os antigos santos e

---

[120] O Papa Pio XII relata essa narrativa de São Bento em sua encíclica *Fulgens radiatur* (21 de março de 1947), nº 11.

missionários fisicamente destruíram o paganismo com suas próprias mãos e pregaram Cristo com suas bocas.

O segundo texto ardentemente debatido do Vaticano II é a Declaração sobre a Relação da Igreja com as Religiões não-Cristãs, intitulada *Nostra Aetate*, na qual "a Igreja examina mais atentamente sua relação com religiões não-cristãs".[121] O documento foi supervisionado pelo Cardeal Bea, mas escrito pelo Padre Gregory Baum, que iria posteriormente deixar o sacerdócio e se casar com uma amiga íntima, Shirley Flynn. A despeito de seu casamento heterossexual, ele era abertamente homossexual, admitindo ter amado outro padre laicizado nos anos 1980. Em seus últimos dias, Baum foi um advogado dos direitos LGBT até antes de morrer em 2017. Portanto, um homem que terminou como defensor dos direitos dos gays era o planejador por trás desse documento do Vaticano II.

O documento trata diretamente do estado de judeus, muçulmanos, hindus, budistas e todas as outras religiões não-cristãs. Ele contém afirmações que têm sido questionadas, tais como esta: "No hinduísmo, o homem contempla o mistério divino".[122] Como politeístas contemplam o mistério divino? Eles o fazem da mesma maneira que monges católicos ou anjos no Céu? A respeito do budismo, lê-se no documento: "O budismo, em suas várias formas, percebe a insuficiência radical deste mundo mutável; ele ensina um caminho pelo qual o homem, em devoto e confiante espírito, pode ser capaz tanto de alcançar o estado de perfeita libertação quanto de alcançar, por seus próprios esforços ou mediante ajuda maior, suprema iluminação".[123] Como é que o budismo "ensina um caminho pelo qual o homem [...] pode ser capaz de alcançar o estado de perfeita libertação"? É esse o estado de perfeição do qual Santa Teresa d'Ávila fala? É verdadeiramente perfeita libertação? E como budistas alcançam "ajuda maior [para] suprema iluminação"? Essa é a mesma iluminação que o batizado recebe através dos sacramentos, oração e penitência?

A respeito dos muçulmanos, lê-se na *Nostra Aetate*: "A Igreja considera com estima também os muçulmanos. Eles adoram a um Deus,

---

121 Second Vatican Council, *Declaration on the Relation of the Church with Non-Christian Religions Nostra Aetate* (28 de outubro de 1965), n° 1.

122 Ibid., n° 2.

123 Ibid.

vivente e subsistente em Si mesmo; misericordioso e todo-poderoso, o Criador do céu e da terra, que falou ao homem; eles se esforçam para se submeter de todo o coração até mesmo a Seus inescrutáveis decretos, assim como Abraão, a quem a fé do Islã se apraz em ligar-se, se submeteu a Deus".[124] Os muçulmanos adoram a Trindade corretamente, ou eles meramente direcionam sua devoção a um Deus filosófico? Eles realmente "se submetem de todo o coração a Seus inescrutáveis decretos"? Eles se submetem aos decretos divinos relativos ao Batismo, à monogamia, à obrigação do Sábado? Essas palavras são patentemente falsas ou tremendamente exageradas.

Pode-se facilmente ver que o pronto entusiasmo do Papa Paulo VI pelo ecumenismo está enraizado nesse documento que pressupõe que falsas religiões possam alçar, e de fato alcem, a alma à "perfeita libertação", "suprema iluminação" e "submissão a Seus inescrutáveis decretos". O Papa Leão XIII e o Papa São Pio X não teriam concordado com tais afirmações teológicas, mas maçons concordariam de todo o coração que toda e qualquer religião basta para iluminar a humanidade. Se o Papa Paulo VI era de fato um maçom, isso nunca foi fundamentado, mas seu pensamento se conformava tanto aos objetivos maçons que até mesmo o venerável Padre Pio uma vez gracejou, após a eleição de Paulo VI: "Coragem, coragem, coragem! Pois a Igreja já está invadida pela maçonaria", acrescentando: "A maçonaria já alcançou os múleos do Papa".[125] Sem dúvida, os maçons se rejubilaram quando, durante o Vaticano II, o Papa Paulo VI ascendeu ao altar de São Pedro, removeu sua tiara papal e a deixou sobre o altar, para demonstrar que ele renunciara à gloria e ao poder do mundo e buscava apenas acompanhar o mundo como alguém sem uma coroa. Os dias do Papa Pio X haviam definitivamente acabado.

O Papa Paulo VI promulgou *Dignitatis Humanae* em 7 de dezembro de 1965, e no dia seguinte ele encerrou o Concílio Vaticano II e afirmou: "O magistério da Igreja não quis se pronunciar sob a forma

---

124 Ibid., n° 3.

125 Original italiano: "Coraggio, coraggio, coraggio! Perché la Chiesa è già invasa dalla massoneria, aggiungendo: la massoneria è già arrivata alle pantofole del Papa". Franco Adessa, *Chi è don Luigi Villa?* Oconomowoc, WI: Apostolate of Our Lady of Good Success, 2011, 6. O Padre Pio disse isso a respeito de Paulo VI por volta do fim de 1963. A palavra italiana usada pelo Padre Pio, *pantofole*, é o termo usualmente empregado para se referir aos múleos vestidos pelo papa.

de pronunciamentos dogmáticos extraordinários".[126] Isso efetivamente paralisou o Concílio. É verdade que afirmações teológicas são feitas através dos documentos conciliares. *Porém, o Concílio não fez pronunciamentos dogmáticos extraordinários.* Nada vinculante veio do Vaticano II. Paulo VI esclareceu isso cerca de um mês depois, quando explicou: "Em vista da natureza pastoral do Concílio, evitou-se proclamar, de uma maneira extraordinária, quaisquer dogmas carregando a marca da infalibilidade".[127] Por um milagre divino, o papa do Vaticano II considerou o Vaticano II como não contendo dogmas extraordinários e não carregando a marca da infalibilidade — o que significa que os documentos do Vaticano II são falíveis e podem conter erros. Diferentemente do ocorrido nos vinte concílios ecumênicos anteriores, o papa colocou um asterisco ao lado do Vaticano II.

Nos anos que se seguiram ao Concílio, os teólogos cripto-modernistas criaram um jornal teológico pelo qual poderiam continuar a promover o assim chamado espírito do Vaticano II e o *aggiornamento* da Igreja Católica. Os fundadores desse novo jornal eram os teólogos vitoriosos da *Nouvelle Théologie* que haviam redigido e composto os documentos do Vaticano II:

- Karl Rahner
- Hans Küng
- Edward Schillebeeckx
- Joseph Ratzinger
- Henri de Lubac
- Anton van den Boogaard
- Paul Brand
- Yves Congar
- Johann Baptist Metz

O jornal foi apropriadamente chamado *Concilium* e foi criado a fim de disseminar o espírito do recém-concluído Concílio. Para os teólogos cripto-modernistas, os vinte concílios anteriores foram varridos para debaixo do tapete. Como Karl Rahner enfatizou, apenas o momento presente existencial importava para aplicar pastoralmente

---

126 Papa Paulo VI, Discurso de encerramento do Vaticano II, 7 de dezembro de 1965.

127 Papa Paulo VI, Audiência de 12 de janeiro de 1966.

a teologia às necessidades da humanidade moderna. Para disseminar sua mais ousada teologia a colégios e seminários, o *Concilium* foi publicado cinco vezes anualmente em seis idiomas: croata, inglês, alemão, italiano, português e espanhol. Mais tarde, o Padre Schillebeeckx admitiu: "Nós usamos frases ambíguas durante o Concílio [Vaticano II] e sabemos como iremos interpretá-las depois".[128] O jornal *Concilium* seria o meio pelo qual eles iriam "interpretá-las depois".

O *Concilium* descarrilhou. Hans Küng e Edward Schillebeeckx, especialmente, baixaram a guarda para a heterodoxia na medida em que contestaram a historicidade da Imaculada Conceição, do nascimento virginal de Cristo, da Ressurreição de Cristo, do milagre da transubstanciação, da Assunção de Maria e outros dogmas *de fide* da Igreja Católica. Os teólogos do *Concilium* também defenderam reformas litúrgicas mais extremas em nome da enculturação e do pastoralismo.

Preocupados com a crescente direção radical do *Concilium*, vários teólogos associados ao *aggiornamento* pisaram no freio e decidiram criar um novo jornal que buscasse permanecer dentro das fronteiras da ortodoxia católica; eles o chamaram *Communio*. Os fundadores do *Communio* em 1972 foram Joseph Ratzinger, Henri de Lubac, Hans Urs von Balthasar, Walter Kasper, Marc Ouellet e Louis Bouyer. Os anos seguintes à implementação do *Novus Ordo* da Missa em 1970 foram turbulentos na Igreja Católica, com o surgimento de facções. Os tradicionalistas se apegaram ao tomismo e à teologia moral de Santo Afonso de Ligório, e rogaram pela tradicional Missa Latina. Eles eram liderados pelo Cardeal Ottaviani e pelo Arcebispo Lefebvre. Rahner, Küng e Schillebeeckx continuaram com seu entusiasmo tolo pelo modernismo sob Paulo VI, mas Ratzinger, De Lubac e Balthasar recuaram para uma interpretação mais conservadora do Vaticano II. Este grupo, ao mesmo tempo que acolhia a *Nouvelle Théologie*, desenvolvia a teologia e a linguagem da "Reforma da Reforma" e a "Hermenêutica da Continuidade". O Papa João Paulo II certamente acolheu essa persuasão da "Reforma da Reforma". Com entusiasmo, ele indicou Ratzinger em 1981 para servir como seu conselheiro teológico principal na função de prefeito da Congregação para a Doutrina da Fé.

---

128 Citado em Marcel Lefebvre, *Open letter to confused catholics*. Kansas City: Angelus Press, 1992, 106.

O épico ratzingeriano, de 1981 à sua renúncia do papado em 2013, é um projeto de 32 anos para restringir o "espírito do Vaticano II" lançado por Rahner, Küng, Schillebeeckx e mesmo pelo próprio Ratzinger nos anos 1960. O legado dos "conservadores de João Paulo" ou "ratzingerianos" sobreviveu através do *Communio*, mas também através dos livros da Ignatius Press, que amplamente publicou os trabalhos de João Paulo II, Ratzinger (Bento XVI), Balthasar, De Lubac, Ouellet, Schönborn e Bouyer, e consolidou o legado ratzingeriano para teólogos dos anos 1980 aos anos 2000. Revistas como *First Things*, a programação da EWTN, o advento da rádio católica e os escritos de George Weigel e do Padre Richard John Neuhaus posteriormente popularizaram o que significava ser um "católico JP2" ou um "padre JP2". E isso embora a Igreja Católica ainda se incline para o liberalismo de Hans Küng em praticamente cada diocese, chancelaria e seminário.

Diferentemente de João Paulo II, que tinha pouca paciência para os tradicionalistas, os últimos anos de Ratzinger (Bento XVI) revelaram crescente simpatia pela posição tradicionalista e a possibilidade de uma Igreja menor e mais fiel. De fato, parece que Ratzinger finalmente se tornou um dos "profetas do destino" contra os quais João XXIII nos alertou, em seu espírito de otimismo.

CAPÍTULO XX
INFILTRAÇÃO NA LITURGIA
~

> Eu ouço ao meu redor reformadores que desejam desmantelar o Santo Santuário, destruir o estandarte universal da Igreja, descartar todos os seus ornamentos e golpeá-la com remorso por seu passado histórico.
> — Cardeal Eugenio Pacelli (futuro Papa Pio XII)
> ao Conde Enrico P. Galeazzi

O discurso de abertura do Papa Paulo VI ao reiniciado Concílio Vaticano II indicou que o Concílio iria se focar não no dogma, mas no papel do bispo, no ecumenismo e na unidade com não-católicos, e no diálogo com o mundo contemporâneo. Em 4 de dezembro de 1963, o Concílio aprovou sua primeira constituição — a Constituição sobre a Liturgia Sagrada, intitulada *Sacrosanctum Concilium*. Ela foi aprovada por 2.147 votos a 4. O objetivo do documento era reformar a liturgia católica, de tal forma que o laicato participasse mais ativamente na devoção a Deus.

O Papa Pio X havia previamente instado a todos os católicos que aprendessem a participar no Santo Sacrifício da Missa em seu *motu proprio* de 1903 sobre música, intitulado em italiano *Tra le Sollecitudini*:

> Cheios como estamos do mais ardente desejo de ver o verdadeiro espírito cristão florescer em todos os aspectos e ser preservado por todos os fiéis, consideramos necessário, antes de tudo o mais, proporcionar a santidade e a dignidade do templo, no qual os fiéis se reúnem para

nenhum outro objetivo senão aquele de adquirir esse espírito de sua fonte primordial e indispensável, que é a *participação ativa* nos mais santos mistérios e na oração pública e solene da Igreja.[129]

Estudiosos da liturgia observam que essa é a primeira exortação histórica à "participação ativa" do laicato na liturgia. O texto, porém, tem sido exagerado na tradução italiana, onde se lê *partecipazione attiva*, e também na versão inglesa, onde se lê *active participation*. Na versão latina original do texto, a qualificadora "ativa" não está presente: "*quae est participatio divinorum mysteriorum*",[130] ou "que é a participação nos mistérios divinos". A idéia de "participação ativa" não é a da versão latina oficial do texto. Foi acrescentada. Mesmo se "participação ativa" fosse incluído, o contexto do documento é música e canto gregoriano e, de fato, o Papa Pio X desejava que a congregação conhecesse as respostas cantadas e participasse no canto gregoriano.

O Concílio Vaticano II, porém, deu um sentido bem diferente a "participação ativa" quando afirmou que:

> O rito da Missa deve ser revisto de tal forma que a natureza e o propósito intrínseco de suas muitas partes, como também a conexão entre elas, possa estar mais claramente manifesto, e que a devoção e a *participação ativa* pelos fiéis possam ser mais facilmente alcançadas.
>
> Por esse propósito, os ritos devem ser simplificados, embora cuidado seja tomado para preservar a sua substância; elementos que, com a passagem do tempo, vieram a ser duplicados, ou que foram acrescentados com pouca vantagem, devem agora ser descartados; outros elementos que sofreram injúria através de acidentes da história devem agora ser restaurados ao vigor que tinham nos dias dos santos Padres, conforme sejam úteis ou necessários.[131]

Aqui, o "sacerdócio real" batismal do laicato é confundido e misturado com o sacerdócio ministerial ordenado. O documento afirma que a necessidade de "participação ativa" exige que os ritos "devam

---

129 Papa Pio X, *Tra le sollecitudini* (22 de novembro de 1903).

130 Papa Pio X, *Motu Proprio* SS.MI D. N. PII PP. X *de musica sacra. Acta Sanctae Sedis*, 388.

131 Concílio Vaticano II, Constituição sobre a Sagrada Liturgia *Sacrosanctum Concilium* (4 de dezembro de 1963), nº 50.

ser simplificados". Por quê? Porque os leigos precisam ser capazes de realizá-los a fim de garantir a "participação ativa". Essa é uma perigosa abordagem de "simplificação" do Rito Romano. O texto e as rubricas da Santa Missa e da liturgia não são sujeitos a ritos simplificados. Observe-se também que a *Sacrosanctum* se refere ao Rito Romano tradicional com termos tais como "duplicados", "acrescentados com pouca vantagem", "descartados", "sofreram injúria" e "acidentes da história". A liturgia é reduzida à utilidade, uma vez que os ritos serão doravante alterados "conforme sejam úteis ou necessários". Essa é a abordagem de Bugnini para com a liturgia — e é também a abordagem usada por Martinho Lutero para com os luteranos e por Thomas Cranmer e Martin Bucer para a liturgia anglicana.

Lex orandi lex credendi: a lei da oração é a lei da crença. Se se altera a liturgia e as orações, alterar-se-á necessariamente a fé. A *Sacrosanctum Concilium* também apelou para o vernáculo, e, por volta de 1965, modificações na liturgia do Santo Sacrifício da Missa foram feitas *ad experimentum*, como Bugnini havia feito com sucesso dez anos antes, em 1955, com a Reforma da Semana Santa. O Papa Paulo VI imediatamente começou a fazer alterações na liturgia para conformá-la à nova "participação ativa" da *Sacrosanctum Concilium*:

- 1964: o Papa Paulo VI nomeia Bugnini secretário do Concílio para a Implementação da Constituição sobre a Liturgia.
- 1964: o Papa Paulo VI reduz o jejum eucarístico para uma hora antes da recepção da Santa Comunhão.
- 1965: o Papa Paulo VI permite uma Missa experimental. As mudanças incluídas são as seguintes:

1. Uso do vernáculo é permitido.
2. Altares em mesas independentes são incentivados.
3. O salmo *Judica* é omitido no começo da Missa.
4. O Último Evangelho é omitido ao final da Missa.
5. As Orações Leonincas após a Missa Baixa (incluindo a Oração de São Miguel), ratificadas pelo Papa Leão XIII, são suprimidas.

- 1966: conferências episcopais nacionais são ratificadas pelo *motu proprio Ecclesiae Sanctae* do Papa Paulo VI.

- 1967: o documento *Tres Abhinc Annos* simplifica as rubricas e vestimentas do padre. Concelebrações de padres ao altar se tornam padrão. A Santa Comunhão sob ambas as espécies é agora permitida ao laicato.
- 1967: diáconos casados são permitidos pelo Papa Paulo VI em *Sacrum Diaconatus Ordinem*.
- 1968: o Papa Paulo VI muda o *Rito de Ordenação para Bispos, Padres e Diáconos*.
- 1969: o Papa Paulo VI garante o indulto da Santa Comunhão na mão para nações onde ela "já é o costume" (Holanda, Bélgica, França e Alemanha).
- 1969: o Papa Paulo VI promulga o *Novus Ordo Missae* com sua Constituição Apostólica *Missale Romanum* de 3 de abril.
- 1969: o Papa Paulo VI nomeia Bugnini secretário da Congregação para o Culto Divino em maio.
- 1970: o *Novus Ordo Missale* do Papa Paulo VI é publicado em 26 de março.

Todas essas mudanças foram redigidas e implementadas por Bugnini, que terminou seu trabalho sendo nomeado secretário da Congregação para o Culto Divino. Muito notavelmente, o maçom Bugnini planejou a abolição das poderosas Orações Leoninas após a Missa Baixa que datavam do pontificado do Papa Leão XIII (três Ave-Marias, a *Salve Regina*, a oração a São Miguel e a oração pela defesa da Igreja). O otimismo ingênuo do Vaticano II erroneamente levou o Papa Paulo VI a remover a proteção de Nossa Senhora e de São Miguel sobre a liturgia e a Igreja Católica universal.

Antes de a Missa de Bugnini ser formalmente publicada para o mundo em 1970, um grupo de santos cardeais e bispos se reuniu em um último esforço para impedir as reformas paulinas-bugninas mediante preocupações de que a Missa de Bugnini promovesse erro teológico. Essa foi a Intervenção de Ottaviani de 1969.

CAPÍTULO XXI
A INTERVENÇÃO DE OTTAVIANI CONTRA O PAPA PAULO VI

∽

Quando o *Novus Ordo Missae* de 1969 de Bugnini foi revelado, o vigoroso missionário Arcebispo Marcel Lefebvre reuniu doze teólogos para estudar minuciosamente a liturgia. Liderados pelo eminente teólogo tomista Michel-Louis Guérard des Lauriers, O.P., eles produziram uma apresentação acadêmica para o Papa Paulo VI intitulada *Um Pequeno Estudo Crítico do Novus Ordo Missae*.[132] O Cardeal Ottaviani e o Cardeal Antonio Bacci escreveram uma introdução a esse documento e apresentaram o estudo ao Papa Paulo VI em 25 de setembro de 1969 — o dia da festa de São Pio X. Por essa razão, *Um Pequeno Estudo Crítico do Novus Ordo Missae* é mais freqüentemente referido como "a Intervenção de Ottaviani". A carta de apresentação dos Cardeais Ottaviani e Bacci argumenta que o *Novus Ordo* se afasta da teologia do Concílio de Trento pelo texto e pela teologia, e causará confusão tanto aos padres quanto ao laicato.

Eles afirmam que o *Novus Ordo* da Missa anula as doutrinas oblacionárias, sacrificiais e sacerdotais do Concílio de Trento. Em outras palavras, a nova Missa ensinada tendia ao protestantismo. Essa não era uma acusação sem base. Seis estudiosos protestantes haviam sido convidados para o Vaticano II a fim de participar em discussões acerca de ecumenismo e liturgia: A. Raymond George (metodista), Ronald Jaspar (anglicano), Massey Shepherd (anglicano), Friedrich Künneth (luterano), Eugene Brand (luterano) e Max Thurian (comunidade reformada de Taizé). Max Thurian, sendo um liturgista protestante, teve a maior influência sobre as conseqüências que levaram ao *Novus Ordo*

---

132 Tradução livre. Original em inglês: *A short critical study of the Novus Ordo Missae* – NT.

da Missa. Certa vez, em uma ceia com Hans Küng, Max Thurian e outro estudioso protestante, Roger Schutz, perguntaram a Küng o que eles deveriam fazer nesse momento histórico do Concílio, ao que ele respondeu: "É melhor que permaneçam protestantes".[133] O grupo teológico por trás de Lefebvre rogou que lhe fosse permitido pelo menos usar o rito anterior. O objetivo era que essa apresentação ganhasse apoio e levasse o Papa Paulo VI a atrasar ou descartar os novos ritos de Bugnini. E se a promulgação de fato avançasse, talvez um indulto universal fosse oferecido àqueles padres que não quisessem celebrar o *Novus Ordo*.

Papa Paulo VI recebeu a assim chamada Intervenção de Ottaviani friamente. A Santa Sé emitiu uma resposta em 12 de novembro de 1969, acusando o "estudo crítico" de conter afirmações "superficiais, exageradas, inexatas, emotivas e falsas".[134] Paulo VI foi adiante e publicou o *Novus Ordo Missale* em 26 de março de 1970. O Cardeal Ottaviani recuou e aceitou a reforma. O Cardeal Bacci e o Arcebispo Lefebvre, contudo, não aceitaram o *Novus Ordo Missae*.

---

133   De Mattei, *Second Vatican Council*, 202.

134   Christophe Geffroy e Philippe Maxence, *Enquête sur la messe traditionnelle*. Montfort l'Amaury, France: La Nef, 1988, 21.

CAPÍTULO XXII
O ARCEBISPO LEFEBVRE E A RESISTÊNCIA TRADICIONALISTA

∽

O Arcebispo Marcel Lefebvre, padre fundador do *Coetus Internationalis Patrum* (CIP) ou "Grupo Internacional de Padres", foi um dos principais bispos antimodernistas que participaram no Concílio Vaticano II. Ele verbalmente rejeitou o que chamou de "falso ecumenismo" que procurava união eclesial de outra forma que não a conversão à fé católica. Ele se opôs ao decreto do Concílio sobre liberdade religiosa. Ele se opôs à colegialidade episcopal em favor da supremacia papal. Como um católico francês, ele veementemente se opôs à maçonaria e ao espírito da Revolução Francesa. Mas o Arcebispo Lefebvre tornar-se-ia conhecido sobretudo por sua rejeição do *Novus Ordo* da Missa de Paulo VI. A liturgia foi o divisor que o separou dos demais.

O Arcebispo Lefebvre, como superior da Congregação do Espírito Santo, ficou profundamente decepcionado com os resultados do Vaticano II e ainda mais preocupado com as liturgias sendo elaboradas por Bugnini sob o Papa Paulo VI. Para buscar consolação em sua vocação, ele viajou a Pietrelcina, Itália, em abril de 1967 para encontrar o Padre Pio e pedir suas orações e bênçãos para o vindouro capítulo geral da Congregação do Espírito Santo, temendo que o espírito de *aggiornamento* do Vaticano II infectasse sua ordem religiosa. O Padre Pio, ao invés de pedir a bênção de Lefebvre, beijou seu anel episcopal, e se dirigiu ao confessionário.

Infelizmente, muitos dos membros da Congregação do Espírito Santo estavam dispostos a implementar as novas reformas do Vaticano II. Já um homem idoso, Lefebvre decidiu que era melhor propor sua renúncia da posição de superior em 1968.

Durante a disputa da Intervenção de Ottaviani de 1969 (que foi, na verdade, o projeto de Lefebvre, e não de Ottaviani), Lefebvre recebeu permissão do bispo local de Fribourg para criar um seminário na cidade com nove seminaristas. Em novembro de 1970, o bispo estabeleceu para o Arcebispo Lefebvre a Fraternidade Sacerdotal São Pio X (SSPX) como uma união piedosa em uma base provisória por seis anos. Esse foi o único seminário no mundo que *não* celebrou o *Novus Ordo* da Missa do Papa Paulo VI. O Arcebispo Lefebvre celebrou apenas as liturgias de 1962, usando o missal emitido pelo Papa João XXIII antes de ele convocar o Vaticano II. A formação do seminário incluiu também um treinamento teológico tradicional em São Tomás de Aquino e em teologia moral segundo Afonso de Ligório.

CAPÍTULO XXIII
RESISTÊNCIA AO NOVUS ORDO MISSAE

~

O Cardeal Ottaviani e o Arcebispo Lefebvre não foram os únicos intelectuais descontentes com o *Novus Ordo* da Missa. Uma petição circulou entre leigos proeminentes que pediam permissão para continuar assistindo à Missa Latina tradicional ou Tridentina. Os assinantes incluíram Graham Greene, Romano Amerio, Malcolm Muggeridge, Jorge Luis Borges, Marcel Brion, Agatha Christie, Vladimir Ashkenazy, Kenneth Clark, Robert Graves, F.R. Leavis, Cecil Day-Lewis, Nancy Mitford, Iris Murdoch, Yehudi Menuhin e Joan Sutherland.[135] O autor de livros de fantasia J.R.R. Tolkien também se opôs ao *Novus Ordo* da Missa. Simon Tolkien lembra o protesto do avô ao *Novus Ordo*:

> Eu vividamente me lembro de ir à igreja com ele em Bournemouth. Ele era um católico romano devoto e foi logo após a Igreja ter mudado a liturgia do latim para o inglês. Meu avô obviamente não concordou com isso e proferiu todas as respostas bem alto em latim enquanto o resto da congregação respondeu em inglês. Eu achei toda a experiência muito excruciante, mas meu avô não se importava. Ele simplesmente tinha de fazer o que ele julgava ser certo.[136]

O eminente filósofo Dietrich von Hildebrand também desaprovou o *Novus Ordo* da Missa, classificando-o como "pedestre":

---

[135] Para a lista de mais de cem assinantes, ver *Una Voce* 7 (1971): 1–10.

[136] Simon Tolkien, "My Grandfather J.R.R. Tolkien", em "simontolkien.com/mygrandfather".

Minha preocupação não é com a situação legal das mudanças. E eu enfaticamente não quero ser compreendido como estando a lamentar que a Constituição tenha permitido o vernáculo para complementar o latim. O que eu deploro é que a nova missa está substituindo a Missa Latina, que a antiga liturgia está sendo irresponsavelmente demolida, e negada à maioria do Povo de Deus [...].

O erro básico da maioria das inovações é imaginar que a nova liturgia aproxima o sacrifício santo da Missa ao fiel, e que, demovida de seus antigos rituais, a missa agora se introduz no cerne das nossas vidas. Pois a questão é se nós encontramos melhor a Cristo na missa ao nos elevarmos até Ele, ou ao puxá-Lo para nosso mundo pedestre, cotidiano. Os inovadores substituíram a intimidade santa com Cristo por uma familiaridade imprópria. A nova liturgia verdadeiramente ameaça frustrar o confronto com Cristo, pois ela desencoraja a reverência em face do mistério, exclui o temor e quase extingue o senso de sagrado. O que realmente importa, certamente, não é se os fiéis se sentem em casa na missa, mas se eles são retirados de suas vidas ordinárias para o mundo de Cristo — se a atitude deles é a resposta da última reverência: se eles estão imbuídos da realidade de Cristo.[137]

Em nome desse anseio pela Missa Latina tradicional, o Cardeal John Heenan de Westminster pediu ao Papa Paulo VI um indulto para a Missa Tridentina. O Papa Paulo VI leu a carta em sóbrio silêncio e então exclamou: "Ah, Agatha Christie", e assinou o indulto. Embora ela não fosse católica, a novelista Agatha Christie se opôs ao *Novus Ordo* da Missa por razões culturais e literárias. E graças ao seu nome ter atraído o olhar do Papa Paulo VI, o indulto ficou conhecido desde então como o "indulto de Agatha Christie".[138] Ressalvando-se o indulto Agatha Christie, o *Novus Ordo* da Missa foi promulgado em 1970, e o Papa Paulo VI emitiu uma série de mudanças canônicas e litúrgicas que intensificaram aquilo que ficou conhecido como o "espírito do Vaticano II":

---

137 Dietrich von Hildebrand, "Case for the Latin Mass", em *Triumph* (Outubro de 1966).

138 O assim chamado indulto de Agatha Christie foi, na verdade, uma preservação não do missal de 1962, o qual os tradicionalistas observam, mas do missal de 1965 com as modificações de 1967: "A edição do Missal a ser usada nessas ocasiões deve ser aquela publicada novamente pelo Decreto da Sagrada Congregação dos Ritos (27 de janeiro de 1965), e com as modificações indicadas na *Instructio altera* (4 de maio de 1967)".

- 1971: o Papa Paulo VI proíbe cardeais com mais de oitenta anos de votar nas eleições papais.
- 1972: a tonsura clerical, as ordens menores de ostiários, exorcistas, acólitos e subdiáconos são abolidas pelo Papa Paulo VI em *Ministeria quaedam*.
- 1973: ministros Leigos Extraordinários da Santa Comunhão são permitidos.
- 1977: o indulto para receber a Comunhão na mão é garantido aos Estados Unidos.

A supressão da tonsura clerical, ordens menores (ostiários, leitores, exorcistas, acólitos) e subdiáconos foi de encontro ao ensinamento claro do Concílio de Trento, que afirmou:

> Sabe-se que, desde o começo da igreja, os nomes das seguintes ordens, e as ministrações apropriadas a cada uma delas, têm estado em uso; a saber, aqueles do subdiácono, do acólito, do exorcista, do leitor e do ostiário; embora esses não fossem de igual nível: pois o subdiaconato é classificado entre as maiores ordens pelos Padres e Concílios sagrados, ao passo que também nós muito freqüentemente lemos a respeito de outras ordens inferiores.[139]

E a rejeição deles carregava um anátema:

> Can. 2. Se alguém disser que, além do sacerdócio, não há na Igreja Católica nenhuma outra ordem, tanto maior ou menor, pela qual, como por certos graus, há um avanço para o sacerdócio: que ele seja anátema.[140]

A decisão do Papa Paulo VI no sentido de autorizar leigos como Ministros Extraordinários da Santa Comunhão rompeu com a tradição ocidental e oriental, a qual absolutamente proibia qualquer um, exceto um padre, de administrar a Santa Comunhão. No Rito Romano, apenas um diácono ou um subdiácono poderiam tocar os vasos eucarísticos. Os Pais da Igreja confirmam essa tradição. Paulo VI a pôs de lado.

---

139 Concílio de Trento. Sessão XXIII, cap. 2.
140 Concílio de Trento. Sessão XXIII, can. 2.

Paulo VI também estendeu ao laicato a permissão para receber a Santa Comunhão na mão. Essa mudança teve duas conseqüências negativas. Uma foi que ela reduziu a crença na transubstanciação. Os reformadores protestantes Martinho Lutero, João Calvino, Martin Bucer e Thomas Cranmer insistiram, cada um, que as pessoas recebessem a Comunhão na mão porque isso significava que a Eucaristia era pão comum e não o próprio Cristo. A outra conseqüência negativa da Comunhão na mão é que ela permitiu que as hóstias caíssem no chão mais facilmente ou, pior, que as pessoas roubassem hóstias para profanação e poções ocultas. É difícil compreender por que o Papa Paulo VI lamentou a infiltração demoníaca na Igreja, sendo que ele mesmo promovia reformas que a estimulavam: "Diríamos que, por alguma misteriosa brecha — não, ela não é misteriosa; por alguma brecha, a fumaça de Satanás se introduziu na Igreja de Deus. Há dúvida, insegurança, problemas, inquietação, insatisfação, confrontação".[141] As mudanças litúrgicas, teológicas e filosóficas do Vaticano II e do Papa Paulo VI foram prejudiciais ao laicato. Em 2003, Kenneth C. Jones publicou o seu Índice dos *principais indicadores católicos: a Igreja desde o Vaticano II*,[142] documentando o colapso da prática católica desde o encerramento do Concílio em 1965 (esses números se restringem aos Estados Unidos da América):[143]

Freqüência à Missa de domingo
1958: 74% dos católicos foram à Missa de domingo.
2000: 25% dos católicos foram à Missa de domingo.

Batismos infantis
1965: 1,3 milhão de Batismos infantis.
2002: 1 milhão de Batismos infantis, a despeito do crescimento populacional.

---

141 Papa Paulo VI, Homilia, 29 de junho de 1972.

142 Em inglês no original: *Index of leading catholic indicators: the Church since Vatican II* – NT.

143 Kenneth C. Jones, *Index of leading catholic indicators: the Church since Vatican II*. St. Louis: Oriens Publishing, 2003.

Batismos adultos (convertidos)
1965: 126 mil Batismos adultos.
2002: 80 mil Batismos adultos.

Casamentos católicos
1965: 352 mil casamentos católicos.
2002: 256 mil casamentos católicos, a despeito do crescimento populacional.

Anulações
1965: 338 anulações.
2002: cerca de 50 mil anulações!

Padres
1965: 58 mil padres.
2002: 45 mil padres.

Ordenações
1965: 1.575 ordenações ao sacerdócio.
2002: 450 ordenações ao sacerdócio.

Paróquias sem padre
1965: 1% das paróquias não tinha um padre. Havia 549 paróquias sem um padre residente.
2002: 15% das paróquias não tinham um padre. Havia 2.928 paróquias sem um padre residente.

Seminaristas
1965: 49 mil seminaristas registrados.
2002: 4.700 seminaristas registrados.

Freiras e irmãs religiosas
1965: 180 mil irmãs religiosas.
2002: 75 mil irmãs religiosas (com uma idade média de 68 anos).

Irmãos religiosos não-ordenados
1965: 12 mil irmãos religiosos.
2002: 5.700 irmãos religiosos.

Jesuítas
1965: 5.277 padres jesuítas e 3.559 seminaristas jesuítas.
2000: 3.172 padres jesuítas e 38 seminaristas jesuítas.

Franciscanos
1965: 2.534 padres franciscanos, o.f.m., e 2.251 seminaristas.
2000: 1.492 padres e sessenta seminaristas.

Irmãos cristãos
1965: 2.434 irmãos cristãos e 912 seminaristas.
2000: 959 irmãos cristãos e 7 seminaristas!

Redentoristas
1965: 1.148 padres redentoristas e 1.128 seminaristas redentoristas.
2000: 349 padres redentoristas e 24 seminaristas redentoristas.

Escolas secundárias católicas
1965: 1.566 escolas secundárias católicas.
2002: 786 escolas secundárias católicas.

Escolas primárias paroquiais
1965: 10.503 escolas primárias paroquiais.
2002: 6.623 escolas primárias paroquiais.

Estudantes paroquiais católicos
1965: 4,5 milhões de estudantes.
2002: 1,9 milhão de estudantes.

Os números não mentem. A Igreja Católica tem estado em colapso desde o Vaticano II. Qualquer negócio, clube ou corporação, com evidências de tais números em declínio, iria tocar o alarme de incêndio e retornar à sua antiga e vencedora estratégia. Quando a *Coca-Cola* lançou a *Nova Coca* em 1985, ela foi recebida com protestos dos consumidores e números de vendas sombrios. Sua liderança corrigiu o curso depois de apenas 78 dias de fracasso. Após cinqüenta anos, os números católicos de freqüência à Missa, vocações sacerdotais e religiosas, Batismos e casamentos diminuíram, década após década. Os números atualizados para 2015 são ainda piores. Todavia, os papas e a hierarquia continuam dizendo ao laicato que isso é o novo Advento e a nova primavera, e que o Vaticano II trouxe grande revitalização para a Igreja. A Igreja da *Novus Ordo* é tão impopular quanto a *Nova Coca*: mesmo que ninguém queira bebê-la, os bispos continuam insistindo no quão melhor do que o Catolicismo Clássico ela é.

CAPÍTULO XXIV
INFILTRAÇÃO NO BANCO DO VATICANO SOB PAULO VI

~

A infiltração não se limitou ao pensamento ou à liturgia. A Igreja pós-conciliar foi também assolada pela infiltração em suas finanças. O Banco do Vaticano é oficialmente conhecido como o Instituto para as Obras de Religião, o que é em italiano o Istituto per le Opere di Religione (IOR). Ele foi fundado por decreto papal do Papa Pio XII em 27 de junho de 1942. O banco reorganizou a Administração das Obras de Religião, ou Amministrazione per le Opere di Religione (AOR), que remontava ao pontificado do Papa Leão XIII em 1887 (um ano após Leão compor a oração a São Miguel).

Muitos perguntam: "Por que a Igreja Católica tem seu próprio banco?". Depois que a Igreja perdeu sua soberania temporal em 1870, ela também perdeu sua riqueza na forma de títulos de terra. Antes das modernas contas bancárias e correntes, a riqueza era mantida e protegida por títulos de terra. Sem sua soberania, qualquer riqueza que ela possuísse seria fiscalizada e restringida por um soberano temporal, como o Estado secular da Itália. Isso era completamente inaceitável, então a Igreja buscou uma forma de guardar seus fundos para a "administração das obras de religião".

A reformulação do IOR em 1942 parece ter permitido que ele fosse manipulado. Por volta dos anos 1960 e 1970, surgiram sérias preocupações de que o IOR estivesse sendo usado ilicitamente pelo crime organizado para o propósito de lavagem de dinheiro. O IOR contemporâneo ou atual é ainda envolto em mistério. Ele *não é* propriedade da Santa Sé. Ao invés disso, ele permanece *fora* da jurisdição da Prefeitura dos Assuntos Econômicos da Santa Sé. O IOR é atualmente governado por uma comissão de cinco cardeais e uma banca leiga de superintendência.

O objetivo declarado do IOR é "proporcionar a segurança e a administração de propriedade móvel e imóvel transferida ou confiada a ele por pessoas físicas ou jurídicas e destinada a obras de religião ou caridade".[144] Ele é uma organização caritativa instituída para financiar obras caritativas. Desde 2013, o IOR afirma que não usa seus depósitos para propósitos de empréstimos de dinheiro, e que não emite títulos.[145] Atualmente, estima-se que o IOR detenha bilhões de dólares em depósito.

Em 1968, após uma batalha de seis anos entre a Itália e a Cidade do Vaticano, a Itália revogou a isenção de taxas sobre receitas de investimento recebidas pela Santa Sé — o mesmo ano em que Paulo VI emitiu sua encíclica final, *Humanae Vitae*, condenando o aborto e a contracepção artificial. Para lidar com esse novo arranjo e diversificar os ativos do Vaticano, o Papa Paulo VI contratou o conselheiro financeiro Michele Sindona, "o Tubarão", que seria assassinado por envenenamento em 1986 enquanto cumpria sentença na prisão. Sindona era um membro notório da organização maçônica italiana Propaganda Due (P2). Ele provavelmente também era um membro da máfia siciliana. Por que o Papa Paulo VI contratou esse monstro permanece um mistério, mas isso evidencia a profunda infiltração maçônica nos corredores do Vaticano em 1968, três anos após o Vaticano II.

Até sua eleição como Papa Paulo VI, o Cardeal Montini havia servido como arcebispo de Milão desde 1954. Como arcebispo, ele se tornou amigo de Sindona, que estava também sediado em Milão — embora alguns afirmem que Montini e Sindona eram amigos antes de Montini se tornar arcebispo de Milão.[146] Por volta de 1957, a família mafiosa Gambino incumbiu Sindona de lavar seus lucros ilegais obtidos com a venda de heroína. Para realizar isso, Sindona adquiriu seu primeiro banco em Milão — com a idade de 38 anos. A máfia continuamente busca caminhos para parecer legítima aos olhos do mundo

---

144 *Annuario Pontificio* 2012, 1908.

145 "Vatican Bank Launches Website in Effort to Increase Transparency", em *Catholic Herald*, 1º de agosto de 2013.

146 Os detalhes relativos às operações de Sindona e do Banco do Vaticano derivam de "Sindona's World" em *New York Magazine*, 24 de setembro de 1979. Montini supostamente conheceu Sindona quando ele era ainda um monsenhor.

e especialmente aos olhos da lei. Sindona continuou a adquirir mais bancos em Milão e criou uma frente bancária legítima para a máfia siciliana. Como um jovem e bem-sucedido banqueiro "legítimo", seu relacionamento com Montini prosperou.

Montini foi eleito papa em 1963 porque ele esteve bem conectado com as alas reformistas da Igreja durante a doença de Pio XII, mas talvez também por causa de sua profunda conexão com o sistema bancário europeu. Então, quando Paulo VI se desentendeu com o governo italiano por causa da situação tributária da Igreja, ele recorreu ao seu amigo banqueiro Michele Sindona, "o Tubarão", que estava mais do que disposto a ajudar com o Banco do Vaticano.

Por volta de 1969, Sindona estava supostamente movendo dinheiro através do Banco do Vaticano para contas bancárias suíças e especulando contra as principais moedas. Sob Paulo VI, o Vaticano forneceu a ferramenta invisível perfeita pela qual se poderia mover dinheiro internacionalmente. O papa levou o crédito por salvar a moeda italiana em 1974 e tornou-se respeitado. Tendo grande influência na Europa, Sindona dirigiu seu olhar através do Atlântico para os Estados Unidos. No começo de 1974, ele comprou uma participação de controle no Banco Nacional Franklin de Long Island, mas pagou em excesso. Devido a uma queda no mercado de ações, ele perdeu 40 milhões de dólares em sua posição alavancada. Isso desencadeou uma cascata, e Sindona começou a perder seus bancos e títulos europeus. Isso o colocou em uma posição apertada, porque sua riqueza e portfólio se deviam não a uma atividade bancária brilhante, mas ao inchaço dos seus bancos com dinheiro da máfia derivado principalmente do tráfico de drogas. Como o dinheiro desapareceu, a máfia quis seu dinheiro de volta o mais rápido possível. De volta a Milão, um mandado de prisão foi emitido contra Sindona. Ele desapareceu e depois ressurgiu, escondendo-se na Suíça.

As famílias mafiosas não eram os únicos a saírem prejudicados. A falha do sistema bancário de *papier-mâché* de Sindona em 1974 prejudicou profundamente o Vaticano. Sob Paulo VI, o Vaticano perdeu 35 bilhões de liras italianas (ou 53 milhões em dólares americanos de 1974). Esse número equivale a uma perda de 288 milhões de dólares americanos de 2019.[147] Historiadores financeiros unanimemente

---

147 "Sindona's World".

concordam que Sindona estava misturando os fundos do Vaticano com os lucros de heroína das famílias mafiosas. Não há como fugir a essa culpa — com exceção do Papa Paulo VI, que morreu em 6 de agosto de 1978 e abandonou a cena do crime. As conseqüências seriam deixadas para João Paulo I, João Paulo II e eventualmente Bento XVI.

Após a morte de Paulo VI, o drama continuou. O advogado milanês responsável pela liquidação dos ativos de Sindona, Giorgio Ambrosoli, foi assassinado em 11 de julho de 1979. Descobriu-se que o tiro fora encomendado por Sindona. A máfia siciliana também assassinou o chefe de polícia Boris Giuliano, que estava investigando as vendas de heroína da máfia e associando-as às operações de Sindona. Sindona foi seqüestrado pela máfia siciliana e levado para a Sicília. A máfia buscou chantagear políticos para readquirir seus ativos perdidos via Milão e Nova York. Porém, a sua trama fracassou, e Sindona se entregou ao FBI. Em 1980, ele foi condenado por 65 acusações de lavagem de dinheiro, fraude, perjúrio e apropriação irregular de fundos. O governo americano então extraditou Sindona à Itália para ser processado pelo assassinato de Giorgio Ambrosoli. Ele foi condenado e recebeu sentença de prisão perpétua. Na prisão, Sindona foi envenenado com cianeto em seu café e morreu em 18 de março de 1986.[148] O banqueiro mafioso milanês maçom tinha 65 anos no dia de seu assassinato.

---

148 "Michele Sindona, Jailed Italian Financier, Dies of Cyanide Poisoning at 65", em *New York Times*, 23 de março de 1986.

CAPÍTULO XXV
INFILTRAÇÃO E A MISTERIOSA MORTE DE JOÃO PAULO I

∾

Antes de sua morte, o Papa Paulo VI abertamente denunciou acusações de sodomia. A controvérsia surgiu quando a Congregação para a Doutrina da Fé emitiu um documento intitulado *Persona Humana*, o qual tratava da imoralidade do adultério, da homossexualidade e da masturbação.[149] Isso instigou o autor Roger Peyrefitte, que escrevera dois livros nos quais afirmava que Montini/Paulo VI mantivera um longo relacionamento homossexual com um ator italiano.[150] O boato do relacionamento homossexual secreto de Paulo VI se espalhou na imprensa francesa e italiana. O suposto parceiro homossexual de Paulo VI era o ator italiano Paolo Carlini, que participou em 45 filmes entre 1940 e 1979. Norte-americanos iriam reconhecê-lo como o cabeleireiro de Audrey Hepburn no filme *Roman Holiday* de 1954.[151] Em um discurso público para aproximadamente 20 mil pessoas na Piazza de São Pedro em 18 de abril de 1976, Paulo VI negou a acusação de sodomia. Ele se referiu às alegações como "insinuações horríveis e difamatórias".[152] No ano seguinte, o papa ficou doente em razão de uma próstata dilatada. Sua saúde continuou a piorar, e ele morreu de falência cardíaca em 6 de agosto de 1978 em Castel Gandolfo.

---

149 *Persona Humana: Declaration on Certain Questions concerning Sexual Ethic* (29 de dezembro de 1975).

150 Roger Peyrefitte, "Mea culpa? Ma fatemi il santo piacere", em *Tempo*, 4 de abril de 1976.

151 Título em português: *A Princesa e o Plebeu* – NT.

152 Jose Torress, "Paul VI Denies He Is Homosexual", em *Observer Reporter*, Associated Press, 5 de abril de 1976, 27.

O Papa Paulo VI não havia apenas revogado os direitos de voto dos cardeais acima da idade de oitenta anos em 1970;[153] ele também criara uma inovação em 1975 ao aumentar o número dos cardeais eleitores de setenta (como os setenta anciãos de Moisés e os setenta discípulos de Cristo) para 120. A revogação dos direitos de voto dos cardeais acima de oitenta anos é um dos maiores golpes na história católica. O Papa Paulo VI essencialmente proibiu todos os cardeais mais velhos nomeados por Pio XII de votar em eleições papais futuras. Por essa manobra, Paulo VI garantiu que seus cardeais, e apenas eles, iriam escolher seu sucessor. A jogada funcionou. No Conclave Papal de agosto de 1978, dos 111 cardeais eleitores, cem haviam sido pessoalmente nomeados pelo Papa Paulo VI; oito haviam sido nomeados por João XXIII e apenas três por Pio XII. Eliminar os direitos de voto de cardeais acima de oitenta anos quase apagou o legado da geração anterior de cardeais.

Uma vez que Paulo VI havia radicalmente remodelado o Colégio de Cardeais, o Conclave de agosto de 1978 não teve candidato conservador. Quase todos os cardeais eleitores eram totais apoiadores do Papa Paulo VI e das reformas do Vaticano II. As reformas do Vaticano II estavam garantidas, e o próximo papa seria incumbido de emitir um novo catecismo e um novo Código de Direito Canônico para conformar com o Vaticano II.

A necessidade mais urgente, porém, era o escândalo financeiro no Banco do Vaticano, do qual o mundo sabia pouco. Não obstante, o círculo interno de cardeais curiais compreendeu profundamente que o escândalo de Sindona poderia alcançá-los e expô-los.

O curto conclave durou de 25 a 26 de agosto de 1978. O Cardeal Albino Lúciani era o favorito à vitória e ele o sabia, já que dissera ao seu secretário que iria recusar se eleito papa.[154] O Colégio de Cardeais, empilhado por Paulo VI, elegeu o Cardeal Lúciani no primeiro dia de votação após quatro votações. Quando o Cardeal Jean-Marie Villot indagou Lúciani a respeito de sua aceitação, ele respondeu: "Que Deus os perdoe pelo que vocês fizeram". Ele, então, se tornou o primeiro papa a assumir um nome papal duplo, "João Paulo", em honra aos

---

153 Papa Paulo VI, *Ingravescentem Aetatem* (21 de novembro de 1970).

154 John Allen Jr., "Debunking four myths about John Paul I, the 'Smiling Pope'", em National Catholic Reporter, 2 de novembro de 2012. Recuperado em 28 de fevereiro de 2019.

dois papas do Vaticano II: João XXIII e Paulo VI. Notável também é o fato de que seus dois sucessores papais, Karol Wojtyła e Joseph Ratzinger, estavam entre os cardeais presentes para elegê-lo como Papa João Paulo I.

João Paulo I estava alinhado com as tendências modernizantes e liberalizantes na doutrina, política e liturgia do Vaticano II. Antes de 1968, ele havia abertamente defendido a posição do Cardeal Giovanni Urbani de Veneza de que o controle artificial do nascimento pode ser usado de forma responsável por católicos casados em sã consciência.[155] Após o Papa Paulo VI emitir a *Humanae Vitae* em 1968, o Cardeal Lúciani se conformou ao ensino adverso à contracepção artificial, mas em silêncio.

O Papa João Paulo I reinou por apenas 33 dias, morrendo em 28 de setembro de 1978. Isso ocorreu durante o escândalo financeiro em torno da enorme perda de fundos do Banco do Vaticano através das maquinações do maçom Michele Sindona, "o Tubarão". Havia pressão de vozes no Vaticano por uma aliança com a máfia siciliana na restauração de seus fundos perdidos. O equivalente moderno a uma perda de 288 milhões de dólares nos fundos do Vaticano merece séria atenção.

Três oficiais do Vaticano estavam envolvidos no escândalo do Banco do Vaticano: o Cardeal Jean-Marie Villot, secretário de estado; o Cardeal John Cody de Chicago; e o Arcebispo Paul Marcinkus, "o Gorila", líder do Banco do Vaticano, ou IOR. Todos os três eram atores importantes. O Arcebispo Marcinkus, um ex-jogador de rugby com 1,93 metro de altura, iria posteriormente ser denunciado na Itália, em 1982, como cúmplice no colapso de $3,5 bilhões do Banco Ambrosiano. Marcinkus é famoso por dizer ao Papa João Paulo II: "Você não pode dirigir uma Igreja com Ave-Marias". Teorias conspiratórias vinculam esses homens juntos em uma trama para assassinar João Paulo I, com o Cardeal Villot sendo aquele que iria organizá-la e posteriormente destruir todas as evidências.

Todos os três estavam trabalhando em 1978 com Roberto Calvi, presidente do Banco Ambrosiano. Calvi era um maçom membro da P2 e apelidado "Banqueiro de Deus". Em 1982, o mesmo ano do indiciamento do Arcebispo Marcinkus, o corpo de Calvi foi encontrado

---

155 John Julius Norwich, *The Popes*. Londres, 2011, 445.

dependurado da Ponte Blackfriars em Londres. Isso foi considerado um sinal, já que a Loja P2 italiana se refere a seus membros como "frades negros".[156] A causa alegada da morte foi suicídio, mas isso tem sido contestado desde então.

Os cinco atores nessa história são o Cardeal Villot, o Cardeal Cody, o Arcebispo Marcinkus e os dois proeminentes banqueiros, Sindona e Calvi. Três desses cinco, Marcinkus, Sindona e Calvi, foram denunciados — e os últimos dois morreram prematuramente. Algo profundamente ruim estava acontecendo em 1978. Villot morreu em 1979. Cody morreu em 1982. Dentro de poucos anos, todos os envolvidos estavam mortos ou por causas naturais, ou cometeram suicídio, ou estavam na prisão.

A teoria reconstituída é que Villot, Cody e Marcinkus estavam trabalhando juntos com os maçons e a máfia siciliana para esconder o envolvimento do Banco do Vaticano nos lucros de heroína branqueados através deste banco para o Banco Ambrosiano e os bancos de Sindona. Além de esconder o crime, eles podem também ter trabalhado com o pessoal de Calvi e Sindona para readquirir os fundos perdidos do Banco do Vaticano, $288 milhões, ajustados à inflação atual. Paulo VI, que era um amigo de Sindona e ele mesmo cúmplice na perda, estava disposto a jogar o jogo até a sua morte. Porém, o Papa João Paulo I não estava disposto a consentir, e então, sustenta a teoria, ele foi assassinado após 33 dias como papa.

David Yallop publicou *In God's name* em 1984. No livro, ele recria a cronologia da morte de João Paulo I e aponta o Cardeal Villot como a pessoa com mais a ganhar e mais a perder. Yallop afirma que João Paulo I recebeu uma lista de cardeais maçons durante seu curto papado. Além disso, em 12 de setembro de 1978, Mino Pecorelli publicou sua lista dos maçons italianos proeminentes, na qual figuravam vários cardeais e arcebispos.[157] O próprio Pecorelli era um membro da loja maçônica Propaganda Due (P2), e seis meses após publicar essa lista, ele foi encontrado morto (em 20 de março de 1979). Presentes na "Lista de Pecorelli" estavam:

---

156 Em inglês: *black friars* – NT.

157 A principal "lista" apareceu em *Osservatorio Politica Internazionale Magazine*, em 12 de setembro de 1978.

- Cardeal Jean Villot (secretário de estado do Papa Paulo VI, cuja família é notória por ter laços históricos com a loja rosacruz)
- Cardeal Agostino Casaroli (futuro secretário de estado do Papa João Paulo II)
- Cardeal Hugo Poletti (presidente das Obras Pontifícias e da Academia Litúrgica)
- Cardeal Sebastiano Baggio (camerlengo e presidente da Comissão Pontifícia do Estado do Vaticano)
- Monsenhor Pasquale Macchi (secretário pessoal do Papa Paulo VI de 1954 a 1978)
- Cardeal Joseph Suenens (um dos quatro moderadores no Vaticano II)
- Arcebispo Annibale Bugnini (criador das liturgias do *Novus Ordo* para o Papa Paulo VI)
- Arcebispo Paul Marcinkus (presidente do Banco do Vaticano de 1971 a 1989)

Quando o Cardeal Villot percebeu que o Papa João Paulo I havia se interessado na Lista de Pecorelli, ele começou a tramar contra o papa. A Lista de Pecorelli foi publicada em 12 de setembro de 1978 e o papa foi encontrado morto em 28 de setembro de 1978.

Às 4:45 desse dia, a Irmã Vincenza Taffarel entrou no apartamento papal e viu o Papa João Paulo I sentado na cama, segurando papéis na mão, com uma expressão de agonia.[158] Após checar seu pulso, ela confirmou que ele estava morto. Às 5:00, o Cardeal Villot chegou, vindo da cidade. Ele pegou a prescrição de Effortil do papa da mesa ao lado da cama, tomou os papéis das mãos do pontífice e removeu os óculos e múleos deste, provavelmente porque havia vômito neles. Ele também pegou o testamento do papa. Todos esses itens nunca mais foram vistos novamente. Villot pediu à Irmã Vincenza que fizesse um voto de silêncio acerca de tudo o que tinha acabado de ver.

O Cardeal Villot então chamou os agentes funerários e enviou um carro do Vaticano para buscá-los. Supostamente, os embalsamadores já haviam começado a manusear o corpo do papa antes de um médico ser chamado para emitir uma certidão mortuária. Quando o médico

---

158 Todos os detalhes sobre a morte de João Paulo I aqui são derivados de David Yallop, *In God's Name*. New York: Basic Books, 1984.

chegou, a morte foi atribuída a um infarto agudo do miocárdio que provavelmente ocorrera na noite anterior, às 23:00.

Villot começou a notificar os cardeais a partir das 6:30. O Sargento Roggan, da Guarda Suíça, que estava em serviço, viu Paul Marcinkus no local às 6:45. O Vaticano oficialmente anunciou a morte do papa ao mundo às 7:30. Os agentes funerários retornaram às 11:00, supostamente para reestruturar a face macabra do papa. Villot os instruiu a embalsamar o papa ao final do dia. As freiras foram chamadas para limpar e polir o quarto (removendo vômito, impressões digitais e evidências), e as roupas, livros e notas do papa foram retirados em caixas. Por volta das 18:00 do dia da sua morte, todos os pertences do Papa João Paulo I haviam sido removidos do apartamento papal.

Os agentes funerários começaram a embalsamar o corpo com formalina naquela noite, mas foram instruídos por Villot a *não* drenar o sangue do papa, como era de costume. A suspeita aqui é que Villot não quisesse que o sangue fosse examinado durante uma autópsia, já que ele provavelmente continha veneno que fora introduzido nas veias do papa através de uma dose falsificada de sua prescrição noturna de Effortil — sendo essa a razão pela qual Villot pegou o frasco de Effortil logo quando chegou.

CAPÍTULO XXVI
INFILTRAÇÃO NO PONTIFICADO DE JOÃO PAULO II

~

O segundo Conclave Papal de 1978 ocorreu de 14 a 16 de outubro. O Cardeal Villot fiscalizou o conclave como camerlengo. A morte recente do Papa João Paulo I e os rumores do escândalo do Banco do Vaticano tornaram as coisas mais complicadas do que no conclave ocorrido menos de dois meses antes. Uma vez mais, 111 cardeais participaram na votação, mas desta vez um não-cardeal seria admitido. Um jovem (futuro cardeal) Donald Wuerl foi admitido ao conclave para auxiliar o frágil Cardeal John Wright.

O Cardeal Siri de Gênova, que havia sido o candidato conservador vinte anos antes em 1958, era novamente o favorito como uma figura paterna confiável em um tempo de incerteza. Os liberais haviam se filiado ao Cardeal Giovanni Benelli de Florença, que fora um querido amigo de João Paulo I. Surpreendentemente, o liberal Benelli não pôde atingir inicialmente a maioria de dois terços. A atenção se voltou para um candidato moderado na pessoa do Cardeal Giovanni Colombo, que explicitamente afirmou que seria um desperdício votar nele — ele iria recusar o papado se eleito.

O arquiliberal Cardeal Franz König, que publicamente dissentira da condenação da contracepção artificial por Paulo VI na *Humanae Vitae* em 1968, sugeriu como candidato do meio-termo perfeito o cardeal polonês Karol Wojtyła. Estranhamente, o Cardeal Cody viajara para a Cracóvia, na Polônia, pouco antes da morte de João Paulo I, para se encontrar com o Cardeal Wojtyła. Por que isso aconteceu nós não sabemos, mas Wojtyła talvez tenha sido indagado se era desejoso de ascender ao papado. Ele era relativamente desconhecido, mas era um candidato de meio-termo ideal. Wojtyła era não-italiano, o que anunciava um pontificado universal. Isso faria dele o primeiro papa não-italiano desde Adriano VI, que morrera em 1523. Além disso, Wojtyła era jovem, com a idade de 58 anos. Os cardeais americanos, desejosos de ver um papa não-italiano, alinharam-se a ele. O melhor de tudo foi que o conservador Cardeal Siri concordou em apoiar Wojtyła.

No terceiro dia, o Cardeal Wojtyła venceu avassaladoramente com 99 dos 111 votos. Ele angariou 89% dos votos do conclave, sendo que a eleição papal apenas requeria 67%. Wojtyła aceitou dizendo: "Com obediência na fé a Cristo, meu Senhor, e com confiança na Mãe de Cristo e na Igreja, a despeito de grandes dificuldades, eu aceito". Há rumores de que ele inicialmente tivesse sugerido adotar Stanislau como seu nome papal, mas fora incentivado a adotar algo mais romano.[159] Então, para honrar o recém-falecido João Paulo I e seus predecessores, João XXIII e Paulo VI, ele escolheu o nome papal João Paulo II.

Centenas de livros têm sido escritos sobre o longo e célebre pontificado do Papa João Paulo II. O jovem Wojtyła cresceu na Polônia sob pais piedosos; ele atribui sua vocação ao testemunho fiel do seu pai. Ele jogou futebol na posição de goleiro e gostava de teatro. Ele aprendeu vinte idiomas, incluindo polonês, ucraniano, servo-croata, eslovaco, francês, italiano, espanhol, português, alemão, inglês e latim. Wojtyła entreviu o sacerdócio e estudou secretamente durante a ocupação nazista da Polônia. Ele era inteligente, afável, másculo e inspirador. Wojtyła foi consagrado bispo em 1958 e participou do Concílio Vaticano II. Ele foi um apoiador entusiasmado do Vaticano II, mas seu patrimônio europeu oriental o dispôs para o conservadorismo político — especialmente contra o comunismo.

Como Papa João Paulo II, ele retornou à Polônia em junho de 1979 e inspirou o movimento Solidariedade, que iria exercer pressão pacífica contra o comunismo soviético e sua versão deteriorada na Europa Oriental. Teologicamente, porém, João Paulo II defendia os autores do *ressourcement* ou *Nouvelle Théologie*. Ele foi influenciado por Balthasar, De Lubac e mesmo por Rahner. Logo, nomeou o protegido teológico de Rahner, Cardeal Ratzinger, como seu chefe

---

159 "A Foreign Pope", em *Time*, 30 de outubro de 1978, 1.

doutrinal e prefeito da Congregação para a Doutrina da Fé em 1981. Durante seu pontificado, João Paulo II inovou ao fazer de Ratzinger seu número dois, e não do cardeal secretário de estado, como era a tradição centenária dos papas.

Poucos meses antes de nomear o Cardeal Ratzinger, João Paulo II foi alvejado *no dia da festa de Nossa Senhora de Fátima* — 13 de maio de 1981. O atirador turco Mehmet Ali Ağca disparou duas vezes com sua pistola Browning 9mm, no cólon e no intestino delgado do papa. Ambos os projéteis erraram a artéria mesentérica e a aorta abdominal, mas ele perdeu três quartos do seu sangue no caminho para o Hospital Gemelli. Piedosamente, João Paulo II pediu aos médicos que não removessem seu Escapulário Marrom antes da cirurgia. Mais tarde, o atirador afirmou ter recebido sua missão do mafioso turco Bekir Çelenk da Bulgária. Em 2010, ele mudou sua versão e disse que o cardeal secretário de estado sob João Paulo II, Agostino Casaroli, havia planejado o assassinato. Em 2013, ele mudou sua versão novamente. Desta vez, afirmou que o governo iraniano e o Aiatolá Khomeini ordenaram o assassinato. Talvez jamais saibamos a razão ou as forças por trás dessa trama.

Também em 1981, João Paulo II cometeu o erro de nomear o Arcebispo Marcinkus como banqueiro principal e pró-presidente da Cidade do Vaticano — mesmo sabendo que Marcinkus estava implicado no escândalo de Sindona. Um ano mais tarde, o próprio Marcinkus seria indiciado e encarcerado; Marcinkus, porém, levou crédito por ter salvado a vida do papa. Em 1982, ele estava presente com João Paulo II em Fátima, Portugal, quando o Padre Juan Maria Fernández y Krohn, um padre enlouquecido, atacou o papa com uma baioneta. O interessante é que Marcinkus também salvara a vida do Papa Paulo VI, quando um pintor boliviano blasfemador avançou com uma faca ao pescoço do papa durante uma visita às Filipinas em 1970. Há uma razão pela qual Marcinkus ficou conhecido como "o Gorila".

Em 1983, João Paulo II mudou o Código de Direito Canônico. O novo Código se conformava ao Vaticano II e era mais flexível. Um exemplo crucial é a mudança na tipificação e nas penalidades para padres sexualmente imorais — um problema que iria assombrar seu papado posteriormente. Compare-se o Código de 1917 com o Código de 1983 no que se refere a padres sexualmente imorais. Eis a lei canônica punitiva do clero de 1917:

> Todos os clérigos com evidência de terem cometido qualquer delito contra o Sexto Mandamento com um menor abaixo da idade de dezesseis anos, ou envolvido em adultério, devassidão, bestialidade, sodomia, favorecimento ou incesto, ficam suspensos, declarados publicamente como tendo cometido improbidade sexual, e privados de qualquer ofício, pensão, dignidade e função, se o tenham, e, em casos mais graves, demitidos do estado clerical (Can. 2359, §2º, Código de 1917).

Note-se que os pecados sexuais estão claramente descritos e distinguidos. Ademais, as penalidades são claras: perda de ofício, pensão (dinheiro), dignidade e função, e, em alguns casos, demissão do estado clerical.

Agora, compare-se o cânone de 1917 com a terrivelmente fraca revisão feita pelo Papa João Paulo II no Código de Direito Canônico de 1983:

> Can. 1395, § 1º. Um clérigo que viva em concubinato, diverso do caso mencionado no can. 1394, e um clérigo que persista em escândalo em outro pecado externo contra o sexto mandamento do Decálogo, devem ser punidos com uma suspensão. Se persistirem no delito após um aviso, outras penalidades podem gradualmente ser acrescentadas, inclusive demissão do estado clerical.
>
> § 2º. Um clérigo que de outra maneira cometeu uma ofensa contra o sexto mandamento do Decálogo, se o delito foi cometido mediante força ou ameaça, ou publicamente, ou com um menor abaixo da idade de dezesseis anos, deve ser punido com justas penalidades, não excluindo a demissão do estado clerical, se o caso assim autorizar.

A versão revista por João Paulo II determina que o clero em "pecado externo" contra o sexto mandamento deve ser suspenso. Se persistir após um aviso, "penalidades podem gradualmente ser acrescentadas, inclusive demissão do estado clerical", mas essas penalidades não são prescritas. Isso significa que um bispo pode simplesmente repreendê-los ou enviá-los para um centro de reabilitação sexual. Ele também pode transferi-los para uma atribuição diferente. Contraste-se isso com o cânone de 1917, o qual determina explícita e claramente que eles devem ser "suspensos, declarados publicamente como tendo cometido improbidade sexual, e privados de qualquer ofício, pensão, dignidade".

O cânone de 1983 também não identifica pecados sexuais específicos — apenas um contra um menor abaixo da idade de dezesseis anos. O Código de 1917 é muito superior, na medida em que explicitamente lista os pecados dignos de punição cometidos pelo clero:

- sexo com um menor abaixo da idade de dezesseis anos
- adultério
- devassidão
- bestialidade
- sodomia
- favorecimento
- incesto

Por que o Código de Direito Canônico sob João Paulo II removeu a linguagem do "adultério", "bestialidade" e "sodomia" da punição clerical? Sob o Código de 1917, Theodore McCarrick teria sido censurado por sodomia homossexual. Porém, sob o Código de 1983, não há mais um crime específico de sodomia homossexual. Canonicamente, clérigos sexualmente imorais, como McCarrick, ganharam salvo-conduto para esse pecado.

O Padre Marcial Maciel, aquele Judas escandaloso, abusou da mesma lacuna canônica. O Padre Maciel foi um padre mexicano e fundador do célebre movimento Legionários de Cristo e do movimento *Regnum Christi*. Como McCarrick, ele foi um extraordinário angariador de fundos e recrutador de belos seminaristas.

Sua vida e movimento eram feitos de palha. Tornou-se público que o Padre Maciel havia abusado sexualmente de incontáveis seminaristas, jovens e meninos. Ele tinha residências secretas e mantinha relações sexuais com pelo menos duas mulheres, uma das quais era menor. Ele gerou seis crianças e supostamente abusou de duas dessas crianças também.[160] Maciel era um viciado em morfina, e seus escritos abertamente continham plágios. Ele também foi capaz de evitar problemas por meio de subornos pagos ao Monsenhor Stanisław Dziwisz, amado amigo e conselheiro de João Paulo II. Porém, mesmo

---

160 Emilio Godoy, "Pope Rewrites Epitaph for Legion of Christ Founder", em IPS News, 3 de maio de 2010.

após a exposição interna de Maciel, a lacunar lei canônica de 1983 o impediu de ser censurado pelo preciso crime de sodomia, como indicado no Código de 1917.

Essa é uma deficiência gritante no Código atualizado de João Paulo II. Por que tornar a lei menos específica e mais flexível? Essa é uma pergunta retórica, porque não há nenhuma razão possível para flexibilizar a lei da Igreja e torná-la menos precisa. Há alguma dúvida de que a Igreja Católica em grande medida parou de disciplinar seus padres e bispos sexualmente aberrantes nos anos 1980 e 1990?

O Código de Direito Canônico de 1983 introduziu a regra de que o clero católico pode administrar Penitência, Unção dos Enfermos e Eucaristia a cristãos em risco de morte, mas não em plena comunhão com a Igreja Católica, "desde que eles manifestem a fé católica a respeito desses sacramentos e estejam propriamente dispostos" (Can. 844, § 4º). O novo Código também inverteu os dois fins do Matrimônio: (1) a procriação e educação de crianças e (2) o bem mútuo dos cônjuges (Can. 1055).

Além disso, o Código de 1983 introduziu a autoridade canônica da "conferência dos bispos" sobre uma nação com quase-jurisdição sobre as dioceses ali presentes:

> Uma conferência de bispos, instituição permanente, é um grupo de bispos de alguma nação ou de certo território que conjuntamente exercem certas funções pastorais para os fiéis cristãos dos seus territórios de forma a promover o maior bem que a Igreja oferece à humanidade, especialmente por meio de formas e programas do apostolado adaptados adequadamente às circunstâncias de tempo e lugar, de acordo com a norma da lei (Can. 447).

Também em 1983, João Paulo II mudou o processo de canonização de santos. Anteriormente, um católico sendo cogitado para a santidade tinha de apresentar virtude heróica que era examinada e contestada por um "advogado do diabo", incumbido de encontrar toda a sujeira na pessoa em questão. João Paulo II aboliu o advogado do diabo. Todo o processo foi transformado de uma investigação legal para um estudo teológico, no qual os escritos do candidato eram examinados. Assim, a ênfase relativa à santidade foi deslocada dos atos históricos da pessoa para suas crenças pessoais.

Os anos entre 1983 e 1986 marcaram o início do ecumenismo aperfeiçoado de João Paulo II. Em fins de 1983, João Paulo II havia se tornado o primeiro papa a pregar dentro de uma igreja luterana em Roma. Em fevereiro de 1984, ele supervisionou a nova revisão do Tratado de Latrão, que aboliu a condição de que "a religião católica apostólica romana é a única religião do Estado". Em maio de 1984, João Paulo II enviou "saudações particulares aos membros da tradição budista que estão se preparando para celebrar a festa da chegada do Senhor Buda".[161] Dias depois, ele visitou um templo budista na Tailândia, removeu seus múleos papais e sentou-se diante de um altar no qual havia um grande ídolo de Buda. Em junho daquele ano, o papa visitou Genebra, onde ele participou em uma ecumênica "liturgia do mundo" com protestantes e afirmou que "o envolvimento da Igreja Católica no movimento ecumênico é irreversível".[162] Em 1985, ele participou de um rito animista em Togo. Em fevereiro de 1986, ele recebeu as cinzas sagradas da religião hindu. Em agosto daquele ano, ele seria recebido por uma sinagoga em Roma.

Em 28 de outubro de 1986, João Paulo II invocou e hospedou o Dia Mundial de Oração para a Paz, de Assis. Em 1895, o Papa Leão XIII condenara um "Congresso de Religiões" em Chicago. Apesar disso, menos de um século depois, o papa de Roma estava organizando e celebrando um evento como esse. O Papa João Paulo II e seus cardeais convidaram representantes das 32 religiões mundiais, incluindo imãs muçulmanos, rabinos judeus, budistas, siques, bahá'ís, hindus, jainistas, zoroastristas, chefes nativos norte-americanos e xamãs africanos, para orar com eles pela paz. Essa foi a primeira vez que um papa orou com membros de outras religiões e se sentou com eles em igualdade. O mais escandaloso de tudo foi que a delegação budista tibetana liderada pelo Dalai-lama foi autorizada a colocar um ídolo de Buda *no topo de um tabernáculo católico* na Capela de São Pedro, como noticiado pelo *New York Times*.[163] Em culto a esse ídolo, eles queimaram incenso dentro de uma igreja católica *com a permissão do papa*.

---

161 *L'Osservatore Romano*, 7–8 de maio de 1984, *Documentation Catholique*, 1878: 619, 4.

162 *L'Osservatore Romano*, 12 de junho de 1984, *Documentation Catholique*, 1878: 704.

163 Roberto Suro, "12 Faiths Join Pope to Pray for Peace", em *New York Times*, 28 de outubro de 1986.

Por um ato de Cristo Nosso Senhor, em 26 de setembro de 1997, o teto dessa mesma capela caiu e destruiu o altar e a capela onde esse sacrilégio ocorrera onze anos antes.

Na reunião, o Papa João Paulo II apelou ao seu *nível mais profundo de humanidade*: "Se há muitas e importantes diferenças entre nós, não é correto dizer também que, no nível mais profundo de humanidade, há uma base em comum onde podemos trabalhar juntos em uma solução para esse desafio dramático de nossa época: paz verdadeira ou guerra catastrófica?". Na cerimônia de encerramento, dois indígenas americanos da tribo Corvo, John e Burton Pretty on Top, posicionaram-se diante do papa vestidos com seus cocais de plumas e acenderam seu cachimbo da paz, e "a multidão respondeu com um grande clicar de câmeras de bolso e então aplausos".[164] Dois bispos contestaram violentamente a participação do Papa João Paulo II no encontro em Assis de 1986. O Arcebispo Marcel Lefebvre e o Bispo de Castro Mayer publicamente protestaram:

> O pecado público contra a unicidade de Deus, o Verbo Encarnado e Sua Igreja faz estremecer com horror: João Paulo incentivou falsas religiões a orar para seus falsos deuses: é um escândalo sem medidas e sem precedentes, [...] uma inconcebivelmente ímpia e intolerável humilhação àqueles que permanecem católicos, lealmente professando a mesma fé por vinte séculos.[165]

Para o Arcebispo Lefebvre e seus padres na Sociedade de São Pio X, o encontro em Assis de 1986 foi longe demais. Lefebvre tinha agora 81 anos de idade e estava cada vez mais frágil. Preocupado com a apostasia na Igreja, e ainda por cima praticada pelo papa, ele começou a elaborar planos para nomear seus sucessores. A despeito de sua desaprovação à participação de João Paulo II e o incentivo à idolatria pagã em uma basílica católica, Lefebvre não sucumbiu ao sedevacantismo. Ele plenamente reconheceu a autoridade de João Paulo II como papa, mas duvidou da ortodoxia e da liderança deste.

O Papa João Paulo II e o Arcebispo Lefebvre chegaram a um acordo, em maio de 1988, que iria autorizar Lefebvre a consagrar um bispo

---

164 Ibid.

165 Bernard Tissier de Mallerais, *The biography of Marcel Lefebvre*. Kansas City, MO: Angelus Press, 2002, 537.

para a continuação da Sociedade de São Pio X (SSPX). O acordo foi negociado entre o Cardeal Joseph Ratzinger e o Arcebispo Lefebvre e aprovado pelo Papa João Paulo II nos seguintes termos:

- Todas as censuras contra Lefebvre, o clero e o laicato dentro da SSPX seriam removidas.
- A SSPX seria reconhecida como uma sociedade clerical de vida apostólica de direito pontifício.
- A Santa Sé concordou em consagrar um bispo indicado por Lefebvre para a SSPX até 15 agosto de 1988.

Em 24 de maio, Lefebvre requereu ao Cardeal Ratzinger três bispos, em vez de apenas um, e pediu que uma maioria de tradicionalistas fosse representada na comissão de supervisão da sociedade, em vez de dois dos cinco, como definido no acordo.[166] Por meio de Ratzinger, o Papa João Paulo II recusou a revisão da proposta. Na manhã seguinte, Lefebvre reuniu alguns clérigos e explicou: "Eu estou inclinado a consagrar quatro bispos, de qualquer maneira, em 30 de junho. Minha idade e minha fraca saúde me incitam, antes de o bom Senhor me chamar para Si, a garantir a segurança não do 'meu trabalho', mas dessa modesta tentativa de restaurar o sacerdócio e preservar a fé católica. Eu posso fazer isso conferindo o episcopado a bispos que estejam livres para fazer a fé viver de uma forma inteiramente isenta dos erros modernos".[167] Naquele mesmo dia, Lefebvre soube que Ratzinger rejeitara todos os candidatos que Lefebvre havia proposto para consideração como bispos para a SSPX. Então, em uma carta endereçada ao Papa João Paulo II, datada de 2 de junho de 1988, a festa de *Corpus Christi*, Lefebvre avisou que ele iria prosseguir e consagrar bispos ainda que eles não tivessem sido pré-aprovados pelo Papa João Paulo II.[168] Uma semana depois, João Paulo II escreveu a Lefebvre, alertando-o de que isso seria um ato cismático.

O Arcebispo Lefebvre e seus padres e religiosos então apelaram para um estado de emergência eclesiástica à luz dos escândalos de 1970 a 1988: a idolatria sancionada pelo papa em Assis em 1986,

---

166 Ibid., 556.
167 Ibid., 557–558.
168 Ibid., 560.

o novo Código de Direito Canônico de 1983, o novo processo de 1983 para canonizar santos, a aparente ab-rogação da Missa Latina Tridentina, as novas liturgias para todos os sete sacramentos, o novo ecumenismo e a formação herética na maioria dos seminários. Lefebvre invocou o Código de Direito Canônico, afirmando que "a salvação das almas deve sempre ser a suprema lei na Igreja".[169] Convencido de que estava agindo para a salvação das almas, o Arcebispo Lefebvre consagrou quatro de seus padres como bispos no seminário da SSPX em Écône, Suíça, em 30 de junho de 1988. No dia seguinte, o Cardeal Bernadin Gantin, da Congregação de Bispos, afirmou a excomunhão automática de Lefebvre:

> Monsenhor Marcel Lefebvre, Arcebispo-Bispo Emérito de Tulle, não obstante o aviso canônico formal de 17 de junho último e os repetidos apelos para desistir de sua intenção, realizou um ato cismático pela consagração episcopal de quatro padres, sem mandato pontifício e contrário à vontade do Supremo Pontífice, e, portanto, incorreu na penalidade prevista pelo Can. 1364, § 1º, e pelo Can. 1382 do Código de Direito Canônico. [...] Considerados todos os efeitos jurídicos, eu declaro que o supramencionado Arcebispo Lefebvre, e Bernard Fellay, Bernard Tissier de Mallerais, Richard Williamson e Alfonso de Galarreta incorreram *ipso facto* em excomunhão *latae sententiae* reservada à Sé Apostólica.

No *motu proprio* papal *Ecclesia Dei*, datado de 2 de julho de 1988, o Papa João Paulo II confirmou a excomunhão de Lefebvre por ter consagrado bispos a despeito da admoestação papal de não o fazer. Lefebvre morreria três anos depois, na festa da Anunciação, 25 de março de 1991, à idade de 85 anos, em Martigny, Suíça. A excomunhão do Arcebispo Lefebvre foi a única excomunhão de um bispo que o Papa João Paulo II reconheceu formalmente durante seu pontificado.

O pontificado de João Paulo II prosseguiu durante os anos 1990 com sua constituição apostólica *Fidei Depositum*, que requereu a publicação de um novo catecismo que incluiria as reformas do Vaticano II. Originalmente publicado em francês em 1992, o *Catecismo da*

---

169 Can. (1983) 1752: "Em casos de transferência, as prescrições do can. 1747 devem ser aplicadas, a eqüidade canônica deve ser observada, e a salvação das almas, que deve sempre ser a suprema lei na Igreja, deve estar em evidência".

Igreja Católica ficou disponível em inglês em 1994. A edição latina oficial não foi publicada até 1997. Ela foi recebida com entusiasmo por conservadores que desesperadamente buscavam um bote salva-vidas para a ortodoxia após os turbulentos anos 1970 e 1980. Em 1993, João Paulo II promulgou sua controversa encíclica *Veritatis Splendor*, que manteve a condenação ao mal intrínseco de atos tais como aborto e contracepção.

Próximo ao Ano do Jubileu de 2000, João Paulo II começou a emitir desculpas — contando mais de cem — para o mundo em nome da Igreja Católica. Elas incluíam desculpas pela perseguição de Galileu, pelo tráfico de escravos africanos, pela queima de hereges na fogueira, pelas guerras religiosas que se seguiram à Reforma Protestante, por denigrir mulheres e seus direitos e pelo silêncio dos católicos durante o Holocausto. Essas desculpas foram controversas porque elas pressupunham culpa por parte da Igreja Católica, e não meramente dos pecadores católicos iludidos que cometeram esses erros.

Antes do Ano do Jubileu, o Papa João Paulo II escandalizou o mundo após a divulgação de uma foto dele beijando o Corão em 14 de maio de 1999. Ele foi visitado por uma delegação composta de imãs xiitas da mesquita de Khadum, do presidente sunita do conselho de administração do Banco Islâmico Iraquiano e de um representante do ministro da religião iraquiano. O patriarca católico da Babilônia, Raphael Bidawid, estava presente nesse encontro e contou ao FIDES, serviço de notícias próprio do Vaticano, o que aconteceu lá: "Ao final da audiência, o papa se inclinou perante o livro sagrado muçulmano, o Corão, que lhe foi apresentado pela delegação, e ele o beijou em sinal de respeito".[170] O Corão explicitamente afirma que Jesus Cristo *não é* o Filho de Deus e que a Trindade é uma doutrina falsa. Como um papa da Igreja Católica pôde beijar as escrituras do Islã é inimaginável.

Acompanhado por representantes da ortodoxia oriental e do protestantismo, o Papa João Paulo II abriu o Ano do Jubileu de 2000. Um ano mais tarde, ele seria diagnosticado com mal de Parkinson e começaria sua lenta e dolorosa perda de saúde.

Admire-se ou não, João Paulo II certamente não foi um infiltrado na Igreja. Seu pontificado foi claramente dividido, e ele parece ter sido o primeiro papa verdadeiramente formado pelo Concílio Vaticano II.

---

170 FIDES News Service, 14 de maio de 1999.

Lembremos que a *Alta Vendita* jamais deu permissão para colocar um ateu maçom declarado na Cadeira de Pedro. Ao invés disso, os maçons buscaram criar (começando na segunda metade do século XIX) um ambiente entre jovens, seminaristas e jovens padres que cresceram respirando o ar de ecumenismo, indiferença a discordâncias religiosas e uma missão pela fraternidade mundial.

João Paulo II foi o primeiro papa que transitou livremente entre esses ideais enquanto mantinha ainda suas devoções do velho mundo polonês pela Adoração Eucarística, pelo Rosário, pela Confissão e pelas procissões. Como um teólogo e um jovem bispo, ele bebeu profundamente do Vaticano II, mas ainda reteve a piedade de um católico. Para garantir que o próximo papa não possuiria esses impedimentos ao progresso, alguns cardeais liberais começaram a se reunir e a planejar o conclave seguinte.

CAPÍTULO XXVII
A MÁFIA DE SANKT GALLEN: HOMOSSEXUALIDADE, COMUNISMO E MAÇONARIA

∽

Já em 1995, cardeais proeminentes começaram a se reunir regularmente em Sankt Gallen, Suíça, para manobrar a sucessão de João Paulo II. Eram todos modernistas que corroboravam o espírito do Vaticano II. O que os unia era sua fidelidade ao cardeal jesuíta Carlo Maria Martini, arcebispo de Milão. O Cardeal Martini era o mais notório e franco oponente do Papa João Paulo II e seu prefeito para a doutrina, Cardeal Ratzinger.

O jovem João Paulo II ingenuamente designou Martini arcebispo de Milão em 1979 e o nomeou cardeal em 1983. Martini gozava de influência considerável sobre os bispos da Europa e serviu como presidente da Conferência de Bispos Europeus de 1987 até 1993. Ele aberta e repetidamente rejeitou a *Humanae Vitae* e a condenação, pela Igreja, da contracepção artificial, bem como sua compreensão do começo da vida humana. Martini era flexível quanto à eutanásia e defendia a ordenação de diáconos femininos. Ele apoiou a homossexualidade e até mesmo o casamento civil para homossexuais, dizendo: "Não é ruim, ao invés de sexo casual entre homens, que duas pessoas tenham uma certa estabilidade" e que "o Estado poderia reconhecê-los".[171] Em seu leito de morte, Martini declarou que a Igreja Católica estava "duzentos anos ultrapassada".[172] Em 1995, Martini chamou prelados de mesma opinião para Sankt Gallen, Suíça, para discutir a reforma da Igreja. Essa primeira reunião pode ter sido convocada em resposta ao

---

171 Terence Weldon, "Cardinal Martini on Gay Partnerships", em Queering the Church, 29 de março de 2012.

172 L'Addio a Martini, "Chiesa indietro di 200 anni, L'ultima intervista: 'Perché non si scuote, perché abbiamo paura?'": Corriere della Sera, 1º de setembro de 2012.

decreto de 1994 *Ordinatio Sacerdotalis* de João Paulo II, que afirma que mulheres jamais podem ser ordenadas para as Santas Ordens.[173] Os tópicos populares deste grupo de bispos eram o colegiado, o aliciamento de futuros bispos, mulheres como diáconos, Eucaristia para protestantes, Eucaristia para os divorciados e os casados em segunda união, e flexibilização de restrições relativas à moralidade sexual. Esses bispos estavam unidos em sua profunda preocupação de que o Cardeal Ratzinger seria escolhido como aparente herdeiro papal de João Paulo II. Conseqüentemente, eles precisavam de tempo para cultivar um candidato papal que pudesse derrotar o Cardeal Ratzinger no próximo conclave.

Mesmo que seu líder, Cardeal Martini, fosse sua mais óbvia escolha para papa, ele era italiano e não contava com o apoio dos bispos globais. Então, o grupo de Sankt Gallen examinou o Colégio de Cardeais e escolheu o Cardeal Jorge Bergoglio da Argentina como seu candidato principal, sabendo que ele iria promover a agenda teológica e moral que eles defendiam.

Os membros dessa Máfia de Sankt Gallen mudaram ao longo do tempo, mas os nomes revelam os prelados católicos comumente suspeitos de cripto-modernismo:

- O bispo suíço Ivo Fürer, bispo de Sankt Gallen de 1995 a 2005

- O cardeal italiano Carlo Martini, arcebispo de Milão de 1980 a 2002 (falecido em 31 de agosto de 2012, à idade de 85 anos)

- O cardeal belga Godfried Danneels, arcebispo metropolitano de Bruxelas de 1979 a 2010 (falecido em 14 de março de 2019, à idade de 85 anos)

- O cardeal alemão Walter Kasper, presidente do Pontifício Conselho para a Promoção da Unidade dos Cristãos de 2001 a 2010

---

173 João Paulo II, Carta Apostólica sobre Reservar a Ordenação Sacerdotal Apenas aos Homens *Ordinatio sacerdotalis* (22 de maio de 1994).

- O bispo holandês Ad van Luyn, bispo de Roterdã de 1994 a 2011

- O cardeal alemão Karl Lehmann, bispo de Mainz de 1983 a 2016 (falecido em 11 de março de 2018, à idade de 81 anos)

- O cardeal italiano Achille Silvestrini (secretário administrativo do secretário de estado do Vaticano Jean-Marie Villot)

- O cardeal inglês Basil Hume, arcebispo de Westminster de 1976 a 1999 (falecido em 17 de junho de 1999, à idade de 76 anos)

- O cardeal inglês Cormac Murphy-O'Connor, arcebispo de Westminster de 2000 a 2009 (falecido em 1º de setembro de 2017, à idade de 85 anos)

- O cardeal português José Policarpo, patriarca de Lisboa, Portugal, de 1998 a 2013 (falecido em 12 de março de 2014, à idade de 78 anos)

- O cardeal ucraniano Lubomyr Husar, arcebispo católico ucraniano de Kiev de 2005 a 2011 (falecido em 31 de maio de 2017, à idade de 84 anos)

Sabemos da existência desses encontros em Sankt Gallen graças ao Cardeal Godfried Danneels da Bélgica, que publicamente apoiou casamentos entre o mesmo sexo e a legalização do aborto na Bélgica. Em 2010, descobriu-se que um amigo clerical de Danneels, Bispo Roger Vangheluwe (a quem Danneels consagrou como bispo), havia molestado seu próprio sobrinho (Danneels foi pego em gravações, feitas secretamente, orientando o jovem a não prosseguir com o assunto até que o bispo se aposentasse "honradamente"; ele desapaixonadamente disse à vítima: "Você pode também reconhecer a sua própria culpa", ao invés de acusar seu tio, o bispo).[174] Danneels descreveu os

---

174 A transcrição da conversa entre Danneels e o jovem pode ser lida em "Belgium Cardinal Tried to Keep Abuse Victim Quiet", em *National Catholic Reporter*, 30 de agosto de 2010.

encontros em Sankt Gallen como um círculo de amigos hospedados pelo Bispo Ivo Fürer, bispo de Sankt Gallen.

Contudo, os biógrafos oficiais de Danneels esclarecem que "a eleição de Bergoglio foi preparada em St. Gallen", porque a "eleição de Bergoglio correspondeu aos objetivos de St. Gallen, disso não há dúvida. E o contorno do seu programa era aquele de Danneels e seus confrades, que o estiveram discutindo durante dez anos".[175] O próprio Danneels se referiu ao grupo como a "máfia" de Sankt Gallen.[176]

Por que Sankt Gallen, Suíça? Sankt Gallen tem raízes históricas no comunismo europeu. Originalmente, a cidade cresceu em torno da base missionária de um monge missionário irlandês chamado São Galo, ao longo do Rio Steinach, em 612. São Othmar estabeleceu um monastério no lugar em 720, e a cidade agrícola cresceu em torno da abadia. No começo dos anos 1900, porém, a região começou a se associar com rituais satânicos e comunismo, como será demonstrado abaixo.

Vladimir Lênin usou a Suíça como sua sede e lugar de exílio continuamente entre 1903 e 1917. Durante a Revolução de Fevereiro de 1917 na Rússia, na qual o Tzar Nicolau II abdicou do trono, Lênin permaneceu em exílio na Suíça. Ele inspirou sua revolução após ter seus escritos e artigos impressos na Suíça e contrabandeados para a Rússia. Então, encorajado pela Revolução de Fevereiro, Lênin decidiu retornar à Rússia.

Fritz Platten organizou o retorno de Lênin à Rússia. Platten era um nativo de Sankt Gallen — um maçom e um comunista. Ele manobrou para Lênin se esgueirar para fora da Suíça e através da Alemanha em um vagão de trem selado, e então encontrar uma balsa para a Suécia e através da Finlândia, onde ele poderia chegar à Rússia como líder aparente.

Nossa Senhora de Fátima predisse esses horrores em julho de 1917, quando ela alertou as crianças de que "a Rússia espalhará seus erros por todo o mundo, provocando guerras e perseguições à Igreja. Os bons serão martirizados, o Santo Padre terá muito a sofrer, várias

---

[175] Os biógrafos de Danneels são Karim Schelkens e Jürgen Mettepenningen, e seus comentários podem ser encontrados com esclarecimento em Walter Pauli, "Godfried Danneels a oeuvré pendant des années à l'élection du pape François", *Le Vif*, 23 de setembro de 2015.

[176] "Cardinal Danneels Admits to Being Part of 'Mafia' Club Opposed to Benedict XVI", em *National Catholic Register*, 24 de setembro de 2015.

nações serão aniquiladas". Liderados por Vladimir Lênin, os bolcheviques violentamente tomaram o poder em novembro de 1917 (um mês após o Milagre do Sol em Fátima) e assassinaram o Tzar Nicolau II e sua família em 17 de julho de 1918.

Fritz Platten não apenas esgueirou Lênin para fora da Suíça de volta para Moscou; ele também salvou sua vida. Platten estava no assento traseiro do carro de Lênin quando este foi atacado em Petrogrado em 14 de janeiro de 1918. Quando o tiroteio começou, Platten agarrou Lênin pela cabeça e o puxou para baixo. A mão do primeiro foi alvejada por um projétil e ficou coberta de sangue.[177] Sem essa intervenção desse nativo de Sankt Gallen, o mundo talvez não tivesse conhecido os horrores do marxismo-leninismo. Platten também fundou a Internacional Comunista em 1919 como um meio de incentivar o comunismo mundial. Como um representante do Partido Comunista Suíço, ele passou grande parte de sua vida na União Soviética. Parece que Platten é o elo entre o leninismo e a origem de Sankt Gallen como um foco de comunismo e dissidência.

O infame ocultista Aleister Crowley (1875–1947) e seus adeptos também possuem uma conexão ritualística com Sankt Gallen. Crowley era um pioneiro em experimentação de drogas recreativas, um bissexual, um ocultista esotérico, poeta, pintor e aventureiro. Ele foi ridicularizado como o "homem mais perverso do mundo" e considerado um satanista. Contudo, ele não era formalmente um satanista, mas um autoproclamado profeta e fundador da religião de Thelema. Como um montanhista apaixonado, Crowley passava grande parte de seu tempo na Suíça.

Sua religião se baseava no "sexo-magia" da Ordem dos Templários do Oriente (OTO), da qual Crowley era um membro. Originalmente, a OTO era parte da maçonaria européia, mas, sob a liderança de Crowley, ela foi reorganizada em torno da Lei de Thelema: "Fazer o que tu desejas deverá ser o conjunto da Lei".[178] Diferentemente da maçonaria explícita, a OTO continha uma "igreja" eclesiástica e litúrgica: a Ecclesia Gnostica Catholica (EGC) ou Igreja Católica Gnóstica. O propósito dessa igreja é restaurar o cristianismo à sua condição

---

[177] Dmitri Volkogonov, *Lenin: a new biography*. New York: Free Press, 1994, 229.

[178] Aleister Crowley, *Liber AL vel Legis*, I:40. Ver também Leo Lyon Zagami, "Evidence of the Collaboration between the St. Gallen Mafia and the Ordo Templi Orientis", em leozagami.com, 7 de dezembro de 2017.

original de "religião solar-fálica". A OTO é um culto fálico, e sua loja mais antiga se encontra na Suíça.

A OTO também celebra o rito do Liber XV ou a Missa Gnóstica, que Crowley escreveu em Moscou em 1913. A liturgia exige cinco oficiais: um padre, uma sacerdotisa, um diácono e dois acólitos, chamados "crianças", e culmina na consumação de um falso rito eucarístico e no consumo de vinho e de um bolo de luz (feito de fluido menstrual), após o que o beneficiário recita: "Não há parte de mim que não seja dos deuses!". Parece que a Diocese de Sankt Gallen supostamente auxiliou a OTO na celebração dessa falsa Missa.

O suíço Hermann Joseph Metzger se tornou o patriarca da Igreja Católica Gnóstica em 1960.[179] Ele vestia batina branca e solidéu, como o papa católico. Ele também serviu como líder da sua Ordem dos Illuminati, e de sua Fraternitas Rosicruciana Antiqua. Supostamente, o "Patriarca" Metzger e a OTO suíça adquiriram trezentas hóstias de um convento católico entre 1963 e 1967. Se essas hóstias eram consagradas, não foi especificado. Ademais, eles dizem ter recebido incenso do sacristão-chefe na Catedral de Sankt Gallen, e vinho diretamente de Joseph Hasler, bispo de Sankt Gallen e padre conciliar no Concílio Vaticano II de 1963 a 1965.[180] Em 1954, a sede da OTO se deslocou para Appenzell, Suíça, que dista 31 milhas da cidade de Sankt Gallen propriamente dita. O nome Appenzell deriva do latim *abbatis cella*, ou "cela do abade". Embora geograficamente dentro do cantão de Sankt Gallen, Appenzell mantém sua independência, tendo se rebelado contra o abade de Sankt Gallen em 1403.

Nos anos 1360, os habitantes leigos da cidade de Sankt Gallen e da cidade de Appenzell estiveram em conflito com o abade príncipe de Sankt Gallen a respeito de direitos de pastagem e dízimos devidos à abadia. Para enfrentar sua resistência, o Abade Kuno von Stoffeln conseguiu o apoio direto e o patrocínio da Casa Austríaca dos Habsburgo contra essas cidades sob sua antiga jurisdição. Em resposta, a cidade de Sankt Gallen se submeteu ao abade, mas Appenzell buscou o apoio da Antiga Confederação Suíça e organizou uma rebelião contra ele em 1403. Assim, Appenzell manteve sua independência, e embora fosse simpática a pregadores luteranos e anabatistas nos anos

---

179 "Metzger, Hermann Joseph (1919–1990)", em encyclopedia.com.

180 O Sistema Sexual-Mágico de Aleister Crowley é descrito em Zagami, "Evidence of the Collaboration between the St. Gallen Mafia and the Ordo Templi Orientis".

1500, ela reteve uma maioria católica. Estranhamente, a cidade civilmente ainda segue o calendário juliano e marca o Dia do Ano Novo no nosso dia 14 de janeiro.

Appenzell, cercada pelo cantão de Sankt Gallen, tornou-se assim a sede e a capital da OTO e da religião de Thelema, de Crowley, em 1954. Ali também opera a maior loja da Federação Mundial de Illuminati.[181] Nessa religião, as técnicas mágico-sexuais eram ensinadas por graus aos iniciados; por exemplo, o oitavo grau da mágica da masturbação, o nono grau da mágica heterossexual e o 11º grau da mágica do sexo anal.[182] O ano de 1954 corresponde às atividades do jovem Theodore McCarrick em Sankt Gallen, Suíça, como revelado em uma entrevista entre mim e a criança vítima de McCarrick, James Grein, em 5 de dezembro de 2018. Theodore McCarrick é o mais notório molestador de crianças e predador homossexual da Igreja Católica, tendo sido removido do Colégio de Cardeais em 2018 e do estado clerical em 2019.

O pai de McCarrick foi um capitão de navio que morreu de tuberculose quando o filho tinha apenas três anos de idade. Sua mãe o criou sozinha. Ele permanecia em casa enquanto ela trabalhava em uma fábrica automobilística no Bronx. Quando adolescente, ele foi expulso do Colégio Xavier em 1946. De acordo com McCarrick, foi por falta de assiduidade: "Eu acho que senti que a obrigação de ir diariamente à escola era muito estritamente uma obrigação... Eles disseram 'você mereceu, você está fora' mais dias do que 'nós queremos que você esteja aqui'".[183] Após ser expulso, ele perdeu um ano acadêmico inteiro (1946–1947), e seu paradeiro durante esse período ainda é incerto. Um amigo da família foi capaz de colocá-lo na Escola Preparatória Jesuíta Fordham, no Bronx, onde ele começou seu primeiro ano em setembro de 1947. McCarrick se sobressaiu na Escola Fordham. Antes de se graduar, em 1949, ele foi eleito presidente do Conselho Estudantil e eleito "o mais apto a ter sucesso, o melhor orador, o mais diplomático e o que fez mais pela escola". Explicando

---

181 Zagami, "Evidence of the Collaboration".

182 Aleister Crowley, *Magical diaries of Aleister Crowley*. York Beach, ME: Weiser Books, 1979, 241.

183 Chuck Conconi, "The Man in the Red Hat: With a Controversial Catholic in the Presidential Race, the Cardinal Is Seen by Many as the Vatican's Man in Washington and He May Play a Big Role in the Selection of the Next Pope", em *Washingtonian*, 1º de outubro de 2004.

sua mudança de caráter, ele conta, "Acho que percebi quão infelizes eu tinha feito minha mãe e minha família".[184] Quando estava na Escola Fordham, McCarrick se tornou amigo de Werner Edelmann, o tio materno de James Grein, uma das crianças vítimas do cardeal. McCarrick se graduou na Escola Fordham em maio de 1949, apenas alguns meses antes de seu 19º aniversário. Segundo McCarrick, após sua graduação ele "passou um ano com um amigo na Suíça aprimorando suas habilidades lingüísticas".[185] James Grein reconhece esse amigo, que se trata de seu tio, Werner Edelmann.

Podemos situar esse ano examinando as palavras de McCarrick, que disse que fez "um retiro religioso em um monastério nos Alpes em seu vigésimo aniversário, [onde] ele tomou a decisão de se tornar um padre".[186] Em uma entrevista separada, ele classificou o monastério como sendo cartuxo.[187] McCarrick nasceu em 7 de julho de 1930, donde se conclui que o retiro se deu em 7 de julho de 1950. Isso significa que ele ficou um ano na Suíça, desde cerca de maio de 1949 até após 7 de julho de 1950.

De acordo com Grein, McCarrick viajou para Sankt Gallen, Suíça, com seu amigo Werner Edelmann, em uma viagem de um ano para visitar o pai de Werner, Otto Edelmann. Otto era um rico empresário proprietário que havia inventado um estilo e método de fabricar sutiãs e cintas. Para confirmar esse fato, pode-se consultar a patente norte-americana #US2145075A emitida em 1º de agosto de 1938 em favor de "Otto Edelmann" para "Vestuário e método de fazê-lo" sob a categoria patente de "A41C1/00 Espartilhos ou Cintas".[188] McCarrick passou seu ano em Sankt Gallen estudando idiomas no prestigiado e caro Institut auf dem Rosenberg, um internato privado em Sankt Gallen, sob o patrocínio de Otto Edelmann. De acordo com Grein, foi nessa época que seu avô, Otto Edelmann, assegurou a McCarrick que ele iria financeiramente custear qualquer caminho vocacional que o jovem desejasse. Otto Edelmann, assim, se tornou o patrono de Theodore McCarrick.

---

184 Ibid.

185 Ibid. Ele é fluente em espanhol, alemão, francês e italiano.

186 Ibid.

187 Kerry Kennedy, *Being catholic now: prominent americans talk about change in the Church and the quest for meaning*. New York: Crown Publishers, 2008, 196.

188 Otto Edelmann aparentemente vendeu sua empresa por volta de 1971.

Grein relata que seu tio Werner raramente viu seu amigo Theodore durante esse período. Supostamente, ele passava suas noites em um monastério inominado. Theodore sentiu nesse ano em Sankt Gallen que ele estava sendo chamado para ser padre. O católico devoto Otto Edelmann estava pronto para ajudá-lo. Com o apoio financeiro da família Edelmann, McCarrick retornou a Nova York em setembro de 1950 para estudar na Universidade Fordham e no Seminário St. Joseph em Yonkers. Ele foi ordenado ao sacerdócio pelo reputado homossexual Cardeal Francis "Nellie" Spellman, arcebispo de Nova York, em 31 de maio de 1958. Otto Edelmann comprou um novo automóvel para o Padre Theodore McCarrick na ocasião da sua ordenação.

O Padre McCarrick se tornou o capelão *de facto* das famílias Edelmann e Grein. O primeiro bebê que McCarrick batizou foi o neto de Otto Edelmann, James Grein, que seria molestado por McCarrick com a idade de onze anos, e repetidamente por anos, até dentro do contexto da Confissão sacramental.

A família Grein visitava Sankt Gallen a cada Natal entre 1955 e 1963. Grein afirma que o Padre McCarrick também viajou para Sankt Gallen anualmente por dez a quinze anos. Ele estava profundamente ligado a essa pequena cidade na Suíça.

É notável que a estadia desse notório pedófilo e predador homossexual em Sankt Gallen tenha coincidido com o estabelecimento da religião OTO de Crowley e com o deslocamento da sede da Igreja Católica Gnóstica para Appenzell, 31 milhas distante da cidade de Sankt Gallen. Sankt Gallen propiciou a convergência de uma falsa religião católica, focada em devoção fálica, mágica sexual e homossexualidade, com as visitas do jovem Theodore McCarrick. Décadas mais tarde, essa cidade se tornou o marco zero para uma "máfia" de eclesiásticos modernistas que toleravam a homossexualidade, encobriram abusos sexuais, abertamente trabalharam contra Ratzinger/Bento XVI e pressionaram pela eleição de Jorge Bergoglio como papa. A pequena cidade de Sankt Gallen serviu (e ainda serve) de sede do Conselho de Conferências dos Bispos Europeus (Consilium Conferentiarum Episcoporum Europae, ou CCEE). Em particular, dois membros da Máfia de Sankt Gallen serviram como presidentes do CCEE: o Cardeal Basil Hume de Westminster (1979–1986) e o Cardeal Carlo Maria Martini de Milão (1986–1993).[189] Pode-se somente conjeturar se Sankt Gallen

---

189 "The Presidency", em Consilium Conferentiarum Episcoporum Europae.

serviu de centro para recrutar jovens para se infiltrarem no sacerdócio de uma forma semelhante à descrita por Bella Dodd. Talvez a chegada do órfão Theodore McCarrick a Sankt Gallen em 1949 lhes tenha fornecido o agente perfeito para introduzir na Igreja Católica Norte-Americana pedofilia, mágica sexual e comunismo. A mágica sexual grosseira da Igreja Católica Gnóstica de Aleister Crowley possui uma conexão simbólica com Theodore McCarrick, pois as cinzas cremadas de Crowley estão enterradas em Hampton, Nova Jersey — dentro da diocese de Metuchen, Nova Jersey, a primeira diocese de McCarrick, onde ele serviu como bispo de 1980 a 1986.[190] McCarrick magicamente ascendeu a padre (1958), monsenhor (1965), bispo (1977), arcebispo (1986) e cardeal (2001) sem sequer ter servido como um pastor de paróquia. Notavelmente, sua ascensão pela hierarquia aconteceu após sua visita inicial a Sankt Gallen em 1949 e pelo menos dez outras visitas posteriores.

---

190 As cinzas de Aleister Crowley estão enterradas em uma urna próxima a uma árvore na propriedade do sucessor de Crowley, ou "califa", Karl Germer, em Hampton, Nova Jersey. Theodore McCarrick foi o primeiro bispo de Metuchen, Nova Jersey.

CAPÍTULO XXVIII
RATZINGER VERSUS BERGOGLIO NO CONCLAVE PAPAL DE 2005

∼

O Papa João Paulo II morreu em 2 de abril de 2005. Sua morte significou luto global pelo homem que foi verdadeiramente o primeiro papa televisivo. O Cardeal Joseph Ratzinger, como decano do Colégio de Cardeais, pregou no funeral do papa e foi considerado um candidato provável a papa no próximo conclave. Este ocorreu de 18 a 19 de abril de 2005. João Paulo II havia flexibilizado as regras para o conclave, de forma que os cardeais eleitores pudessem se movimentar livremente, jantar e dormir nas salas individuais com ar-condicionado da Casa Santa Maria, o hotel de cinco andares construído em 1996 para o clero visitante.

Havia à época 183 cardeais, mas apenas 117 cardeais eleitores com menos de oitenta anos. Dois estavam ausentes por causa de problemas de saúde — o Cardeal Jaime Sin das Filipinas e o Cardeal Adolfo Antonio Suárez Rivera do México —, diminuindo o número de eleitores para 115. Desses, apenas dois eleitores (Cardeal Ratzinger e Cardeal Baum) não haviam sido nomeados cardeais por João Paulo II, devido à mudança de regra feita por Paulo VI de que apenas cardeais abaixo de oitenta anos podiam votar. Com 115 cardeais eleitores, a maioria de dois terços requerida seriam 77 votos.

Uma votação foi contada na tarde do primeiro dia de conclave e então três outras votações no dia seguinte. Um cardeal anônimo cedeu seu diário a um jornalista italiano em setembro de 2005. Se for confiável, registraram-se os seguintes votos para a primeira votação:[191]

---
191 Andrea Tornielli, "Il diario segreto dell'ultimo conclave", em *La Stampa*, 27 de julho de 2011.

Joseph Ratzinger – 47 votos
Jorge Bergoglio – 10 votos
Carlo Maria Martini – 9 votos
Camillo Ruini – 6 votos
Angelo Sodano – 4 votos
Oscar Maradiaga – 3 votos
Dionigi Tettamanzi – 2 votos
Giacomo Biffi – 1 voto
Outros – 33 votos

Perceba-se Jorge Bergoglio em segundo lugar. Esses dez votos são indubitavelmente dos membros da Máfia de Sankt Gallen.

A segunda votação na manhã seguinte registrou:

Ratzinger – 65 votos
Bergoglio – 35 votos
Sodano – 4 votos
Tettamanzi – 2 votos
Biffi – 1 voto
Outros – 8 votos

Vinte e quatro novos votos aparecem para Bergoglio nessa segunda votação. Perceba-se bem que todos os votos para o Cardeal Martini (nove votos), Cardeal Ruini (seis votos) e Cardeal Maradiaga (três votos), totalizando dezoito votos, foram retirados e dados ao Cardeal Bergoglio. Isso mostra que, nessa altura, esses três homens instruíram seus seguidores a se alinharem a Bergoglio.

A terceira votação, também durante a manhã, registrou os seguintes números:

Ratzinger – 72 votos
Bergoglio – 40 votos
Darío Castrillón Hoyos – 1 voto
Outros – 2 votos

Bergoglio conseguiu ganhar outros cinco votos, mas a grande maioria se alinhou a Ratzinger para bloquear aquele. Após essa terceira votação, tornou-se claro que Ratzinger necessitaria somente de mais cinco votos, ou um candidato do meio-termo deveria se apresentar para resolver o impasse (havia apenas três votos ainda em disputa) entre Bergoglio e Ratzinger. A respeito do conclave, o Cardeal Ratzinger contou que, à medida que os votos se transferiam para ele, "eu orei a Deus: 'por favor, não faça isso comigo'. Evidentemente, dessa vez Ele não me ouviu".[192] Naquela tarde, a quarta e última votação registrou os seguintes números:

Ratzinger – 84 votos

Bergoglio – 26 votos

Biffi – 1 voto

Bernard Law – 1 voto

Christoph Schönborn – 1 voto

Outros – 2 votos

Surpreendentemente, pelo menos quatorze cardeais retiraram seus votos de Bergoglio nessa quarta votação quando ficou claro que Ratzinger tinha o apoio majoritário. Ele venceu facilmente com 84 votos, sete a mais do que ele precisava para obter a maioria de dois terços. A Máfia de Sankt Gallen falhou em seu objetivo de eleger o Cardeal Bergoglio.

---

192 Allen Pizzey, "Benedict: I Prayed Not to Be Pope", em CBS News, 11 de fevereiro de 2009.

CAPÍTULO XXIX
INFILTRAÇÃO E A TRAMA CONTRA BENTO XVI

∼

É o papel do decano do Colégio de Cardeais perguntar ao cardeal eleito se ele aceita o papado. Uma vez que o Cardeal Ratzinger era o decano do Colégio, a tarefa foi atribuída ao vice-decano, o Cardeal Angelo Sodano. O protodiácono Cardeal Jorge Medina saiu à sacada da Basílica de São Pedro e anunciou que o Cardeal Ratzinger havia sido eleito, e que ele havia escolhido o nome Bento XVI, em homenagem ao Papa Bento XV e também a São Bento de Núrsia.

A reputação do Papa Bento XVI como erudito se fez notar quando ele escreveu três encíclicas enraizadas nas virtudes teologais: *Deus Caritas Est*, *Spe Salvi* e *Caritas in Veritate*. Ele irritou liberais ao trazer de volta as vestes papais e as cerimônias não vistas desde os dias do Papa Pio XII, como os múleos vermelhos, o *camauro* e o *cappello* vermelho romano.

No segundo ano de seu pontificado, Bento XVI emitiu seu controverso *motu proprio Summorum pontificum*, que afirmou que a tradicional Missa Latina pré-Vaticano II (comumente conhecida como a Missa Tridentina) jamais foi ab-rogada ou proibida. Ele esclareceu que todos os padres católicos podem celebrar a Missa Latina tradicional de acordo com o Missal de 1962. Além disso, o papa assegurou que o *Novus Ordo* da Missa de 1969 de Paulo VI permanecia sendo a "forma ordinária" do Rito Romano, e que a Missa de 1962 seria a "forma extraordinária" do Rito Romano — e que essas duas "formas" deveriam mutuamente enriquecer uma a outra. Esse documento foi recebido com alívio e louvor pelos tradicionalistas, que haviam evitado os olhares pouco acolhedores dos bispos por quarenta anos.

De certa forma, *Summorum Pontificum* absolveu o agora recém-falecido Arcebispo Lefebvre, que insistira que o Missal de 1962 nunca foi formalmente ab-rogado após Paulo VI emitir o *Novus Ordo Missae* em 1962.

Para confirmar isso ainda mais, o Papa Bento XVI formalmente remiu as excomunhões dos quatro bispos da Sociedade de São Pio X (SSPX), de Lefebvre, em 21 de janeiro de 2009. Essa remissão foi feita sem que os quatro bispos houvessem se arrependido de suas consagrações em 1988 nas mãos do Arcebispo Lefebvre sem o mandato papal de João Paulo II. Parecia que Ratzinger estava agora desatando um nó que havia sido feito em maio de 1988, quando se iniciaram as comunicações entre Lefebvre e ele.

Muitos bispos no mundo não eram favoráveis à remissão, por Bento XVI, das excomunhões da SSPX. Seis meses mais tarde, o Papa Bento XVI emitiu seu *motu proprio Ecclesiae unitatem*, no qual ele explicou sua razão para suprimir as excomunhões e esclareceu o estatuto da SSPX:

> A remissão da excomunhão foi uma medida tomada no contexto de disciplina eclesiástica para liberar os indivíduos do fardo da consciência constituído pela mais séria das penalidades eclesiásticas. Porém, as questões doutrinárias obviamente permanecem, e até que elas sejam esclarecidas a Sociedade não tem status canônico na Igreja e seus ministros não podem legitimamente exercer qualquer ministério.[193]

Bento XVI aparentemente teve a intenção de trazer as crianças espirituais de Lefebvre para dentro do estatuto canônico regular. Ele escreveu uma nota ao superior delas, Bispo Bernard Fellay, em junho de 2012, garantindo-lhe a estrutura canônica de uma prelazia pessoal (tal como o Opus Dei), se ele e a Sociedade de São Pio X reconhecessem os documentos do Vaticano II. O Bispo Fellay respondeu que seria impossível para eles afirmar a doutrina do Concílio sobre liberdade religiosa. As comunicações entre a SSPX e Bento XVI pareciam ter se encerrado completamente ao final do ano.

---

193 A linha final em latim é: *et eius ministri nullum ministerium legitime agere possunt*. Alguns críticos da SSPX traduziram erroneamente essa frase para "e seus ministros não têm nenhum ministério legítimo". Mas o termo latino *legitime* é um advérbio, então a frase significa: "e seus ministros não podem *legitimamente* exercer qualquer ministério". Isso significa que a SSPX ainda carece de status canônico licitamente, não que seu ministério é inválido ou ilegítimo, no sentido inglês do termo.

CAPÍTULO XXX
INFILTRAÇÃO NO BANCO DO VATICANO E O MORDOMO DO PAPA BENTO XVI

~

Enquanto isso, uma trama havia sido elaborada contra o Papa Bento para pressioná-lo a renunciar ao papado. Tudo isso teria seu clímax ao final de 2012, com lavagem de dinheiro no Banco do Vaticano, revelação de predadores homossexuais entre os cardeais e a equipe do Vaticano, e congelamento de fundos. Mas a história começou em 2007, quando Paolo Gabriele foi contratado como mordomo pessoal do Papa Bento XVI. Por razões desconhecidas, ele iria vazar para o público documentos confidenciais importantes, ocasionando o escândalo conhecido como Vatileaks. A misteriosa ação de Paolo Gabriele tornou pública uma trama para humilhar, incriminar e remover o Papa Bento XVI da Cadeira de Pedro.

O Papa Bento XVI logo começou a ter ciência de discrepâncias financeiras no Governorado do Estado da Cidade do Vaticano — a autoridade executiva sobre o Estado da Cidade do Vaticano. O Cardeal Giovanni Lajolo era o presidente do Governorado a essa época. O presidente serve como líder da Cidade do Vaticano e responde ao cardeal secretário de estado e então ao papa. Ele é o segundo na linha, administrativamente, debaixo do papa.

Em 16 de julho de 2009, o Papa Bento designou o Arcebispo Carlo Maria Viganò como secretário-geral do Governorado da Cidade do Vaticano. Isso colocou Viganò como terceiro na linha, administrativamente, debaixo do papa. O Arcebispo Viganò imediatamente insistiu em um procedimento centralizado de contas e uma contabilidade financeira completa. Suas novas políticas transformaram um déficit negativo de $10,5 milhões para a Cidade do Vaticano em um superávit de $44 milhões em apenas um ano.[194] Viganò não era um corretor experiente. O que aconteceu foi que suas novas políticas de contas descobriram milhões de dólares em contas escondidas. Os livros de contas mostraram um déficit de $10,5 milhões nas contas-correntes primárias, mas ao revelar as muitas contas fora dos livros, Viganò fez aparecer $55 milhões em apenas doze meses. Sem dúvida, o Papa Bento estava satisfeito de ter claridade financeira (e fundos), mas estava decepcionado com sua liderança no Governorado da Cidade do Vaticano.

Em janeiro de 2012, surgiu um documento vazado relativo a escândalos homossexuais e financeiros dentro do Vaticano. Entre esses escândalos estavam duas cartas de Viganò ao Papa Bento XVI e ao cardeal secretário de estado, Bertone, reclamando de corrupção contínua nas finanças do Vaticano. Logo no mês seguinte, o superior direto de Viganò, o presidente Cardeal Giovanni Lajolo, junto com Giuseppe Bertello, Giuseppe Sciacca e Giorgio Corbellini retaliaram contra Viganò e emitiram uma nota conjunta em nome do Governorado do Vaticano:

> A publicação não autorizada de duas cartas do Arcebispo Carlo Maria Viganò, a primeira dirigida ao Santo Padre em 27 de março de 2011, a segunda ao cardeal secretário de estado em 8 de maio, é para o Governorado da Cidade do Vaticano uma fonte de grande amargura. [...] As alegações contidas nelas não podem senão dar a impressão de que o Governorado da Cidade do Vaticano, ao invés de ser um instrumento de governo responsável, é uma entidade não confiável, à mercê de forças negras. Após cuidadoso exame do conteúdo das duas cartas, o Presidente do Governorado entende como seu dever publicamente declarar que essas afirmações são o resultado de avaliações errôneas ou de medos baseados em evidência frágil, mesmo abertamente contradita pelos principais personagens invocados como testemunhas.[195]

O secretário de estado Cardeal Bertone era o superior de Viganò e também estava descontente com as cartas vazadas para ele e para o papa.

---

194 John L. Allen Jr., "Vatican Denies Corruption Charges attributed to U.S. Nuncio", em *National Catholic Reporter*, 26 de janeiro de 2012.

195 "Dichiarazione della Presidenza del Governatorato dello Stato della Città del Vaticano", 4 de fevereiro de 2012.

Meses antes de as acusações terem se tornado públicas, o Cardeal Bertone disse a Viganò que ele iria ser transferido do Governorado da Cidade do Vaticano. Há boatos de que Viganò resistiu a essa mudança de atribuição. Em 19 de outubro de 2011, o Papa Bento redesignou Viganò como núncio apostólico para Washington D.C., tornando-o o embaixador do papa nos Estados unidos. Muitos viram isso como uma demoção, mas é mais provável que o Papa Bento quisesse um homem honesto em Washington em quem ele podia confiar para investigar. De particular importância foi o fato, posteriormente tornado público, de que o Papa Bento soubera dos feitos homossexuais predatórios do Cardeal McCarrick em Washington e quis que Viganò mantivesse as restrições contra o ministério público do mesmo Cardeal, vigentes desde 2006.

Como mencionado acima, o escândalo do Vatileaks começou em janeiro de 2012, revelando corrupção financeira, lavagem de dinheiro internacional e esquemas de chantagem contra clérigos homossexuais. O jornalista italiano Gianluigi Nuzzi publicou as duas cartas do Arcebispo Viganò que descreviam práticas de corrupção que custaram à Santa Sé milhões de dólares. Uma carta vazada revelou uma potencial ameaça de morte contra o Papa Bento XVI, em que o Cardeal Romeo de Palermo da Sicília predisse que o papa estaria morto dentro de doze meses.[196] Em maio de 2012, Nuzzi publicou um livro intitulado *Sua Santidade: os documentos secretos de Bento XVI*,[197] consistindo em cartas e memorandos confidenciais entre o Papa Bento e seu secretário pessoal. O livro documentou uma subcultura de inveja, discórdia e partidarismo no Vaticano. Nuzzi revelou detalhes das finanças pessoais do Papa Bento XVI e mostrou como o suborno garantia uma audiência especial com o papa.

A polícia do Vaticano prendeu o mordomo pessoal do papa, Paolo Gabriele, em 23 de maio de 2012, após cartas e documentos confidenciais endereçados ao papa e a outros oficiais do Vaticano terem sido descobertos em seu apartamento. Ele foi acusado de ser o espião que vazou cópias dos documentos para Nuzzi, já que os documentos

---

[196] Michael Day, "Vatileaks: Hunt is on to find Vatican Moles", em *Independent*, 28 de maio de 2012.

[197] Em inglês no original: *His Holiness: the secret papers of Benedict XVI* [Gianluigi Nuzzi. *Sua Santidade: as cartas secretas de Bento XVI*. Rio de Janeiro: Editora Leya Casa da Palavra, 2013] – NT.

encontrados no apartamento de Gabriele eram compatíveis com os documentos que haviam sido vazados nos cinco meses anteriores. Uma semana depois, o papa publicamente reconheceu o escândalo: "Os acontecimentos dos dias recentes sobre a Cúria e meus colaboradores trouxeram tristeza ao meu coração. [...] Eu quero renovar minha confiança e meu incentivo aos meus colaboradores mais próximos e a todos os que cada dia, com lealdade e um espírito de sacrifício e em silêncio, me ajudam a cumprir meu ministério".[198] Em seu julgamento, Gabriele admitiu a culpa por furtar os documentos papais, mas afirmou que o fizera para expor e combater a corrupção dentro da Igreja. Em 6 de outubro, ele foi declarado culpado de furto e recebeu uma sentença de oito anos de prisão, que foi então comutada em dezoito meses cumulada com multas.

No meio do escândalo do Vatileaks, o constrangido Papa Bento secretamente nomeou três de seus cardeais confiáveis para investigar o Vatileaks e relatar-lhe irregularidades financeiras, rumores de chantagem e cardeais e funcionários curiais sexualmente imorais. A comissão formada por esses três homens era liderada pelo Cardeal Julián Herranz Casado, do Opus Dei, e incluía o Cardeal Jozef Tomko e o Cardeal Salvatore de De Giorgi. Em 17 de dezembro de 2012 (o aniversário do Cardeal Bergoglio), os três cardeais apresentaram um dossiê de trezentas páginas ao Papa Bento XVI em sigilo estrito. Esse dossiê detalhado (supostamente guardado em uma ou duas pastas vermelhas) descrevia os hierarcas do Vaticano sendo vestidos em roupas femininas com detalhes obscenos por garotos de programa italianos. Ele também confirmou irregularidades financeiras desenfreadas em todo o Vaticano. O Papa Bento citou o dia 17 de dezembro de 2012 como o dia em que ele formalmente decidiu renunciar. O conteúdo da pasta vermelha era simplesmente demais para o pontífice envelhecido. O Papa Bento pessoalmente visitou seu mordomo, Paolo Gabriele, e o perdoou em 22 de dezembro de 2012. Será que Bento XVI agora percebe que o escândalo do Vatileaks via Gabriele era uma bênção disfarçada?

Em 1º de janeiro de 2013, os caixas eletrônicos na Cidade do Vaticano pararam de funcionar, já que o Deutsche Bank fechara suas contas no Banco do Vaticano em 31 de dezembro de 2012. A Capela

---

198 Associated Press, "Pope Breaks Silence over Vatileaks Scandal", 30 de maio de 2012.

Sistina podia apenas processar dinheiro para recibos de ingressos.[199] Então, em 11 de fevereiro de 2013, o Papa Bento XVI anunciou que ele iria formalmente renunciar ao papado. Naquela noite, um agouro apareceu quando a luz atingiu o domo da Basílica de São Pedro.

Na manhã seguinte, 12 de fevereiro de 2013, o grupo suíço Aduno assumiu a operação dos caixas eletrônicos do Vaticano, evitando a regulação italiana e européia. O tempo entre o anúncio do papa e o novo controle de Aduno não pode ser coincidência, dados o escândalo e a intriga dos meses precedentes. Algo aconteceu entre 17 de dezembro de 2012, quando o papa recebeu o dossiê na pasta vermelha, e 1º de janeiro de 2013, quando os caixas eletrônicos do Vaticano pararam de funcionar.

Em 28 de fevereiro de 2013, o inimaginável ocorreu: o Papa Bento XVI renunciou ao papado e foi embora em um helicóptero enquanto o mundo observava, perplexo. Bento foi o primeiro papa a renunciar desde o Papa Gregório XII em 1415, quase 598 anos antes. Diferentemente do Papa Gregório XII, este papa declarou que ele iria ser chamado papa emérito, e continuaria a vestir a batina branca, os múleos vermelhos e o anel papal.

---

199 Rachel Sanderson. "O escândalo no Banco do Vaticano: uma investigação de 11 Meses do FT revela a extensão da má administração em €5 bilhões em títulos bancários", em *Financial Times*, 6 de dezembro de 2013.

CAPÍTULO XXXI
INFILTRAÇÃO E A ELEIÇÃO DO PAPA FRANCISCO

~

> Eu vi também o relacionamento entre dois papas. Eu vi quão nefastas as conseqüências dessa falsa igreja seriam. Eu a vi aumentar em tamanho; hereges de todo o tipo chegarem à cidade de Roma. O clero local se tornou morno, e eu vi uma grande escuridão. Então, a visão parecia se estender em todos os lados. Todas as comunidades católicas estavam sendo oprimidas, assediadas, confinadas e privadas de sua liberdade. Eu vi muitas igrejas fechadas, grandes misérias em todo lugar, guerras e derramamento de sangue. Uma multidão selvagem e ignorante agiu de forma violenta. Mas não durou muito. [...] Uma vez mais eu vi que a Igreja de Pedro era enfraquecida por um plano desenvolvido pela seita secreta [maçons], ao passo que tempestades a estavam danificando. Mas eu vi também a ajuda vindo quando a angústia havia atingido o seu ápice. Eu vi novamente a Santa Virgem ascender sobre a Igreja e espalhar seu manto.
>
> — Santa Anna Catarina Emmerich, Alocução de 13 de maio de 1820

Como instruído, os cardeais se reuniram na Cidade Eterna para a eleição do próximo papa durante um conclave que durou de 12 a 13 de março de 2013. Para o espanto dos cardeais, um papa válido deixara a Sé de Pedro *vacante* e, enquanto ainda vivo, chamou-os para eleger outro. Havia 207 cardeais durante a *sede vacante*, com 117 abaixo da idade de oitenta anos e aptos a votar. Apenas 115 participaram, porque o Cardeal Julius Darmaatmadja da Indonésia estava impedido, pela deterioração da sua vista, e o Cardeal Keith O'Brien da Escócia, por causa de sua admitida má conduta sexual com padres.

Na primeira votação de 12 de março, os líderes prováveis foram posteriormente relatados por *La Repubblica* como sendo:

Angelo Scola – 35 votos
Bergoglio – 20 votos
Ouellet – 15 votos

O Cardeal Scola era visto como um conservador seguro para seguir os passos de Bento XVI. Após duas votações na manhã seguinte, nenhum progresso havia sido feito, e o Cardeal Ouellet supostamente pediu a seus apoiadores que transferissem seus votos para o Cardeal Bergoglio nas votações posteriores. Teoricamente, isso situaria Scola em 35 votos e Bergoglio em 35 votos. Naquela tarde, na quarta votação, Bergoglio tinha a maioria (mais de 58 votos), mas não ainda os 77 votos requeridos para obter a maioria de dois terços.

Na quinta e última votação, os cardeais aderiram ao líder claro. Bergoglio recebeu noventa votos (treze a mais do que o necessário). De acordo com o Cardeal Seán Brady da Irlanda, irromperam aplausos durante a contagem de votos quando a conta de Bergoglio atingiu os 77 votos.[200] Às 19:06, horário da Itália, fumaça branca evolou-se da Capela Sistina, e o soar dos sinos indicou que os cardeais haviam eleito com sucesso um papa. Bergoglio apareceu sem-cerimônia na sacada da Basílica de São Pedro como Papa Francisco, e, em uma inversão de papéis, ele pediu à multidão abaixo que orasse por ele. Parado perto dele estava o Cardeal Danneels, o homem que admitira a existência de uma "máfia" para eleger Bergoglio. O Cardeal Murphy-O'Connor, também membro da Máfia de Sankt Gallen, contou ao *La Stampa* e ao *Independent* que "quatro anos de Bergoglio serão o suficiente para mudar as coisas".[201] Mais tarde, até o Cardeal McCarrick confessou que "um cavalheiro italiano influente [...] um homem muito brilhante, muito influente em Roma" o visitou no seminário onde McCarrick estava em Roma e disse: "E quanto a Bergoglio? [...] Ele poderia fazê-lo, você sabe, reformar a igreja". E então McCarrick

---

200 John Allen Jr., "Path to the Papacy: 'Not Him, Not Him, Therefore Him'", em *National Catholic Reporter*, 17 de março de 2013.

201 Paul Vallely, "Pope Francis Puts People First and Dogma Second. Is This Really the New Face of Catholicism?", em *The Independent*. 31 de julho de 2013.

promoveu a causa de Bergoglio entre os cardeais antes da eleição.[202] Missão cumprida para a Máfia de Sankt Gallen: finalmente eles entregaram ao mundo uma "revolução em tiara e pluvial", como havia sido profetizado pelo documento maçom *Alta Vendita* mais de 150 anos antes. Após uma lenta e paciente revolução, eles haviam garantido "um papa de acordo com nosso coração; é uma tarefa principal modelar para esse papa uma geração digna do reino que desejamos".

Os problemáticos ensinamentos do Papa Francisco

Após o Papa Francisco ser eleito em 13 de março de 2013, as coisas mudaram rapidamente. Em 15 de junho de 2013, Francisco designou o Monsenhor Battista Mario Salvatore Ricca — que supostamente mantinha um caso homossexual com o capitão da Guarda Suíça — para prelado do Banco do Vaticano (IOR). Em julho de 2013, o caso de lavagem de dinheiro contra o ex-chefe do Banco do Vaticano, Gotti Tedeschi, foi subitamente abandonado. O pontificado do Papa Francisco tem sido documentado em detalhes por outros autores, representando uma forte virada para o ecumenismo, globalismo, imigração e socialismo. Suas encíclicas e ensinamentos salientam o ambientalismo (*Laudato si'*), a redistribuição de riqueza pelos governos, a flexibilização da moralidade sexual e uma suprema ênfase em colocar a própria consciência acima do dogma católico.

A *Amoris Laetitia* do Papa Francisco recebeu críticas consideráveis por afirmar: "Ninguém pode ser condenado para sempre, porque essa não é a lógica do Evangelho! Aqui eu não estou falando apenas dos divorciados e casados em segunda união, mas de qualquer um, em qualquer situação em que esteja".[203] A afirmação pressupõe que o Inferno não seja eterno — uma doutrina ensinada por Giordano Bruno, cuja estátua fora erguida em Roma apenas um século antes. A *Amoris laetitia* do papa também abriu o caminho para que os católicos civilmente divorciados e casados em segunda união recebessem absolvição e Santa Comunhão embora permanecessem sexualmente

---

202 Elizabeth Yore, "Was Predator Cardinal McCarrick a Key U.S. Lobbyist for Pope Francis' Election?". LifeSite News, 27 de junho de 2018.

203 Papa Francisco, Exortação apostólica pós-sinodal sobre o amor na família *Amoris Laetitia* (19 de março de 2016), nº 297.

ativos.²⁰⁴ Em 19 de setembro de 2016, quatro cardeais, o italiano Carlo Caffarra, o norte-americano Raymond Burke e os alemães Walter Brandmüller e Joachim Meisner, formalmente exigiram esclarecimento do papa a respeito do que parecia ser um ensinamento herético. O papa não respondeu à *dubia* deles.

O Papa Francisco explicitamente afirmou que Deus deseja que alguns violem a lei moral quando não conseguem atingir o ideal cristão.²⁰⁵ Ele também ensinou que Deus divina e sabiamente deseja a "diversidade e a pluralidade de religiões" com a mesma vontade "pela qual ele criou os seres humanos".²⁰⁶ Além disso, o Papa Francisco apoiou o Plano das Nações Unidas para 2030 referente ao ambientalismo, direitos reprodutivos e controle populacional.²⁰⁷ Sua visão de mundo e sua filosofia são essencialmente aquelas de um membro oitocentista da Carbonari maçônica.

São Pio X teria posto o Papa Francisco sob a proibição do modernismo. Como podemos ter dois papas em contradição teológica?

---

204 Papa Francisco, *Amoris Laetitia*, n° 301, 303, 305 e notas em 329 e 351.

205 Em *Amoris Laetitia*, n° 303, o Papa Francisco afirma que um ato pecaminoso, enquanto a "mais generosa resposta que pode ser dada a Deus [...] é o que o próprio Deus está pedindo". Isso insinua que Deus esteja pedindo um ato objetivamente pecaminoso que "não corresponde objetivamente às demandas gerais do Evangelho". Alguns procuraram justificar essa linguagem apelando para São Tomás de Aquino, em *Summa theologiae* I-II q. 19, art. 5, onde se lê: "Mas quando a razão errante propõe algo como sendo comandado por Deus, então desprezar o ditado da razão é desprezar o comando de Deus". Em *Amoris* 303, porém, Francisco não fala da consciência que erroneamente pensa que "algo é exigido por Deus"; ele fala de algo "que não corresponde objetivamente às demandas gerais do Evangelho".

Então, de acordo com São Tomás, se um homem verdadeiramente pensa que ter duas esposas é o que Deus exige, e ele se casa com duas esposas, ele não é culpável. Se ele sabe, porém, que Deus exige a monogamia e, não obstante, escolhe ter duas esposas, ele não pode (como supõe Francisco) justificar isso como "a mais generosa resposta" possível no momento, dizendo que "isso é o que Deus pede no momento", e manter duas esposas.

206 "O pluralismo e a diversidade de religião, cor, sexo, raça e linguagem são desejados por Deus em Sua sabedoria, através da qual Ele criou os seres humanos [El pluralismo y la diversidad de religión, color, sexo, raza y lengua son expresión de una sabia voluntad divina, con la que Dios creó a los seres humanos]. Essa sabedoria divina é a fonte da qual o direito de liberdade de crença e o direito de ser diferente derivam. Portanto, o fato de que um povo seja forçado a aderir a uma certa religião ou cultura deve ser rejeitado, assim como a imposição de uma forma de vida cultural que outros não aceitam". Papa Francisco, "Document on Human Fraternity for World Peace and Living Together" (5 de fevereiro de 2019).

207 Observações do Papa Francisco aos participantes da Conferência Internacional "Religions and the Sustainable Development Goals (SDGs): Listening to the Cry of the Earth and of the Poor", organizado pelo Dicastério para a Promoção Integral do Desenvolvimento Humano e pelo Concílio Pontifício para o Diálogo Inter-religioso, Novo Salão Sinodal do Vaticano, 8 de março de 2019. Lydia O'Kane, "Pope: Sustainable Development Rooted in Ethical Values", *Vatican News*, 8 de março de 2019.

CAPÍTULO XXXII
RESOLVENDO A CRISE CORRENTE

~

Aonde nos levam a conspiração da Máfia de Sankt Gallen e a eleição e ensinamentos do Papa Francisco?

Existem algumas opções para católicos tentando encontrar algum sentido nisso.

Tornar-se um católico modernista

A solução mais popular e divulgada é simplesmente aceitar que o Papa Francisco e a tendência modernista desde o final dos anos 1950 é o verdadeiro e correto caminho desejado pelo Deus Todo-Poderoso. Papas anteriores rejeitaram o ecumenismo e queimaram hereges na fogueira; o Papa Francisco, porém, ensina que Deus deseja a pluralidade e a diversidade de religiões. Já que o Catecismo de Trento, o Papa Pio XI, o Papa Leão XIII e o Papa Pio XII afirmaram e defenderam a pena de morte, por que não admitir que o Papa Francisco corretamente contradisse os papas anteriores, ao ensinar que a pena de morte é inadmissível?

O Papa Francisco ensina que os divorciados e os casados em segunda união podem permanecer católicos e receber a Santa Eucaristia e os demais sacramentos. Já o Papa Clemente VII vigorosamente se opôs à tentativa do Rei Henrique VIII de se casar novamente e não cedeu durante o conflito que iria criar a Igreja da Inglaterra e perder essa nação européia inteira para o protestantismo. O Papa Pio V ainda resistiu à Igreja da Inglaterra e criou uma forte hostilidade que levou a guerras e a uma cadeia de martírios.

Os católicos modernistas dizem que o Papa Francisco está certo e que o Papa Clemente VII e o Papa Pio V estão mortos e errados. E quando o Papa Leão X e seus sucessores condenaram Martinho Lutero, eles o fizeram erroneamente, já que o Papa Francisco publicamente elogiou Lutero e até mesmo emitiu um selo da Cidade do Vaticano em sua homenagem. Tudo isso exige que nós reconheçamos que o Papa Francisco formalmente discorda dos papas e Concílios anteriores, e que ele está correto. Em outras palavras, por que não confessar que o espírito do Vaticano II não é nenhum outro que não o do Espírito Santo? Os modernistas verdadeiramente acreditam que a nova liturgia, o novo Código de Direito Canônico, a nova teologia e os novos papas são superiores àqueles dos dezenove séculos anteriores. Por que não se alegrar em viver na era do Novo Pentecostes?

Os católicos mais sérios e informados não podem ingerir essa pílula.

O catolicismo é uma religião perene, e por sua natureza não pode mudar ou se contradizer. Certos cardeais e bispos podem agir como se o catolicismo após o Concílio[208] fosse um "novo advento" na história da Igreja, mas conhecer a história é deixar de ser modernista. Então, com a recusa a aceitar a versão modernista do catolicismo como intelectualmente honesta, deve-se encontrar uma nova narrativa.

Eu apresento as seguintes soluções para a atual crise eclesiástica.

Tornar-se um ateu

Já que há uma ruptura aparente entre os papados recentes e os papados e concílios anteriores, pode-se simplesmente ceder e confessar que o catolicismo e o cristianismo como um todo foram meramente acidentes da história ocidental e a mais bem-sucedida religião mundial até a presente data. O catolicismo foi capaz de persistir e envolver o globo ao fugir da fumaça do Império Romano decadente. Recentes avanços na ciência e na sociologia revelam que conceitos tais como criação, pecado original, curas, possessão demoníaca, ressurreição e

---

208 Vaticano II – NT.

vida após a morte são tentativas do homem pré-moderno para compreender seu misterioso mundo pré-científico. Ao invés de tentar impor à nossa moderna visão científica um sistema medieval como o catolicismo, por que não simplesmente rejeitá-lo completamente? O ateísmo fácil e rapidamente explica a disjunção vivenciada por católicos contemporâneos.

De minha parte, eu não posso aceitar o ateísmo, porque eu encontrei pessoalmente Cristo, Sua Abençoada Mãe e os santos em minha vida. Eu também continuo completamente convencido da existência de Deus e de Sua completa revelação de Si mesmo na Pessoa encarnada de Nosso Senhor Jesus Cristo. Então, as remanescentes opções são as seguintes.

Aceitar a posição protestante

A próxima possibilidade é aceitar o antigo testemunho bíblico sobre Jesus Cristo encontrado na Escritura Sagrada, mas rejeitar o aparato histórico que nós conhecemos como a instituição da Igreja Católica. Como Martinho Lutero ensinou, nós podemos gozar um encontro direto com Jesus Cristo através da *fé somente*, sem a mediação de papas, padres ou sacramentos. A autoridade pedagógica para o cristão é encontrada não nos antigos concílios, bulas papais ou encíclicas, mas apenas na pura Palavra de Deus.

Por razões que expliquei em meus livros *O Rabi crucificado*[209] e *A perspectiva católica sobre Paulo*,[210] eu me converti do protestantismo ao catolicismo por causa do patente testemunho da Sagrada Escritura a respeito da redenção mediada de Cristo através de sacramentos que Ele instituiu e através do clero na apostólica sucessão por Ele ordenada. Ademais, Cristo claramente instituiu uma Igreja antes da composição e canonização da Bíblia Sagrada. Por essa razão, o protestantismo não é uma opção válida.

---

209 Original: *The crucified Rabbi* – NT.

210 Original: *The catholic perspective on Paul* – NT.

Aceitar a posição ortodoxa oriental

Outra opção tentadora diante de nós é aceitar que a ortodoxia oriental está certa a respeito do papado — que o papado errou no passo e continua a errar. Assim, o papado nunca foi infalível e nunca possuiu jurisdição universal suprema. O Concílio Vaticano I errou gravemente nesse assunto. Ao invés disso, a autoridade magisterial na Igreja Ortodoxa é estabelecida apenas por concílios ecumênicos, incluindo o papa como patriarca de Roma na união com as antigas sés patriarcais do Leste. Dessa forma, a eclesiologia e os sacramentos bíblicos são retidos, mas o bispo de Roma é derrubado de seu pedestal ultramontano.

Essa posição é insustentável pelas razões que apresentei em meu livro *A Cidade Eterna*.[211] A supremacia e o papel universal da cidade de Roma não são um acidente histórico. Ao contrário, a origem romana e a estrutura da Igreja Católica são explicitamente profetizadas no Antigo Testamento pelo profeta Daniel, quando ele descreve o Filho do Homem e seus santos recebendo o Quarto Reino de Roma e Seu próprio reino da Igreja. Como demonstrado em *A Cidade Eterna*, a Igreja de Roma assumiu a jurisdição universal a partir do segundo século, mesmo tendo supostamente excomungado dezenas de sés na Anatólia na Controvérsia Quartodecimana. A ortodoxia oriental, embora atraente em nossa situação contemporânea, não explica a Escritura na história. Ademais, a ortodoxia já aprovou eclesiasticamente divórcio, novo casamento e contracepção. Parece-me que o Papa Francisco na verdade sustenta a posição da ortodoxia oriental sobre o papado, colegialidade, divórcio e a noção "pastoral" de *economia* renovada como sendo verdade para a consciência.

Aceitar a posição sedevacantista

Uma posição com crescente e entusiasmado apoio é aquela do sedevacantismo. Os sedevacantistas sustentam que o Conclave Papal de 1958 foi irregular, já que a fumaça branca e o soar dos sinos indicaram uma eleição papal, mas nenhum papa apareceu naquela ocasião.

---

211 Original: *The Eternal City* – NT.

Eles apontam para essa estranheza e suspeitam que o Cardeal Siri tenha sido validamente eleito, mas pressionado a renunciar com base em uma falsa retórica. Ninguém sabe exatamente o que aconteceu no Conclave de 1958, mas os sedevacantistas resolutamente afirmam que o Cardeal Roncalli não foi eleito validamente como Papa João XXIII — seja porque ele fosse um maçom e um herege, seja porque a eleição em si fosse inválida. Eles também observam que o Terceiro Segredo de Fátima deveria ser revelado em 1960 e acreditam que João XXIII se recusou a revelá-lo porque o Segredo indicou que ele era um antipapa ou alertava a Igreja da iminência de um concílio falso e herético.

O sedevacantismo é atraente porque, de uma só vez, todos os problemas de infiltração, modernismo, Vaticano II, novas liturgias de Paulo VI e um papa beijando o Corão desaparecem. Quando um católico pergunta: "Como pôde o papa [insira-se o nome de um papa desde 1958] fazer ou dizer tal coisa?", o sedevacantista tranqüilamente responde: "Porque ele não é e nunca foi um verdadeiro papa. A resposta é que um verdadeiro papa jamais faria ou diria tal coisa". Eu tenho visto um número crescente de jovens, temerosos da liturgia e doutrina afeminadas pós-conciliares, aderindo ao sedevacantismo como uma solução lógica, calma e estóica para o caos eclesiástico.

O sedevacantismo se originou sobretudo no final dos anos 1970, quando o teólogo tomista Padre Michel-Louis Guérard des Lauriers propôs a "Tese Cassiciacum", também conhecida como sedeprivacionismo. Guérard des Lauriers servira como consultor teológico do Papa Pio XII para o dogma da Assunção de Maria em 1950. Ele foi o confessor sacramental de Pio XII antes de ser substituído pelo Cardeal Bea. Guérard também foi um autor participante da Intervenção de Ottaviani, e ele era um disposto colaborador do Arcebispo Lefebvre. Sua hipótese supôs que Paulo VI fosse, de fato, o papa material e formalmente, mas, devido à heresia, faltava-lhe o carisma formal do papado. O papa era *privado* de algo, e assim a posição ficou conhecida como sedeprivacionismo.

Em 1980, muitos estavam entusiasmados com essa *Tese Cassiciacum*, mas não o Arcebispo Lefebvre. Logo, em 1981, Guérard des Lauriers se separou de Lefebvre e recebeu a consagração episcopal. Em 1984, nove padres da SSPX nos Estados Unidos romperam com Lefebvre e estavam professando não apenas sedeprivacionismo (a crença de que falta ao papa atual o papado formal), mas sedevacantismo completo (a crença de que o papa atual não é válido absolutamente).

Minha objeção ao sedevacantismo é dupla: os sedevacantistas não apresentam uma narrativa teológica consistente sobre a origem da crise (sem um papa), e lhes falta também uma solução consistente para a restauração formal do papado na terra. O sedevacantismo ensina que, de 1958 até cerca de 1980, 100% dos cardeais que estiveram presentes no Conclave de 1958, 100% dos bispos e 100% dos leigos foram induzidos a se submeterem a antipapas e à sua doutrina, sem um verdadeiro papa na terra como seu rival válido. De acordo com o sedevacantismo, todo bispo católico, incluindo o Cardeal Ottaviani, o Arcebispo Lefebvre e o próprio Arcebispo Thuc seguiram e se submeteram a um antipapa durante suas vidas inteiras ou pelo menos por muitos anos.

Por volta de 1980, alguns padres e leigos começaram a acordar para o fato de que a Igreja Católica existira em um interregno sem um papa real por vinte anos! Ademais, essa súbita crise eclesiástica não foi assinalada por uma aparição mariana próxima, milagres, profecias por santos padres ou sinais e maravilhas. Até mesmo o Padre Pio de Pietrelcina, que falava regularmente com Jesus, Maria, os santos e as almas santas, falhou em perceber que João XXIII e Paulo VI eram antipapas! Isso basta para a narrativa sedevacantista de origem.

O segundo problema com o sedevacantismo é que lhe faltam meios de restaurar o papado na terra. Se não tem havido um papa válido desde 1958, então não há cardeais válidos sobre a terra. Portanto, o processo canônico que elegeu o Papa Pio XII em 1939 e seus sucessores previamente não é mais uma opção. Qualquer conclave papal futuro de acordo com o direito canônico é agora uma impossibilidade.

Quando os sedevacantistas são pressionados a responder como a corrente crise eclesiástica será resolvida com um novo papa, eles apresentam uma variedade de especulações. Alguns dizem que é o fim dos tempos e que não haverá jamais um papa válido novamente. Outros dizem que anjos ou o Espírito Santo descerão sobre um homem, e isso irá indicar à Igreja que ele é o verdadeiro papa. Alguns apelam para revelações privadas que afirmam que São Pedro e São Paulo deverão aparecer dos céus e pessoalmente delegar um homem como papa. Porém, nenhuma dessas resoluções é encontrada na Escritura ou na Tradição da Igreja Católica. O clero de Roma tem sempre eleito o papa, e os cardeais são o clero titular eleitor de Roma. Alguns sedevacantistas recorrem ao ensinamento de que o clero de Roma irá um dia eleger um papa futuro, e, porém, eles ensinam que todos os clérigos de Roma são modernistas com ordenações inválidas. Conseqüentemente, já que os sedevacantistas não conseguem elaborar uma narrativa de origem consistente e não conseguem prover meios pelos quais a crise corrente possa ser resolvida com um futuro papa válido e ortodoxo, ela é uma posição teológica insustentável. Está enfraquecida em ambas as extremidades. Pode-se desejar que ela seja verdadeira, mas isso não a torna verdadeira.

Aceitar a posição resignacionista: seria Bento ainda papa?

Já que Ratzinger escolheu reter o título de papa e continuou a se vestir e a abençoar como papa, muitos fiéis concluíram que o Papa Bento permanece sendo papa e que o Papa Francisco é um antipapa sem o carisma e a proteção do papado. Isso ocorre porque o pontificado de Francisco é tão fora dos trilhos.

A teoria resignacionista tem encontrado adeptos desde a eleição do Papa Francisco em 2013. Essa posição é muito mais palatável e socialmente aceitável do que a posição sedevacantista crua que remete a 1958. Ademais, essa posição não é absolutamente sedevacantista, já que sustenta que o Papa Bento é ainda no tempo presente o verdadeiro papa regente na terra.

Existem duas versões da hipótese resignacionista. A versão mais popular é que o Papa Bento XVI foi submetido a pressão ou a chantagem em 2012, no contexto da controvérsia do Vatileaks, que eu descrevi anteriormente. O Can. 332, § 2º, afirma que um papa deve renunciar livremente: "Se acontecer que o Pontífice Romano renuncie ao cargo, é requerido para a validade que ele faça a renúncia livremente, e que ela seja devidamente manifestada, mas não que ela seja aceita por alguém". Além disso, o Can. 188 afirma: "Uma renúncia provocada por grave medo infligido injustamente ou por malícia, erro substancial ou simonia é inválida pela própria lei". Aqui novamente temos uma explicação que diz que uma renúncia provocada por grave medo é inválida. Logo, se se puder mostrar que o Papa Bento não renunciou livremente, mas sob pressão ou grave medo, sua renúncia seria inválida.

Uma segunda versão do resignacionismo cita o Can. 188 no que diz respeito ao fato de que "erro substancial", somente, torna uma renúncia inválida. Essa versão afirma que Ratzinger, anteriormente ao seu papado, acreditou falsamente que este poderia ser expandido ou compartilhado por mais de um ocupante, e que o *ministerium* (ministério) do papado pode ser separado do *munus* (ofício) do papado. A despeito da renúncia formal, os defensores dessa posição citam as palavras do papa de que ele quis reter uma porção do papado:

> Minha decisão de renunciar ao exercício ativo do ministério não o revoga. Eu não retorno à vida privada, a uma vida de viagens, encontros, recepções, conferências e assim por diante. Eu não estou abandonando a cruz, mas permanecendo de uma nova maneira ao lado do Senhor crucificado. Eu não mais carrego o poder do ofício para a governança da Igreja, mas no serviço da oração eu permaneço, por assim dizer, na clausura de São Pedro.[212]

Os resignacionistas argumentam que Bento renunciou ao *ministerium* do papado, mas erroneamente acreditou que ele ainda retinha o *munus* do papado. Ele permaneceu dentro da "clausura de São Pedro". Já que Bento incorreu em "erro substancial" em sua renúncia com relação a *ministerium* e *munus*, o Can. 188 se aplica e torna essa renúncia inválida. Ele continua sendo papa, sabendo-o ou não. Muitos resignacionistas afirmam que Bento apenas finge não o saber, mas que ele astutamente veste a batina branca papal para afirmar seu status ininterrupto de papa e bispo de Roma.

Minha resposta a ambas as versões do resignacionismo é que nós não sabemos se Bento renunciou sob pressão ou medo. Ele afirma que não, e, sem informações adicionais, nós não podemos afirmar o contrário. A segunda versão, que considera o Can. 188 e o "erro substancial", é mais convincente. Essa hipótese, porém, equivocadamente presume, desde o começo, que a falsa divisão de *ministerium* e *munus* na mente de Ratzinger seja uma divisão ontológica real. Não é. O *ministerium* do papado é um e o mesmo com o *munus* do papado. Mesmo se Bento subjetivamente mantivesse no momento de sua renúncia uma falsa doutrina que sustentasse uma divisão entre *munus* e *ministerium*, nós não podemos prová-lo. Nós podemos apenas alegá-lo.

---

212 Bento XVI, Audiência Geral, 27 de fevereiro de 2013.

Porém, mesmo se Bento de fato sustentasse essa dicotomia falsa de *munus* e *ministerium* papais no momento de sua renúncia, isso ainda não invalidaria esta. O Can. 188 de fato se refere a erro substancial mental interior, *mas a erro substancial na própria renúncia atual*. Alguém pode ler a renúncia de Bento e constatar que ele claramente renuncia ao *ministerium*, e, na teologia católica, o *ministerium* e o *munus* petrinos são um e o mesmo ofício. Bento pode ter subjetivamente pensado de outra forma, mas objetivamente, no papel, ele apresentou uma renúncia válida ao ministério do papado. Ele recebe um A+ pela clareza ao descrever a qual ofício renuncia. Não há erro subjetivo no documento da renúncia objetiva de Bento:

> Por essa razão, e bem ciente da seriedade desse ato, com total liberdade eu declaro que eu renuncio (*renuntiare*) ao ministério (*ministerio*) do Bispo de Roma, Sucessor de São Pedro, confiado a mim pelos Cardeais em 19 de abril de 2005, de tal maneira que, a partir de 28 de fevereiro de 2013, às 20 horas, a Sé de Roma, a Sé de São Pedro, será vacante (*vacet*) e um Conclave para eleger o novo Supremo Pontífice haverá de ser convocado por aqueles a quem competir fazê-lo.

Aqui, Bento renuncia ao ministério do "Bispo de Roma, Sucessor de São Pedro, confiado a ele pelos Cardeais", que ele recebeu na data de sua eleição. Ele é preciso em relação ao que está renunciando: o ofício que recebeu em 19 de abril de 2005. Bento também explicitamente afirma que "a Sé de Roma, a Sé de São Pedro, será vacante". Se ele julgasse ainda ser de alguma maneira papa, então a Sé de São Pedro não seria vacante, mas ocupada. Nesse documento de renúncia, Bento usa o termo *munus* duas vezes e *ministerium*, três. É óbvio, no documento, que as palavras se referem a uma e à mesma realidade — aquele ofício que ele mantinha desde a data de sua eleição como papa. A hipótese resignacionista não corresponde ao texto objetivo.

O resignacionismo também cria mais dois problemas eclesiásticos que não podem ser resolvidos. Primeiro, o Papa Francisco empilhou o colégio de cardeais com seus próprios nomeados. Quando Bento e Francisco morrerem, como irá um conclave válido eleger um novo papa, se Francisco, sendo um antipapa, invalidamente nomeou a maioria dos cardeais? O resignacionismo torna todos os cardeais de Francisco cardeais inválidos. Um conclave incluindo cardeais inválidos seria ele mesmo inválido.

Segundo, os católicos são obrigados a participar apenas daquelas Missas que comemoram o verdadeiro papa e seu bispo local. Qualquer Missa que não comemore o verdadeiro papa e o bispo local é cismática *de facto*. O resignacionismo equivocadamente atribui à consciência dos fiéis a tarefa árdua de saber quais são as Missas nas quais Francisco não é chamado ou na qual Bento é chamado. Isso é uma impossibilidade prática, e força os católicos a se unirem a uma Missa em união com um falso antipapa, o que é repulsivo à piedade e tradição católicas. O Papa Bento apresentou uma renúncia clara e válida, e sem evidência de que ele foi forçado a renunciar sob pressão, devemos concluir (com todos os cardeais vivos) que o Papa Bento não é mais um verdadeiro papa.

Aceitar a posição reconhecer e resistir

A posição "reconhecer e resistir" remonta aos anos 1960 nas pessoas do Cardeal Ottaviani e do Arcebispo Lefebvre. Eles e outros reconheceram que o papa e os bispos de seu tempo eram válidos, mas que estes haviam incorrido em erro em vários assuntos. Já que nenhum papa desde 1950 exerceu seu magistério extraordinário ao declarar qualquer coisa infalível *ex cathedra*, o católico pode de boa-fé e consciência resistir a erros pronunciados por um papa no Twitter, em um avião ou mesmo em um documento papal.

Essa posição de "reconhecer e resistir" se aplica ao Vaticano II também. Como explicado previamente, o Papa Paulo VI, no encerramento do Vaticano II, explicitamente afirmou, acerca do Concílio: "O magistério da Igreja não quer se pronunciar sob a forma de pronunciamentos dogmáticos extraordinários".[213] Meses depois, Paulo VI ensinou: "Em vista da natureza pastoral do Concílio, evitou-se proclamar de maneira extraordinária qualquer dogma que carregue a marca da infalibilidade".[214] Já que o Vaticano II não carrega a marca de infalibilidade ou do magistério extraordinário, um católico pode afirmar, sem incorrer em impiedade, que o Concílio pode ter cometido erros.

---

213 Papa Paulo VI, Discourse closing Vatican II, 7 de dezembro de 1965.
214 Papa Paulo VI, Audiência de 12 de janeiro de 1966.

A terminologia de resistência deriva da versão Vulgata Latina da linguagem de São Paulo em Gl 2, 11: *Cum autem venisset Cephas Antiochiam, in faciem ei restiti, quia reprehensibilis erat.* "Quando, porém, Cefas veio para Antioquia, eu resisti (*restiti*) a ele, porque ele era repreensível". Aqui, São Paulo *reconhece* a autoridade de Cefas (São Pedro) como um papa válido e verdadeiro, mas ainda *resiste* a ele em defesa do Evangelho.

A posição "reconhecer e resistir" aparece em uma variedade de matizes. É possível encontrar bispos diocesanos conservadores que celebram o *Novus Ordo* da Missa e às vezes louvam o Vaticano II, mas que também resistem a certas afirmações e ações do papa. Prelados tais como Cardeal Burke, Cardeal Sarah, Cardeal Brandmüller e o Bispo Athanasius Schneider representam essa posição moderada "reconhecer e resistir", com reverência ao papa e à Cadeira de Pedro.

Talvez mais estritamente, há padres e leigos tradicionais que se afiliam à posição "reconhecer e resistir" ao participar da Missa Latina de 1962 em paróquias diocesanas ou em paróquias servidas pela Fraternidade Sacerdotal de São Pedro, o Instituto de Cristo Rei ou outros corpos canonicamente aprovados. Nesses círculos, há discussões e debates francos sobre problemas em certas frases ou documentos do Concílio Vaticano II e posteriores afirmações papais. Esses tradicionalistas são comumente apoiadores e admiradores do testemunho de homens tais como o Cardeal Burke e o Bispo Schneider, e buscam cooperar com eles. O exemplo mais estridente de "reconhecer e resistir" é aquele do Arcebispo Marcel Lefebvre, que inaugurou a posição em um movimento global após o Vaticano II. De maneira controversa, Lefebvre resistiu até à censura papal e à excomunhão — negando sua condição de excomungado por razões canônicas até o dia da sua morte. O Papa Bento XVI fez bastante para restaurar o legado de Lefebvre e regularizar a Sociedade de São Pio X, mas sem sucesso. Para a surpresa de muitos, o Papa Francisco outorgou privilégios e faculdades à SSPX muito além daqueles do Papa Bento, de forma que eles pudessem ser plena e canonicamente regulares.

Eu elenquei cada uma dessas posições de forma caridosa com a firme crença de que essa última posição "reconhecer e resistir" é a única solução que se conforma à Escritura, à Tradição e à nossa crise contemporânea. A Igreja Católica tem sido infiltrada até o topo de todas as formas. Nós temos um papa válido e cardeais válidos, mas nós também recebemos o manto de Santo Atanásio e Santa Catarina de Siena para chamar, respeitosa e reverentemente, certos pais espirituais de volta para Cristo e para a não adulterada Fé Apostólica.

CAPÍTULO XXXIII
ARMAS ESPIRITUAIS CONTRA INIMIGOS DEMONÍACOS

⁓

Afiliar-se a uma reverente posição "reconhecer e resistir" não é suficiente. Esse é o diagnóstico, não o remédio. Nossa vocação é lutar espiritualmente e reconstruir aquilo que tem sido destruído. Como o Papa São Pio X observou: "Em nosso tempo, mais do que em qualquer outro, a principal força dos perversos reside na covardia e fraqueza dos homens bons".[215] Os homens bons devem lançar fora a covardia e a fraqueza e se postar sob o estandarte de Cristo com suas mãos prontas para a batalha. Isso nos remete à história em Neemias sobre os guerreiros que, enquanto construíam a cidade, portavam também as armas.

> Quando souberam os nossos inimigos que tínhamos sido avisados, Deus dissipou o seu desígnio. Nós voltamos às muralhas, cada um à sua obra. Desde aquele dia em diante metade da gente moça trabalhava na obra, e a outra metade estava pronta para a peleja, com lanças, escudos, arcos e couraças; os chefes estavam atrás deles em toda a casa de Judá. Os que edificavam os muros, os que acarretavam e os que carregavam, com uma das mãos faziam a obra, e com a outra pegavam na espada; cada um dos que edificavam tinha a sua espada à cinta. Um que tocava a trombeta estava junto de mim. Eu disse aos magnates, aos magistrados e ao resto do povo: "Esta obra é grande e extensa, e nós estamos separados sobre o muro, longe uns dos outros; em qualquer lugar que ouvirdes o som da trombeta, correi ali a socorrer-nos; o nosso Deus pelejará por nós" (Ne 4, 15–20).

---

215 Papa Pio X, Discurso na beatificação de Santa Joana d'Arc, *Acta Apostolicae Sedis* 1 (1908): 142.

Nossos inimigos não são essencialmente maçons, comunistas, modernistas, Küng, Schillebeeckx ou a Máfia de Sankt Gallen. Nossos inimigos são Satanás e seus demônios, que não morrem. Como em Neemias, "quando souberam os nossos inimigos que tínhamos sido avisados" — quando nossos inimigos perceberam que nós conhecemos seu plano de ataque —, nós precisamos proteger a nós mesmos. O Papa Francisco pode dizer que "construir muros não é cristão", mas Neemias discorda. A Cidade de Deus requer um muro porque estamos diariamente sob ataque.

"Metade da gente moça trabalhava na obra, e a outra metade estava pronta para a peleja, com lanças, escudos, arcos e couraças". Os servos de Deus — nossos bispos e padres — estão construindo (sobre a fundação de Cristo) essa muralha visível defensiva, tijolo por tijolo, através do breviário, do Santo Sacrifício da Missa, da pregação e dos sacramentos. O laicato deve dar-lhes cobertura para que eles concluam seu trabalho, e nós fazemos isso tomando as humildes armas para a batalha espiritual: o rosário, o escapulário, a oração, o jejum, a abstinência de carne, as novenas, a esmola, o Advento e a Quaresma, as têmporas, as vigílias, as Primeiras Sextas-Feiras, os Primeiros Sábados, a castidade sexual, a modéstia, a catequese regular das crianças e o estudo rigoroso das fontes teológicas da nossa fé católica. Nós também devemos atacar com firme doutrina católica e estar em guarda contra toda heresia e cisma em nossos flancos. São Francisco de Sales uma vez afirmou:

> Os inimigos declarados de Deus e de Sua Igreja, hereges e cismáticos, devem ser criticados tanto quanto possível, tendo-se o cuidado de não negar a verdade. É uma obra de caridade gritar: "Aqui está o lobo!" quando ele entra no rebanho ou em qualquer outro lugar.[216]

"Cada um dos que edificavam tinha a sua espada à cinta". O rosário, então conhecido como Saltério de Nossa Senhora, consistindo em 150 Ave-Marias, é a arma que a Beata Mãe deu a São Domingos, e, junto com o Santo Sacrifício da Missa, é nossa mais poderosa arma contra as "perversidades e armadilhas do diabo". Quando o Papa Leão XIII viu demônios se reunirem em Roma, ele não instituiu novas congregações ou políticas. Ele instituiu mais orações para a Mãe de

---

216 São Francisco de Sales, *Introdução à vida devota*, pt. 3, cap. 29.

Deus e para São Miguel, o Príncipe das Hostes Celestiais — *diariamente*. Os demônios zombam de políticas. Mas eles tremem perante a Mãe de Deus e São Miguel.

Finalmente, Neemias lamenta: "Esta obra é grande e extensa, e nós estamos [...] longe uns dos outros". Nossa participação em construir e proteger a Igreja Católica está amplamente dispersa, mas Neemias revela a solução: "Em qualquer lugar que ouvirdes o som da trombeta, correi ali a socorrer-nos; o nosso Deus pelejará por nós". Essa batalha não é nossa. O toque da trombeta é o sino do altar que gentilmente ressoa. Naquele momento silencioso nós nos reunimos a Nosso Senhor Jesus Cristo, que está presente agora e escondido nas santas e veneráveis mãos do padre. Embora amplamente espalhados, naquela preciosa e imaculada hóstia somos reunidos tanto para lutar quanto para encontrar paz.

São José, terror dos demônios, patrono da Igreja, orai por nós.

Este livro é consagrado a Cristo através de Maria *ad majorem Dei gloriam*.

Se vocês tiraram proveito deste livro, por favor, compartilhem-no com sua família e amigos e o avaliem na Amazon.

Por favor, orem uma Ave-Maria pelo autor deste livro.

APÊNDICES

QUEM É QUEM NESTE LIVRO
~

Angeli, Rinaldo. Monsenhor. Secretário privado do Papa Leão XIII. Relata-se que Leão XIII recebeu uma visão misteriosa de espíritos demoníacos se reunindo em Roma. Diz-se que essa visão inspirou o pontífice a escrever a oração a São Miguel.

Balthasar, Hans Urs von. 1905–1988. Cardeal eleito, teólogo, escritor. Suíço. Ele é considerado um dos maiores teólogos e escritores do século XX. Ele foi influenciado em seus primeiros anos por teólogos, como Henri de Lubac, que se desviaram da neo-Escolástica em favor dos ensinamentos dos Pais da Igreja. Balthasar fez a controversa afirmação de que Cristo desceu ao Inferno não como um vitorioso sobre Satanás, mas para experimentar o sofrimento da separação de Deus Pai.

Bea, Augustin. 1881–1968. Cardeal. Alemão. Jesuíta. Primeiro presidente do Pontifício Conselho para a Promoção da Unidade dos Cristãos. Ele foi bastante influente na redação da declaração do Concílio Vaticano II *Nostra Aetate*, referente a religiões não-cristãs, e foi um defensor das relações católico-judaicas.

Bergoglio, Jorge Mario. 1936–presente. Argentino. Jesuíta. Ele foi eleito ao papado em 2013, assumindo o nome de Francisco. Bergoglio tem sido alvo de críticas abertamente dentro da Igreja pela ambigüidade de seus ensinamentos morais e por sua posição sobre a doutrina da Igreja e, especialmente, por possível cumplicidade na cobertura de abuso sexual cometido pelo clero. Uma carta publicada em agosto de

2018 pelo antigo núncio papal Carlo Maria Viganò acusou o pontífice de ter tido conhecimento das décadas de má conduta sexual do Cardeal Theodore McCarrick. A carta pedia ao Papa Francisco que renunciasse. O pontífice se recusou a comentar as acusações de Viganò.

Bugnini, Annibale. 1912–1982. Prelado e arcebispo. Após o Concílio Vaticano II, ele serviu como secretário da Congregação para o Culto Divino, que foi encarregada da implementação da Constituição do Concílio sobre a Liturgia. Em 1976, o escritor italiano Tito Casini publicou uma matéria de uma fonte anônima que afirmou que documentos incriminadores haviam sido descobertos na pasta de Bugnini, indicando o íntimo envolvimento do arcebispo com a maçonaria.

Calvi, Roberto. 1920–1982. Banqueiro. Italiano. Presidente do banco italiano Banco Ambrosiano. Quando o banco faliu em 1982 em meio a acusações de fraude, o presidente do Banco do Vaticano, Paul Marcinkus, foi acusado de participar da atividade ilegal do Banco Ambrosiano. Calvi, que era um membro da Propaganda Due (P2), uma loja maçônica ilegal, foi encontrado pendurado pelo pescoço em uma ponte sobre o Rio Tâmisa em um assassinato ritualizado poucos dias após a irrupção dos escândalos.

Casaroli, Agostino. 1914–1998. Cardeal secretário de estado. Italiano. Designado secretário de estado pelo Papa João Paulo II em 1979. Ele foi o arquiteto-chave dos esforços do Vaticano para pôr fim à agressão comunista contra a Igreja.

Congar, Yves. 1904–1995. Cardeal e teólogo. Francês. Dominicano. Ele é reconhecido como um dos mais importantes teólogos do século XX, especificamente no domínio da eclesiologia. Congar é considerado possivelmente o mais influente colaborador nas declarações do Concílio Vaticano II.

Danneels, Godfried. 1933–2019. Cardeal. Belga. Defensor da "modernização" da Igreja. Ele foi acusado em 2010 de acobertar o caso de abuso sexual do Bispo Roger Vangheluwe. Estando ciente da culpa de Vangheluwe, Danneels escondeu a informação e instou a vítima do bispo a não tornar público o caso. Danneels foi também um membro conhecido da "Máfia" de Sankt Gallen, um grupo secreto de eclesiásticos liberais de alto escalão que energicamente tentou impedir a eleição do Papa Bento XVI em 2005 e que se crê que tenha influenciado o Conclave de 2013 para garantir a eleição do Papa Francisco.

De Chardin, Pierre Teilhard. 1881–1955. Padre, filósofo, paleontólogo. Francês. Jesuíta. Seus escritos sobre a evolução e o destino do homem lhe valeram a desaprovação da Igreja. O Vaticano baniu vários de seus livros, requerendo que as livrarias católicas os removessem, bem como quaisquer livros apoiando as idéias de De Chardin, e ele foi proibido de ensinar. Henri de Lubac escreveu três livros em apoio às idéias de De Chardin nos anos 1960, e De Chardin foi posteriormente elogiado por ambos os Papas Bento XVI e João Paulo II.

De Lubac, Henri. 1896–1991. Cardeal, teólogo e escritor. Francês. Jesuíta. Em 1950, suscitou-se controvérsia a respeito de muitos de seus livros devido ao julgamento do Vaticano de que eles continham erros dogmáticos. Porém, nos anos seguintes, ele continuou a escrever e a publicar sob a censura do Vaticano e se tornou um dos peritos teológicos do Concílio Vaticano II. Posteriormente, junto com o Cardeal Joseph Ratzinger e Hans Urs Von Balthasar, ele fundou o jornal teológico conservador *Communio*.

Dziwisz, Stanisław. 1939–presente. Prelado e cardeal. Polonês. Secretário privado do Papa João Paulo II. Ele serviu como arcebispo da Cracóvia de 2005 a 2016. Além disso, apoiou o fundador da Legião de Cristo, Padre Marcial Maciel, que, como foi revelado, abusou de menores e gerou várias crianças ilegítimas. Alega-se que Dziwisz obstruiu uma investigação sobre a má conduta sexual do Cardeal Hans Hermann Groër, que foi acusado plausivelmente de abusar de múltiplos meninos e monges jovens. Relata-se também que Dziwisz esteve envolvido na nomeação do Cardeal Theodore McCarrick como arcebispo de Washington, D.C., e que recebia doações pecuniárias regularmente de McCarrick.

Guérard des Lauriers, Michel-Louis. 1898–1988. Padre e teólogo. Francês. Dominicano. Confessor do Papa Pio XII. Ele foi o teólogo da *Munificentissimus Deus* do Papa Pio XII, que dogmatizou a Assunção de Maria, e o principal *ghost-writer* da Intervenção de Ottaviani. Des Lauriers foi um forte partidário do movimento sedevacantista, crendo que o Papa Paulo VI era culpado de heresia. Em 1981, ele foi consagrado bispo sem a aprovação do Vaticano pelo ex-arcebispo sedevacantista Pierre Martin Ngô Đình Thuc. Guérard des Lauriers foi posteriormente excomungado.

König, Franz. 1905–2004. Cardeal. Austríaco. Ele serviu como arcebispo de Viena de 1956 a 1985. König enfatizou o ecumenismo e contribuiu de forma significativa para a declaração do Concílio Vaticano II sobre as relações com as religiões não-cristãs, *Nostra Aetate*. Além disso, serviu como um diplomata do Vaticano para países comunistas. König foi essencial para a garantia da eleição pontifical do Papa João Paulo II em 1978, mas ele posteriormente criticou o pontífice por ter rejeitado o espírito progressista do Concílio Vaticano II.

Küng, Hans. 1928–presente. Padre, teólogo, escritor. Suíço. Em 1960, ele foi designado pelo Papa João XXIII como um perito teológico para o Concílio Vaticano II. Porém, em 1979, por sua rejeição pública da doutrina da infalibilidade papal, Küng foi oficialmente privado de sua licença para ensinar teologia católica. Ele é conhecido também por seu trabalho para a criação de uma "ética global" comum entre religiões mundiais, e por suas opiniões liberais controversas sobre eutanásia e suicídio assistido.

Lefebvre, Marcel. 1905–1991. Arcebispo. Francês. Fundador da Sociedade de São Pio X e superior geral da Congregação do Espírito Santo. Lefebvre foi um membro do grupo conservador Coetus Internationalis Patrum durante o Concílio Vaticano II. Ele foi um crítico do *Novus Ordo Missae* de Paulo VI, promulgado em 1969, e um promotor da Missa Latina tradicional de 1962. Ele também permaneceu crítico do Vaticano II em matéria de liberdade religiosa e ecumenismo. Lefebvre foi notificado da excomunhão *latae sententiae* em 1988 por consagrar quatro bispos sem mandato papal.

Luciani, Albino. 1912-1978. Italiano. Ele serviu como chefe da Igreja Católica com o nome de Papa João Paulo I de agosto de 1978 até sua morte, 33 dias depois. Relatos contraditórios da época a respeito da causa da morte do pontífice têm dado vazão a suspeitas de jogo sujo. O livro de David Yallop, de 1984, *Um ladrão na noite: vida e morte no Vaticano*,[217] afirma que o Arcebispo Paul Marcinkus e o Cardeal Jean-Marie Villot, junto com os banqueiros italianos Roberto Calvi, Michele Sindona e Licio Gelli, conspiraram para o assassinato do pontífice.

Maffi, Pietro. 1858-1931. Cardeal. Italiano. Ele serviu como arcebispo de Pisa de 1903 até a sua morte. Maffi foi um dos principais candidatos no Conclave Papal de 1914, que elegeu o Papa Bento XV. Ele também participou no Conclave de 1922 e foi fundamental para garantir a eleição do Papa Pio XI.

Marcinkus, Paul. 1922-2006. Arcebispo. Norte-americano. Ele serviu como presidente do Banco do Vaticano de 1971 a 1989. Marcinkus esteve envolvido nos grandes escândalos financeiros de 1982, quando o banco italiano Banco Ambrosiano, do qual o Banco do Vaticano era um acionista principal, faliu em meio a acusações de fraude. O presidente do banco, Roberto Calvi, era um membro de uma loja maçônica ilegal e foi assassinado dias após a eclosão do escândalo. Revelou-se que Marcinkus esteve implicado em transações ilegais realizadas pelo Banco Ambrosiano. Ele também esteve envolvido em escândalos anteriores em torno do banqueiro italiano Michele Sindona, um maçom que tinha conexões com a máfia.

Martin, Malachi. 1921-1999. Padre, exorcista e escritor. Irlandês. Jesuíta. Ele serviu como secretário do Cardeal Agustin Bea durante o Concílio Vaticano II. Malachi foi dispensado de seus votos jesuítas em 1965 a seu próprio pedido. Ainda há controvérsia sobre se ele foi oficialmente laicizado ou se permaneceu vinculado ao seu voto de castidade. Seus trabalhos de ficção fornecem considerações em primeira mão sobre vários pontificados. Notavelmente, sua novela *Ventosa Casa*[218] conta a história de membros do alto escalão da hierarquia

---

217 Em inglês no original: *A thief in the night: life and death in the Vatican* – NT.
218 Em inglês no original: *Windswept House* – NT.

católica fazendo juramentos de sangue para corromper a ortodoxia da fé e destruir a Igreja a partir de dentro.

Martini, Carlo Maria. 1927–2012. Cardeal. Italiano. Jesuíta. Ele ficou conhecido como um membro liberal da hierarquia da Igreja. Martini sustentou visões progressistas em assuntos relativos à união de pessoas do mesmo sexo, à ordenação de mulheres para o diaconato e a algumas questões bioéticas, incluindo contracepção. Em sua última entrevista, publicada poucas horas após a sua morte, ele notoriamente chamou a Igreja de "duzentos anos ultrapassada".

McCarrick, Theodore. 1930–presente. Bispo expulso. Norte-americano. Ex-prelado e ex-cardeal. De 2001 a 2006, ele serviu como arcebispo de Washington, D.C., onde estabeleceu conexões com vários políticos proeminentes. Após se aposentar em 2006, McCarrick continuou a servir como diplomata em nome do Vaticano e do Departamento de Estado dos Estados Unidos. Ele foi removido do ministério público pelo Vaticano em julho de 2018 devido a alegações críveis de má conduta sexual com seminaristas masculinos adultos por décadas, assim como de abuso sexual contra menores do sexo masculino.

Merry del Val, Rafael. 1865–1930. Cardeal secretário de estado. Espanhol. Ele serviu como secretário do Conclave Papal de 1903, no qual a Áustria vetou a eleição do Cardeal Mariano Rampolla del Tindaro, e que, em quatro dias, elegeu o Papa Pio X. Del Val foi designado secretário de estado por Pio X à idade de apenas 38 anos, auxiliando o pontífice em seus esforços para remover a Igreja dos assuntos políticos e para combater o avanço do modernismo entre o clero.

Montini, Giovanni Battista Enrico Antonio Maria. 1897–1978. Italiano. Ele serviu como líder da Igreja Católica sob o nome de Papa Paulo VI de 1963 a 1978. Paulo VI deu continuidade ao Concílio Vaticano II (que começara com seu predecessor, o Papa João XXIII) até o seu encerramento em 1965. Com a conclusão do concílio, o pontífice se encarregou da implementação das suas reformas. Ele publicou sua mais amplamente conhecida encíclica, *Humanae Vitae*, em 1968, reforçando os ensinamentos da Igreja sobre a união marital e condenando o controle artificial de nascimento. Em 1970, Paulo VI promulgou o *Novus Ordo Missae*, uma ordem revisada da liturgia de acordo com os mandatos do Vaticano II, que seria celebrada em idiomas vernaculares. Ele foi canonizado em outubro de 2018.

Pacelli, Eugenio Maria Giuseppe Giovanni. 1876–1958. Italiano. Ele serviu como líder da Igreja Católica sob o nome de Papa Pio XII de 1939 a 1958. Ao contrário do que dizem as acusações de silêncio público e mesmo de colaboração com a Alemanha Nazista durante o Holocausto, o pontífice é conhecido por ter resgatado centenas de judeus perseguidos durante a Segunda Guerra Mundial. Ele também se opôs fortemente ao comunismo, aprovando o Decreto da Igreja de 1949 contra o comunismo, que declarou que os católicos que professassem a ideologia comunista deveriam ser excomungados.

Rahner, Karl. 1904–1984. Padre e teólogo. Alemão. Jesuíta. Ele é reconhecido como um dos principais teólogos católicos do século XX. Rahner trabalhou junto com Henri de Lubac e Yves Congar. Em 1962, ele foi designado pelo Papa João XXIII como perito teológico para o Concílio Vaticano II, tendo um grande impacto sobre o trabalho do Concílio, especialmente sobre o desenvolvimento da declaração *Lumen Gentium*.

Rampolla, Mariano. 1843–1913. Cardeal. Italiano. Ele foi um dos candidatos principais durante o Conclave Papal de 1903. Sua candidatura, porém, foi oposta pelo imperador austríaco, que impôs um veto contra ele. O Cardeal Giuseppe Melchiorre Sarto acabou sendo eleito, tornando-se o Papa Pio X. Um dos primeiros atos de Pio como papa foi abolir o direito de veto do imperador, fazendo de Rampolla o último homem em um conclave papal a ser vetado por um imperador.

Roncalli, Angelo Giuseppe. 1881–1963. Italiano. Ele serviu como líder da Igreja Católica com o nome Papa João XXIII de 1958 a 1963. Roncalli convocou o Concílio Vaticano II para uma sessão em 1962, expondo a Igreja a mudanças dramáticas, mas o pontífice permaneceu conservador em termos de doutrina. Como papa, ele enfatizou o papel pastoral da Igreja e seu envolvimento em assuntos políticos. João XXIII foi canonizado em abril de 2014.

Ratzinger, Joseph. 1927–presente. papa emérito. Teólogo. Alemão. Ele serviu como líder da Igreja Católica com o nome Papa Bento XVI de 2005 a 2013, quando renunciou ao ofício devido à sua idade avançada e à condição física minguante. Como papa, Ratzinger defendeu a ortodoxia e a doutrina da Igreja em tópicos tais como contracepção e homossexualidade, reafirmou o cristianismo como uma religião de acordo com a razão e discursou pontualmente contra o mal do relativismo. Como papa emérito, ele agora reside em um monastério nos Jardins do Vaticano, onde continua a estudar e a escrever.

Schillebeeckx, Edward. 1914–2009. Padre e teólogo. Belga. Dominicano. Ele foi um dos mais ativos conselheiros teológicos do clero a participar no Concílio Vaticano II. Schillebeeckx argumentou que a eclesiologia católica dava muita ênfase à hierarquia e à autoridade papal. Junto com Yves Congar, Karl Rahner, Hans Küng e outros, ele fundou o jornal teológico progressista *Concilium*.

Schweigl, Joseph. Falecido em 1964. Padre. Jesuíta. Em 1952, ele foi encarregado pelo Papa Pio XII de interrogar a Irmã Lúcia de Jesus Rosa dos Santos (uma das três crianças visionárias em Fátima) sobre os detalhes do Terceiro Segredo de Fátima.

Sindona, Michele. 1920–1986. Banqueiro. Italiano. Ele foi um conhecido maçom e tinha conexões com a Máfia Siciliana. Sindona se tornou associado do Banco do Vaticano em 1969, lidando com grandes somas de dinheiro do banco. Em 1974, seu império bancário entrou em colapso em meio a revelações de fraude, suborno e assassinato. O presidente do Banco do Vaticano à época foi acusado de envolvimento nesses crimes. Sindona foi envenenado com cianeto durante o cumprimento de sua sentença de prisão.

Sodano, Angelo. 1927–presente. Decano do Colégio de Cardeais. Italiano. Ele serviu como secretário de estado de 1991 a 2006. Múltiplos relatos o acusam de ter obstruído investigações sobre abuso sexual cometido pelo Cardeal Hans Hermann Groër e pelo fundador da Legião de Cristo, Padre Marcial Maciel, de quem Sodano regularmente aceitou grandes doações monetárias.

Viganò, Carlo Maria. 1941–presente. Arcebispo. Ex-núncio apostólico nos Estados Unidos. Italiano. Em 25 de agosto de 2018, ele divulgou uma carta de onze páginas em que descrevia múltiplos avisos ao Vaticano sobre vários anos de má conduta sexual do Cardeal Theodore McCarrick, os quais foram ignorados até o Papa Bento XVI finalmente impor restrições severas ao ministério público de McCarrick. A carta também acusou o Papa Francisco de posteriormente remover essas restrições e tornar McCarrick um conselheiro de confiança, tendo pleno conhecimento das décadas de grave má conduta sexual do cardeal. Vários outros oficiais do alto escalão da Igreja também estavam envolvidos.

Villot, Jean-Marie. 1905–1979. Prelado e cardeal. Francês. Ele serviu como cardeal secretário de estado de 1969 a 1979. Villot foi alvo de afirmações de que a morte do Papa João Paulo I fora um homicídio. O livro de David Yallop de 1984, *Um ladrão na noite: vida e morte no Vaticano*, aponta Villot como um dos suspeitos principais no suposto assassinato, que Yallop afirma poder ter sido motivado por mudanças de pessoal dentro do Vaticano que o pontífice estava prestes a fazer.

Wojtyła, Karol. 1920–2005. Polonês. Serviu como líder da Igreja Católica com o nome Papa João Paulo II de 1978 a 2005. Ele foi eleito para o papado imediatamente após o Papa João Paulo I, que reinou apenas 33 dias antes de sua morte. Wojtyła é reconhecido pelo papel crítico que desempenhou, como papa, em pôr um fim ao domínio comunista na Europa. Embora tenha apoiado as reformas do Concílio Vaticano II, ele foi geralmente visto como doutrinariamente conservador, e manteve os ensinamentos tradicionais da Igreja. João Paulo II foi canonizado em abril de 2014.

CRONOLOGIA DOS PAPAS NESTE LIVRO

~

Gregório xvi (1831–1846)
Beato Pio ix (1846–1878)
Leão xiii (1878–1903)
São Pio x (1903–1914)
Bento xv (1914–1922)
Pio xi (1922–1939)
Pio xii (1939–1958)
São João xxiii (1958–1963)
São Paulo vi (1963–1978)
João Paulo i (1978)
São João Paulo ii (1978–2005)
Bento xvi (2005–2013)
Francisco (2013–)

SECRETÁRIOS DE ESTADO DO VATICANO POR PAPADO E DATAS

~

Sob o Papa Pio I
- Giacomo Antonelli (29 de novembro de 1848–6 de novembro de 1876) (segunda vez)
- Giovanni Simeoni (18 de dezembro de 1876–7 de fevereiro de 1878)
- Alessandro Franchi (5 de março–31 de julho de 1878)

Sob o Papa Leão XIII
- Lorenzo Nina (9 de agosto de 1878–16 de dezembro de 1880)
- Luigi Jacobini (16 de dezembro de 1880–28 de fevereiro de 1887)
- Mariano Rampolla (2 de junho de 1887–20 de julho de 1903)

Sob o Papa Pio X
- Rafael Merry del Val (12 de novembro de 1903–20 de agosto de 1914)

Sob o Papa Bento XV
- Domenico Ferrata (4 de setembro–10 de outubro de 1914)
- Pietro Gasparri (13 de outubro de 1914–7 de fevereiro de 1930)

Sob o Papa Pio XI
- Pietro Gasparri (13 de outubro de 1914–7 de fevereiro de 1930)
- Eugenio Pacelli (9 de fevereiro de 1930–10 de fevereiro de 1939), então eleito Papa Pio XII

Sob o Papa Pio XII
- Luigi Maglione (10 de março de 1939–22 de agosto de 1944)
- Domenico Tardini (15 de dezembro de 1958–30 de julho de 1961)

Sob os Papas João XXIII e Paulo VI
- Amleto Giovanni Cicognani (12 de agosto de 1961–30 de abril de 1969)

Sob os Papas Paulo VI, João Paulo I e João Paulo II
- Jean-Marie Villot (2 de maio de 1969–9 de março de 1979)

Sob o Papa João Paulo II
- Agostino Casaroli (1º de julho de 1979–1º de dezembro de 1990)

Sob os Papas João Paulo II, Bento XVI e Francisco
- Angelo Sodano (29 de junho de 1991–22 de junho de 2006)
- Tarcisio Bertone (15 de setembro de 2006–15 de outubro de 2013)

Sob o Papa Francisco
- Pietro Parolin (15 de outubro de 2013–)

INSTRUÇÃO PERMANENTE DA ALTA VENDITA

Por Piccolo Tigre

∽

Reproduzida em tradução inglesa no seminário do Reverendíssimo Monsenhor George Dillon, D.D., em Edimburgo, em outubro de 1884, aproximadamente seis meses após o surgimento da famosa carta encíclica do Papa Leão XIII, *Humanum Genus*, sobre a maçonaria. Algumas poucas mudanças foram feitas pelo Dr. Taylor Marshall para atualizar a linguagem e a ortografia para padrões modernos.

Desde quando estabelecemos a nós mesmos como um corpo de ação, e que a ordem começou a reinar no seio da loja mais distante, como naquela mais próxima do centro de ação, há um pensamento que tem profundamente ocupado os homens que aspiram à regeneração universal. É o pensamento da emancipação da Itália, da qual deve um dia vir a emancipação de todo o mundo, a república fraterna, e a harmonia da humanidade. Esse pensamento ainda não foi dimensionado pelos nossos irmãos de além dos Alpes. Eles acreditam que a Itália revolucionária pode somente conspirar na sombra, apunhalar alguns policiais ou traidores, e tranqüilamente passar pelo jugo dos acontecimentos que têm lugar além dos Alpes para a Itália, mas sem a Itália.

Esse erro tem sido fatal para nós em muitas ocasiões. Não é necessário combatê-lo com frases, as quais iriam apenas propagá-lo. É necessário matá-lo pelos fatos. Assim, entre os cuidados que têm o privilégio de agitar as mentes dos mais vigorosos de nossas lojas, há um que nós jamais devemos esquecer.

O papado sempre exerceu uma ação decisiva sobre os assuntos da Itália. Pelas mãos, pelas vozes, pelas penas, pelos corações de seus inumeráveis bispos, padres, monges, freiras e pessoas de todos os cantos, o papado encontra devoção sem fim pronta para o martírio, e some-se isso ao entusiasmo. Em todo lugar, quando quer que lhe agrade convocá-los, ele tem amigos prontos para morrer ou perder tudo por sua causa. Essa é uma influência imensa que somente os papas foram capazes de apreciar em seu pleno poder, e ainda assim eles a usaram apenas em certa medida.

Hoje, está fora de questão reconstituir para nós mesmos esse poder, cujo prestígio está, no momento, enfraquecido. Nosso fim principal é aquele de Voltaire e da Revolução Francesa, a destruição definitiva do catolicismo e mesmo da idéia cristã, a qual, se deixada incólume sobre as ruínas de Roma, será a ressuscitação do cristianismo posteriormente. Entretanto, para atingir esse resultado mais seguramente, ao invés de nos prepararmos com alegria de coração para reveses que adiam indefinidamente, ou comprometem por décadas, o sucesso de uma boa causa, nós não devemos dar atenção a esses franceses fanfarrões, esses alemães taciturnos, esses ingleses melancólicos, todos os quais imaginam que podem matar o catolicismo agora com uma música impura, depois com uma dedução ilógica; em outro momento, com um sarcasmo contrabandeado, como os algodões da Grã-Bretanha. O catolicismo tem uma vida muito mais tenaz do que isso. Ele viu os adversários mais implacáveis, mais terríveis, e freqüentemente teve o prazer maligno de lançar água benta sobre as tumbas dos mais enfurecidos. Permitamos, então, a nossos irmãos desses países que se entreguem à intemperança estéril de seu zelo anticatólico. Que eles até zombem de nossas Madonas e nossa devoção aparente. Com esse passaporte, nós podemos conspirar o quanto quisermos e chegar, pouco a pouco, ao fim que temos em vista.

Agora, o papado tem sido, por dezessete séculos, inerente à história da Itália. A Itália não pode respirar ou se mover sem a permissão do Supremo Pastor. Com ele, ela tem os cem braços de Briareu;[219] sem ele, ela está condenada a uma impotência lastimável. Ela nada faz além de fomentar divisões, fazer irromper ódios e manifestar hostilidades,

---

219 Briareu, o vigoroso (*briāreos*), na mitologia grega, é um dos três gigantes filhos de Urano (céu) e Gaia (terra), chamados hecatônquiros por possuírem cem braços e cinqüenta cabeças (*ekatōn cheīres*). É mencionado, por exemplo, em Homero, Ilíada, I, 400 – NT.

desde a maior corrente montanhosa dos Alpes até o menor dos Apeninos. Nós não podemos desejar tal estado de coisas. É necessário, então, procurar um remédio para essa situação. O remédio foi encontrado.

O papa, seja ele quem for, jamais virá para as sociedades secretas. Cabe às sociedades secretas ir primeiro para a Igreja, com o objetivo de vencer a ambos. A obra à qual nos comprometemos não é a obra de um dia, tampouco a de um mês, tampouco a de um ano. Ela pode durar muitos anos, um século talvez, mas em nossos flancos os soldados morrem, e a luta continua.

Nós não queremos conquistar os papas para a nossa causa, fazê-los neófitos de nossos princípios e propagadores de nossas idéias. Esse seria um sonho ridículo, não importa o curso dos acontecimentos. Se cardeais ou prelados, por exemplo, devam entrar, voluntariamente ou por surpresa, de alguma maneira, em uma parte de nossos segredos, isso não seria de forma alguma um motivo para querer a elevação deles à Sé de Pedro. Essa elevação destruir-nos-ia. A pura ambição os levaria a apostatar de nós. As necessidades do poder os forçariam a imolar-nos. Aquilo que devemos desejar, aquilo que devemos buscar e esperar, como os judeus esperaram o Messias, é um papa de acordo com os nossos desejos.

O Papa Alexandre VI, com todos os seus erros privados, não nos seguiria, pois ele nunca errou em assuntos religiosos. O Papa Clemente XIV, pelo contrário, seguir-nos-ia da cabeça aos pés. Borgia foi um libertino, um verdadeiro sensualista do século XVIII perdido no século XV. Ele foi declarado anátema, não obstante seus vícios, por todas as vozes da filosofia e da incredulidade, e ele deve esse anátema ao vigor com o qual ele defendeu a Igreja. Ganganelli, atando mãos e pés, entregou-se aos ministros dos Bourbons, que o fizeram receoso, e aos incrédulos que celebraram sua tolerância, e ele se tornou um grande papa.

Ele está quase na mesma condição necessária para que encontremos outro, se isso ainda for possível. Com isso nós devemos marchar mais seguramente para o ataque à Igreja do que com os panfletos de nossos irmãos na França, ou mesmo do que com o ouro da Inglaterra. Quereis saber a razão? É porque, com isso, nós não deveremos mais precisar do vinagre de Aníbal,[220] da pólvora do canhão, nem

---

220 Referência ao episódio da travessia dos Alpes por Aníbal, general cartaginês, durante a Segunda Guerra Púnica. Tito Lívio (História Romana, XXI, 37, 2) conta que Aníbal foi capaz de abrir caminho através das rochas quebrando-as mediante uma combinação de calor e vinagre – NT.

mesmo de nossos braços. Nós temos o pequeno dedo do sucessor de São Pedro engajado na trama, e esse pequeno dedo é de maior valia para nossa cruzada do que todos os Inocêncios, os Urbanos e os São Bernardos do cristianismo.

Não duvidamos que devemos chegar ao supremo fim de todos os nossos esforços; mas quando? Mas como? O desconhecido ainda não se manifestou. Contudo, como nada deverá nos separar do plano traçado; como, pelo contrário, todas as coisas devem tender a ele — como se o sucesso fosse coroar o trabalho escassamente rascunhado amanhã —, nós queremos nesta instrução, que deve permanecer um segredo para o simples iniciado, dar àqueles da Suprema Loja conselhos com os quais eles possam iluminar a universalidade dos irmãos, sob a forma de uma instrução ou memorando. É de especial importância, e por causa da discrição, cujos motivos são transparentes, nunca permitir que pareça que esses conselhos sejam ordens emanadas da *Alta Vendita*. O clero está tão exposto ao risco por isso, que se pode, na presente hora, permitir-se brincar com isso, como com um desses pequenos negócios ou desses pequenos príncipes sobre os quais basta um sopro para fazê-los desaparecer.

Pouco pode ser feito em relação àqueles cardeais velhos ou com aqueles prelados cujo caráter é muito bem resolvido. É necessário deixá-los como os encontramos, incorrigíveis, na escola de Consalvi, e retirar das nossas revistas de popularidade ou impopularidade as armas que tornarão útil ou ridículo o poder nas mãos deles. Uma palavra que alguém possa habilmente inventar, dispondo-se dos meios para espalhá-la entre certas honrosas famílias escolhidas, pelas quais ela desça para os *cafés* e dos *cafés* para as ruas; uma palavra pode às vezes matar um homem. Se um prelado vier para Roma exercer alguma função pública das profundezas das províncias, saiba-se presentemente, acima de tudo, seu caráter, seus antecedentes, suas qualidades, seus defeitos. Se ele já for um inimigo declarado, um Albani, um Pallotta, um Bernetti, um Della Genga, um Riverola, cerque-o com todas as armadilhas que você puder colocar embaixo de seus pés; crie para ele uma daquelas reputações que irão assustar crianças pequenas e mulheres velhas; retrate-o cruel e sanguinário; conte, a seu respeito, alguns traços de crueldade que possam ser facilmente gravados nas mentes das pessoas. Quando os jornais estrangeiros reunirem para nós essas informações, que eles por sua vez irão embelezar (inevitavelmente, por causa de seu respeito pela verdade), mostrem, ou melhor, façam que sejam mostrados, por algum tolo respeitável, esses papéis em que os nomes e os excessos das personagens implicadas estão relacionados. Assim como a França e a Inglaterra, a Itália também jamais deixará a desejar no emprego dessas mentiras tão úteis para a boa causa. Com um jornal, cuja linguagem eles não entendem, mas onde eles irão ver os nomes dos seus delegados ou juízes, as pessoas não têm necessidade de outras provas. Elas estão na infância do liberalismo; elas acreditam em liberais, assim como, posteriormente, elas acreditarão em nós, sem saber muito bem por quê.

Esmaguem o inimigo, quem quer que ele seja; esmaguem o poderoso por meio de mentiras e calúnias; mas, especialmente, esmague-o em seu ponto fraco. É aos jovens que devemos ir. São eles que devemos seduzir; são eles que devemos trazer sob o estandarte das sociedades secretas. A fim de avançar por degraus, calculados, porém seguros, nesse caminho perigoso, duas coisas são de primeira necessidade. Vocês devem ter o ar de simplicidade, como pombas, mas vocês devem ser prudentes como a serpente. Seus pais, seus filhos, suas próprias mulheres devem ser sempre ignorantes dos segredos que vocês carregam em seu íntimo. Se lhes agradar, para enganar o melhor possível o olho inquisitorial, ir freqüentemente à Confissão, vocês estão de direito autorizados a manter o mais absoluto silêncio a respeito dessas coisas. Vocês sabem que a menor revelação, a mais ligeira indicação que lhes escapar no tribunal da penitência, ou em algum outro lugar, pode causar grandes calamidades, e que a sentença da morte já está pronunciada sobre o revelador, seja ele voluntário ou involuntário.

Agora então, a fim de garantir a nós um papa de acordo com nosso próprio coração, é necessário modelar para esse papa uma geração digna do reino com o qual nós sonhamos. Deixe de lado os idosos e os de meia-idade, aproxime-se dos jovens e, se possível, até mesmo das crianças. Jamais fale em sua presença uma palavra de impiedade ou impureza. *Maxima debetur puero reverentia.*[221] Jamais esqueça

---

221 Citação de Juvenal, Sátira XIV, 47-49:
Maxima debetur puero reuerentia, si quid
Turpe paras, nec tu pueri contempseris annos,
Sed peccaturo obstet tibi filius infans.
[Máxima reverência é devida à criança, se algo
Torpe preparas, que tu não negligencies os anos da criança,
Mas que o filho infante obste a ti que há de pecar] – NT.

essas palavras do poeta, pois elas irão guardá-lo de toda licença de que é absolutamente essencial se guardar pelo bem da causa. A fim de colher lucros nas casas de cada família, a fim de dar a si mesmo o direito de asilo no coração doméstico, você deve se apresentar a si mesmo com toda a aparência de um homem grave e moral. Uma vez estabelecida a sua reputação nos colégios, nos ginásios, nas universidades e nos seminários — uma vez que tenha conquistado a confiança de professores e estudantes, aja para que aqueles que estão principalmente engajados no estado eclesiástico amem procurar a sua conversa. Alimente suas almas com os esplendores da antiga Roma papal. Há sempre no íntimo do coração italiano um pesar pela Roma Republicana. Excite, inflame essas naturezas tão cheias de calor e de fogo patriótico. Ofereça-lhes primeiro, mas sempre em segredo, livros inofensivos, poesia resplandecente com ênfases nacionais; então, pouco a pouco, você levará seus discípulos ao ponto de cozimento desejado. Quando, sobre todos os pontos do estado eclesiástico de uma vez, esse trabalho diário tiver espalhado nossas idéias como a luz, então você será capaz de apreciar a sabedoria do conselho que norteia nossa iniciativa.

Acontecimentos que, em nossa opinião, se precipitam muito rapidamente, vão necessariamente em alguns meses levar a uma intervenção da Áustria. Tolos há que, à luz de seus corações, se comprazem em lançar os outros para o meio de perigos e, enquanto isso, tolos há que, em uma certa hora, arrastam até mesmo homens sábios. A revolução que eles preparam na Itália irá terminar apenas em infortúnios e perseguições. Nada está amadurecido, nem os homens nem as coisas, e nada deve sê-lo ainda por um longo tempo; mas desses males vocês podem facilmente extrair uma nova corda e fazê-la vibrar nos corações do clero jovem. Esse é o ódio pelo estrangeiro. Torna o alemão ridículo e odioso até mesmo antes de sua entrada prevista. Com a idéia da supremacia pontifical, misturem sempre as antigas memórias das guerras entre o sacerdócio e o Império. Despertem as paixões latentes dos guelfos e dos gibelinos, e assim vocês obterão para si mesmos a reputação de bons católicos e puros patriotas.

A reputação de um bom católico e um bom patriota abrirá o caminho para que nossas doutrinas se introduzam nos corações do clero jovem e até mesmo nos fundos dos conventos. Em alguns poucos anos, o clero jovem terá, pela força dos acontecimentos, ocupado todos os ofícios. Eles governarão, administrarão e julgarão. Eles formarão o Conselho do Soberano. Eles serão convocados para escolher o Pontífice que irá reinar; e esse Pontífice, como a maior parte dos seus contemporâneos, será necessariamente imbuído dos princípios italianos e humanitários que nós estamos prestes a pôr em circulação. É um pequeno grão de mostarda que nós plantamos na terra, mas o sol da Justiça transformá-lo-á em um grande poder, e vereis um dia que rica colheita aquela pequena semente produzirá.

No caminho que traçamos para nossos irmãos há grandes obstáculos a conquistar, dificuldades de mais de um tipo para superar. Eles serão superados pela experiência e pela sabedoria. O objetivo é tão belo que nós devemos necessariamente içar ao vento todas as velas a fim de concretizá-lo. Se quiserdes revolucionar a Itália, olhai o papa cujo perfil acabamos de descrever. Quereis estabelecer o reino dos eleitos no trono da Prostituta da Babilônia? Que o clero marche sob vosso estandarte, enquanto acreditam ingenuamente que estão marchando sob o estandarte das Chaves Apostólicas.

Quereis exterminar o último vestígio dos tiranos e opressores? Lançai vossas redes como Simão Bar-Jona! Lançai-as profundamente na sacristia, nos seminários e nos mosteiros, ao invés de no fundo do mar. E se não vos apressardes, vos prometemos uma pescaria mais milagrosa do que essa!

O pescador de peixes se tornou um pescador de homens. Vós também pescareis alguns amigos e os conduzireis aos pés da Sé Apostólica. Vós tereis pregado revolução em tiara e pluvial, precedida pela cruz e pelo estandarte, uma revolução que necessitará tão-somente de uma pequena ajuda para incendiar as regiões do mundo.

Que cada ato das vossas vidas tenda a descobrir a Pedra Filosofal. Os alquimistas da Idade Média perderam seu tempo e o seu ouro na busca por esse sonho. O sonho das sociedades secretas será concluído pela mais simples das razões: porque ele é baseado nas paixões do homem. Que não sejamos, pois, desencorajados por um ataque, um revés ou uma derrota. Que preparemos nossas armas no silêncio das lojas, tomemos nossas baterias, adulemos as paixões mais perniciosas e mais generosas, e que tudo nos leve a pensar que nossos planos serão bem-sucedidos um dia, mesmo contra nossos cálculos mais improváveis.

AS VERSÕES DO SEGREDO DE LA SALETTE[222]

~

Segredo de Nossa Senhora de La Salette para Mélanie (versão de 1851)

1. "Segredo dado a mim pela Santa Virgem na Montanha de La Salette, em 19 de setembro de 1846".
2. Segredo
3. "Mélanie, direi a você uma coisa que não dirá para ninguém:
4. "O tempo da cólera de Deus chegou!
5. "Se, quando tiver dito aos povos o que lhe disse há pouco, e o que lhe direi que diga novamente, se, depois disso, eles não se converterem (se não fizerem penitência, e se não deixarem de trabalhar aos domingos, e se continuarem a blasfemar o Santo Nome de Deus), em uma palavra, se a face da terra não mudar, Deus vai se vingar contra o povo ingrato e escravo do demônio.
6. "Meu Filho fará brilhar seu poder!
7. "Paris, essa cidade assolada por toda a sorte de crimes, perecerá infalivelmente.[223]
8. "Marselha será destruída em pouco tempo.[224]

---

[222] Comparou-se com a tradução de ambas as versões do Segredo encontrada em apêndice no livro Léon Bloy, *Aquela que chora - e outros textos sobre Nossa Senhora da Salette*. Editora Ecclesiae, 2016 – NT.

[223] O Cerco de Paris de 1870 foi acompanhado de ampla destruição na cidade, durante a qual muito de sua herança histórica foi perdido.

[224] Os alemães sistematicamente destruíram o antigo setor industrial e o porto de Marselha em 1944.

9. "Quando essas coisas acontecerem, a desordem será completa sobre a terra.
10. "O mundo entregar-se-á às suas paixões ímpias.
11. "O papa será perseguido por todos os lados: vão atirar nele, vão querer matá-lo, mas nada será feito a ele. O Vigário de Deus triunfará ainda esta vez.
12. "Os padres e as freiras, e os verdadeiros servos de meu Filho, serão perseguidos, e muitos morrerão pela fé de Jesus Cristo.
13. "A fome reinará ao mesmo tempo.
14. "Depois que todas essas coisas acontecerem, muitas pessoas reconhecerão a mão de Deus sobre elas, converter-se-ão e farão penitência por seus pecados.
15. "Um grande rei subirá ao trono, e reinará durante alguns anos.
16. "A religião florescerá e se estenderá por toda a terra e a fertilidade será grande, o mundo satisfeito por não lhe faltar nada recomeçará suas desordens, abandonará Deus, e se entregará às suas paixões criminosas.
17. "Entre os ministros de Deus e as Noivas de Jesus Cristo, haverá os que se entregarão à desordem, e isto é o que será terrível.
18. "Finalmente, o Inferno reinará sobre a terra. Será então que o Anticristo nascerá de uma freira: mas infeliz dela! Muitas pessoas acreditarão nele, pois ele dirá que veio do Céu, infelizes dos que crerem nele! O tempo não está distante; não passarão duas vezes 50 anos.
19. "Minha filha, não dirá o que acabo de lhe dizer (Não dirá para ninguém, não dirá se vai dizê-lo algum dia, não dirá nada em relação a isto), enfim não dirá nada até que eu lhe diga que deve dizê-lo!
20. "Rogo a Nosso Santo Pai, o papa, que me dê sua santa bênção".
21. Mélanie Mathieu, pastora de La Salette
22. Grenoble, 6 de julho de 1851

Segredo de Nossa Senhora de La Salette para Mélanie (Versão de 1879)

1. "Mélanie, o que estou prestes a lhe dizer agora não ficará sempre em segredo. Poderá publicá-lo em 1858.
2. "Os sacerdotes, ministros de meu Filho, por suas vidas perversas, por suas irreverências e sua impiedade ao celebrar os santos mistérios, por seu amor ao dinheiro, seu amor à honra e aos prazeres, os sacerdotes transformaram-se em latrinas de impureza. Sim, os sacerdotes pedem vingança, e a vingança está suspensa sobre suas cabeças. Infelizes dos sacerdotes e das pessoas consagradas a Deus que, por suas infidelidades e suas vidas perversas, estão crucificando novamente meu Filho! Os pecados daqueles consagrados a Deus clamam ao Céu e atraem a vingança, e agora a vingança está às suas portas, pois não sobrou ninguém para implorar misericórdia e perdão pelo povo. Não há mais almas generosas; não há mais ninguém digno de oferecer um sacrifício sem mácula ao Eterno em favor do mundo.
3. "Deus golpeará de maneira sem precedentes.
4. "Infelizes dos habitantes da terra! Deus vai esgotar sua cólera sobre eles, e ninguém será capaz de subtrair-se a tantos males reunidos.
5. "Os chefes, os líderes do povo de Deus têm negligenciado a oração e a penitência, e o demônio obscureceu sua inteligência. Transformaram-se em estrelas errantes que o velho diabo arrastará com sua cauda para fazê-las perecer. Deus permitirá à velha serpente fomentar divisões entre aqueles que reinam em cada sociedade e em cada família. Haverá sofrimentos físicos e morais. Deus abandonará a humanidade a si mesma e enviará castigos que se sucederão durante mais de 35 anos.
6. "A sociedade dos homens está às vésperas dos mais terríveis flagelos e dos mais graves acontecimentos. A humanidade deve esperar ser governada por uma vara de ferro e beber do cálice da cólera de Deus.
7. "Que o Vigário de meu Filho, o soberano Pontífice Pio IX, não saia mais de Roma depois de 1859; que ele, porém, seja

firme e nobre, que combata com as armas da fé e do amor. Eu estarei ao seu lado.

8. "Que se guarde de Napoleão; seu coração é dobrado, e quando quiser ser ao mesmo tempo papa e imperador, logo Deus vai se afastar dele. Ele é o planejador que, querendo sempre se elevar, cairá pela espada que pretendia usar para obrigar os povos a elevá-lo.

9. "A Itália será punida por sua ambição de querer se livrar do jugo do Senhor dos Senhores. E assim ela será entregue à guerra; o sangue correrá por todos os lados. As igrejas serão fechadas ou profanadas. Os sacerdotes e as ordens religiosas serão perseguidos e mortos de uma morte cruel. Muitos abandonarão a fé, e um grande número de sacerdotes e religiosos vai se separar da verdadeira religião; entre essas pessoas estarão até mesmo bispos.

10. "Que o papa se guarde contra os fazedores de milagres. Pois é chegado o tempo em que os prodígios mais espantosos acontecerão sobre a terra e nos ares.

11. "No ano de 1864, Lúcifer e um grande número de demônios serão libertados do Inferno; eles abolirão a fé pouco a pouco e mesmo nas pessoas consagradas a Deus. Eles vão cegá-las de tal maneira que, a menos que sejam abençoadas com uma graça especial, essas pessoas serão tomadas pelos espíritos desses anjos do Inferno. Muitas instituições religiosas perderão inteiramente a fé e perderão muitas almas.

12. "Livros maus abundarão sobre a terra e os espíritos das trevas espalharão por toda parte um relaxamento universal em tudo aquilo que diz respeito ao serviço de Deus. Eles terão um grande poder sobre a natureza: haverá igrejas construídas para servir a esses espíritos. Pessoas serão transportadas de um lugar para outro por esses maus espíritos, até mesmo padres, porque eles não serão conduzidos pelo bom espírito do Evangelho, que é um espírito de humildade, caridade e zelo pela glória de Deus. Ocasionalmente, os mortos e os justos serão trazidos de volta à vida.

[Significa dizer que esses mortos assumirão a figura de almas justas que tenham vivido sobre a terra, a fim de melhor seduzir os homens; esses assim chamados mortos ressurretos, que não serão outra coisa senão o demônio sob essa forma, pregarão um outro Evangelho contrário ao do verdadeiro Jesus Cristo, negando a existência do Céu; significa também dizer: as almas dos condenados. Todas essas almas aparecerão como que unidas a seus corpos].[225]

"Haverá em todos os lugares prodígios extraordinários, porque a verdadeira fé estará extinta e a falsa luz iluminará as pessoas. Infelizes dos Príncipes da Igreja que só pensam em acumular riquezas sobre riquezas, em salvaguardar sua autoridade e em dominar com orgulho.

13. "O Vigário de meu Filho sofrerá muito, porque, por algum tempo, a Igreja suportará grandes perseguições, um tempo de trevas e ela padecerá uma terrível crise.

14. "Tendo sido esquecida a verdadeira fé do Senhor, cada indivíduo irá querer guiar-se por si mesmo e ser superior às pessoas da mesma identidade. Eles abolirão os direitos civis assim como os eclesiásticos; toda ordem e toda justiça serão calcadas aos pés, e somente homicídios, ódio, inveja, mentira e discórdia serão vistos, sem amor pela pátria nem pela família.

15. "O Santo Padre sofrerá muito. Eu estarei com ele até o fim e receberei seu sacrifício.

16. "Os maus atentarão contra sua vida várias vezes para lhe fazer mal e diminuir os seus dias, mas nem ele, nem seu sucessor verão o triunfo da Igreja de Deus.

17. "Todos os governos civis terão um e o mesmo objetivo, que será abolir e fazer desaparecer todo princípio religioso para dar lugar ao materialismo, ao ateísmo, ao espiritualismo e a toda espécie de vícios.

18. "No ano de 1865, haverá profanação dos lugares santos. Nos conventos, as flores da Igreja irão se decompor e o demônio tornar-se-á como que o rei de todos os corações. Que aqueles que estão à frente de comunidades religiosas tomem cuidado

---

[225] Mélanie acrescentou o comentário (entre chaves) sobre os mortos e os justos que parecerão ter sido trazidos de volta à vida. Em uma carta ao Abade Combe, o editor da edição de 1904 de *Le Secret de Mélanie*, ela afirma que fizera esse comentário "de acordo com a Visão que eu tive no momento em que a própria Santa Virgem estava falando da ressurreição dos mortos". *Le Secret de Mélanie*, 29–30.

com as pessoas que devem acolher, porque o demônio recorrerá a todos os seus truques malignos para introduzir pecadores nas ordens religiosas, pois as desordens e o amor aos prazeres carnais serão espalhados por toda a terra.

19. "A França, a Itália, a Espanha e a Inglaterra estarão em guerra. O sangue escorrerá pelas ruas. O francês lutará contra o francês, o italiano contra o italiano. Uma guerra geral se seguirá, que será aterradora. Por um tempo, Deus deixará de se lembrar da França e da Itália porque o Evangelho de Jesus Cristo foi esquecido. Os maus recorrerão a toda a sua malícia. Os homens matar-se-ão, massacrar-se-ão uns aos outros até nas suas casas.

20. "Ao primeiro golpe de Sua espada fulminante, as montanhas e tudo da Natureza tremerão de pavor, porque as desordens e os crimes dos homens feriram a abóbada dos céus. Paris queimará e Marselha será engolida. Muitas cidades serão derrubadas e engolidas por tremores de terra. As pessoas pensarão que tudo está perdido. Nada será visto além de homicídios; nada se ouvirá além do ruído de armas e blasfêmia. Os justos sofrerão muito. Suas orações, suas penitências e suas lágrimas subirão ao Céu, e todo o povo de Deus pedirá perdão e misericórdia, e pedirá minha ajuda e intercessão. E então Jesus Cristo, por um ato de Sua justiça e de Sua grande misericórdia, ordenará a Seus anjos que todos os Seus inimigos sejam mortos. Subitamente, os perseguidores da Igreja de Jesus Cristo e todos aqueles entregues ao pecado perecerão e a terra ficará como um deserto. E então virá a paz, e o homem será reconciliado com Deus. Jesus Cristo será servido, adorado e glorificado. A caridade medrará por toda parte. Os novos reis serão o braço direito da Santa Igreja, que será forte, humilde, piedosa em Sua pobreza, mas fervente imitadora das virtudes de Jesus Cristo. O Evangelho será pregado por toda parte, e os homens farão grandes progressos na fé, porque haverá unidade entre os trabalhadores de Jesus Cristo e os homens viverão no temor de Deus.

21. "Essa paz entre os homens será curta. Vinte e cinco anos de abundantes colheitas farão com que esqueçam que os pecados dos homens são a causa de todos os sofrimentos nesta terra.

22. "Um precursor do Anticristo, com suas tropas de várias nações, combaterá contra o verdadeiro Cristo, o único Salvador do mundo. Ele derramará muito sangue e irá querer aniquilar o culto de Deus para ser visto como um Deus.
23. "A terra será golpeada com calamidades de todos os tipos (além da peste e da fome, que serão gerais). Haverá uma série de guerras até a última guerra, que será então combatida pelos dez Reis do Anticristo, todos os quais terão um e o mesmo plano e serão os únicos governantes do mundo. Antes que isso aconteça, haverá uma espécie de falsa paz no mundo. As pessoas pensarão apenas em diversão. Os maus entregar-se-ão a todos os tipos de pecado. Mas os filhos da santa Igreja, os filhos da minha fé, meus verdadeiros seguidores, eles crescerão no seu amor por Deus e em todas as virtudes que me são mais caras. Felizes as almas humildes conduzidas pelo Espírito Santo! Eu combaterei ao lado delas até que cheguem à plenitude de seus anos.
24. "A natureza está pedindo vingança por causa dos homens, e ela freme de espanto à espera daquilo que deve acontecer à terra manchada de crime.
25. "Tremei, ó terra, e vós que fazeis profissão de servir a Jesus Cristo e que, por dentro, adorais apenas a vós mesmos; tremei, pois Deus vai entregar-vos a Seu inimigo, porque os lugares santos estão em estado de corrupção. Muitos conventos não são mais casas de Deus, mas as pastagens de Asmodeu e dos seus.
26. "Será durante este período que o Anticristo nascerá de uma freira hebréia, uma falsa virgem que se comunicará com a velha serpente, a mestra de impureza, seu pai será B. No berço, ele proferirá blasfêmias; ele terá dentes; em uma palavra, ele será o demônio encarnado. Ele gritará horrivelmente, fará maravilhas, alimentar-se-á de nada exceto impureza. Ele terá irmãos, que, embora não sendo demônios encarnados, como ele, serão crianças do mal. À idade de doze, eles atrairão atenção a si mesmos pelas vitórias galantes que houverem obtido; logo cada um deles conduzirá exércitos, auxiliados pelas legiões do Inferno.

27. "As estações serão alteradas, a terra nada produzirá exceto mau fruto, as estrelas perderão seu movimento regular, a lua refletirá apenas um fraco brilho vermelho. Água e fogo trarão ao globo terrestre convulsões e terríveis terremotos, os quais abalarão montanhas, cidades, etc.

28. "Roma perderá a fé e tornar-se-á o assento do Anticristo.

29. "Os demônios do ar, unidos ao Anticristo, farão grandes prodígios sobre a terra e na atmosfera, e os homens tornar-se-ão mais e mais pervertidos. Deus cuidará de Seus fiéis servidores e dos homens de boa vontade. O Evangelho será pregado por toda parte, e todos os povos de todas as nações terão conhecimento da verdade.

30. "Eu faço um urgente apelo à terra. Eu invoco os verdadeiros discípulos do Deus vivo que reina nos céus; eu invoco os verdadeiros seguidores de Cristo feito homem, o único verdadeiro Salvador dos homens; eu invoco meus filhos, os verdadeiros fiéis, aqueles que têm oferecido a si mesmos a mim para que eu os conduza a meu Filho divino, aqueles que por assim dizer carrego em meus braços, aqueles que têm vivido em meu espírito. Finalmente, eu invoco os Apóstolos dos Últimos Tempos, os fiéis discípulos de Jesus Cristo que têm vivido no desprezo do mundo e de si mesmos, na pobreza e na humildade, no desprezo e no silêncio, na oração e na mortificação, na castidade e na união com Deus, no sofrimento e desconhecidos do mundo. É tempo de sair e iluminar a terra. Vão e se revelem como meus filhos queridos. Eu estou com vocês e em vocês, desde que sua fé seja a luz que os ilumine nesses dias infelizes. Que o seu zelo os torne famintos da glória e da honra de Jesus Cristo. Combatam, filhos da luz, vocês, os poucos que podem ver. Pois agora é o tempo de todos os tempos, o fim de todos os fins.

31. "A Igreja está em eclipse; o mundo ficará consternado. Mas eis que chegarão Enoque e Elias, cheios do Espírito de Deus. Eles pregarão com o poder de Deus, e os homens de boa vontade acreditarão em Deus, e muitas almas serão consoladas. Eles farão grandes progressos pela virtude do Espírito Santo e condenarão os erros diabólicos do Anticristo.

32. "Infelizes dos habitantes da terra! Haverá guerras sangrentas e fomes, pragas e doenças infecciosas. Choverá uma quantidade espantosa de animais. Haverá raios que abalarão as cidades, terremotos que engolirão países. Vozes serão ouvidas nos ares. Os homens baterão suas cabeças contra muralhas, implorarão a morte e, por outro lado, a morte será o seu tormento. Sangue escorrerá por todos os lados. Quem será o vitorioso, se Deus não abreviar a duração da provação? Por todo o sangue, as lágrimas e as orações dos justos, Deus vai se deixar abrandar. Enoque e Elias serão levados à morte. A Roma pagã desaparecerá. O fogo do Céu descerá e consumirá três cidades. Todo o universo será ferido pelo terror e muitos se deixarão seduzir, porque eles não adoraram o verdadeiro Cristo que vive entre eles. É o tempo; o sol se obscurece; somente a fé viverá.

33. "Eis o tempo; o abismo se abre. Eis o rei dos reis das trevas; eis a Besta com seus súditos, dizendo-se o Salvador do mundo. Ele se elevará orgulhosamente no ar para chegar ao Céu. Ele será asfixiado pelo sopro de São Miguel Arcanjo. Cairá, e a terra, que terá estado em uma contínua série de evoluções por três dias, abrirá seu seio pleno de fogo; e ele será submerso para toda a eternidade com todos os seus seguidores nos abismos eternos do Inferno. E então água e fogo purificarão a terra e consumirão todas as obras do orgulho dos homens e tudo será renovado. Deus será servido e glorificado".

Mélanie Calvat, *Apparition of the Blessed Virgin on the Mountain of La Salette* (Lecce, *Imprimatur* pelo Monsenhor Bispo de Lecce, 1879).

CRONOLOGIA DAS MUDANÇAS LITÚRGICAS

~

1911: O Papa Pio X introduz um novo arranjo do Saltério para uso no breviário.

1949: Pio XII dá permissão aos chineses para celebrarem a Missa vernacular, mas com o Cânone Romano tendo de permanecer em latim.

1955: Pio XII emite uma ampla reforma litúrgica da Semana Santa. Entre as mudanças, destaca-se que o padre é afeito mais à cadeira e menos ao altar. No Domingo Santo, a vela tripla (*trikirion*) é abolida. A Quinta-Feira Santa e as Missas de Vigília de Páscoa são deslocadas da manhã para a tarde.

1957: Pio XII reduz o jejum eucarístico a três horas antes da Comunhão.

1958: Pio XII dá permissão (meses antes de morrer) a bispos da Alemanha, Áustria e das partes alemãs da Suíça para proclamar, do altar, a Lição/Epístola e o Evangelho da Missa em vernáculo.

1959: No missal, João XXIII remove a palavra *perfidis* (latim: "infiel") da oração da Sexta-Feira Santa para os judeus e acrescenta o nome de São José ao Cânone da Missa.

1960: O Papa João XXIII muda o calendário litúrgico e remove a festa da Circuncisão de 1º de janeiro.

1962: O Vaticano II é aberto sob João XXIII.

1963: O Vaticano II promulga *Sacrosanctum Concilium*, a Constituição sobre a Liturgia Sagrada, invocando o vernacular e mais participação leiga.

1964: O Papa Paulo VI reduz o jejum eucarístico a uma hora antes de receber a Comunhão.

1964: As Orações Leoninas são suprimidas pela instrução *Inter Oecumenici*.

1965: O Vaticano II é encerrado sob Paulo VI.

1965: Um missal provisório é emitido. As mudanças incluem as seguintes: uso do vernáculo é permitido; altares independentes são promovidos; o salmo Judica no começo do Último Evangelho e as Orações Leoninas ao final são omitidos.

1966: Conferências episcopais nacionais são ratificadas pelo *motu proprio Ecclesiae Sanctae* do Papa Paulo VI.

1967: A concelebração sacerdotal é permitida, e a Comunhão sob ambas as espécies é permitida ao laicato.

1967: Diáconos casados são permitidos pelo Papa Paulo VI em *Sacrum Diaconatus Ordinem*.

1968: O Papa Paulo VI muda os Ritos de Ordenação para bispos, padres e diáconos.

1969: Paulo VI concede um indulto para Santa Comunhão na mão às nações onde ela é "já o costume" (Holanda, Bélgica, França e Alemanha).

1969: O Papa Paulo VI promulga o *Novus Ordo Missae* com sua Constituição Apostólica *Missale Romanum* de 3 de abril.

1970: O *Novus Ordo Missale* do Papa Paulo VI é publicado.

1970: A Sociedade de São Pio X (Fraternitas Sacerdotalis Sancti Pii X) é fundada pelo Arcebispo Lefebvre de forma a permitir aos padres celebrarem a Missa de 1962.

1971: Paulo VI barra cardeais acima de oitenta anos de votar nas eleições papais.

1972: As ordens menores de porteiro, exorcista e subdiácono são abolidas pelo Papa Paulo VI em *Ministeria Quaedam*.

1973: Ministros eucarísticos leigos extraordinários são permitidos.

1975: O Papa Paulo VI aumenta o número de cardeais eleitores dos tradicionais setenta para 120.

1977: Um indulto para receber a Comunhão na mão é concedido aos Estados Unidos.

1988: O Arcebispo Lefebvre, da SSPX, consagra quatro bispos em Écône.

1988: A Fraternidade Sacerdotal de São Pedro (FSSP) é criada.

1992: João Paulo II permite meninas no altar.

2007: A opção de celebrar a Missa Latina é concedida a todos os padres pelo Papa Bento XVI em *Summorum Pontificum*.

DATAS DOS INDULTOS DA COMUNHÃO NA MÃO

~

Nas seguintes datas os indultos para a Comunhão na mão foram concedidos pelo Papa Paulo VI:

Holanda, Bélgica, França e Alemanha, 29 de maio de 1969
África do Sul, 3 de fevereiro de 1970
Canadá, 12 de fevereiro de 1970
Rodésia (Zimbábue), 2 de outubro de 1971
Zâmbia, 11 de março de 1974
Nova Zelândia, 24 de abril de 1974
Austrália, 26 de setembro de 1975
Inglaterra e Gales, 6 de março de 1976
Papua e Nova Guiné, 28 de abril de 1976
Irlanda, 4 de setembro de 1976
Paquistão, 29 de outubro de 1976
Estados Unidos, 17 de junho de 1977
Escócia, 7 de julho de 1977
Malásia e Singapura, 3 de outubro de 1977

CRONOLOGIA DA VIDA DO EX-CARDEAL MCCARRICK

~

7 de julho de 1930: Theodore E. McCarrick nasce de Theodore E. McCarrick e Margaret McLaughlin. Quando McCarrick tem três anos, seu pai morre. Como criança, McCarrick freqüenta uma escola primária católica.

1946: McCarrick é expulso da escola secundária Xavier.

Setembro de 1947: McCarrick inicia o Preparatório Fordham.

Maio de 1949: McCarrick se gradua no Preparatório Fordham com honras.

1949–agosto de 1950: McCarrick permanece em Sankt Gallen dos dezenove aos vinte anos.

20 de julho de 1950: No monastério cartuxo na Suíça, McCarrick recebe seu chamado para ser padre.

Setembro de 1950: Aos vinte anos, McCarrick retorna a Nova York para estudar na Universidade Fordham.

31 de maio de 1958: O Cardeal Francis Spellman ordena McCarrick ao sacerdócio na Arquidiocese de Nova York.

1958–1963: McCarrick obtém um segundo grau de mestre em ciências sociais e um Ph.D. em sociologia pela Universidade Católica dos Estados Unidos.

1963-1965: McCarrick é capelão assistente, decano dos estudantes e diretor de desenvolvimento na Universidade Católica dos Estados Unidos.

1965: McCarrick se torna monsenhor e o presidente da Universidade Católica de Porto Rico.

1969-1971: O Cardeal Terence Cooke leva McCarrick para Nova York, onde McCarrick serve como secretário associado da educação e padre assistente na paróquia do Santo Sacramento de 1969 a 1971.

1971-1977: McCarrick serve como secretário do Cardeal Terence Cooke.

Durante esse período em 1971, McCarrick assedia um coroinha de dezesseis anos enquanto mede as suas roupas. Essa afirmação foi considerada crível pelo Cardeal Dolan de Nova York.[226]

Em 1972, o mesmo estudante de dezesseis anos estava no banheiro, quando McCarrick o agarrou e enfiou a sua mão sob suas calças, tentando alcançar sua roupa de baixo. Essa afirmação foi considerada crível.[227]

1977: O Papa Paulo VI designa McCarrick como bispo auxiliar da Arquidiocese de Nova York. Ele é o vigário de Manhattan Oriental e de Harlems.

1981: O Papa João Paulo II designa McCarrick o primeiro bispo de Metuchen, Nova Jersey.

1986: O Papa João Paulo II designa McCarrick arcebispo de Newark, Nova Jersey.

1997: O Arcebispo McCarrick, membro fundante da Fundação Papal, começa servindo como seu presidente.

---

[226] Laurie Goodstein e Sharon Otterman, "American Cardinal Accused of Sexually Abusing Minor Is Removed from Ministry", em *New York Times*, 20 de junho de 2018.
[227] Ibid.

2000-2014: McCarrick serve como membro do conselho dos Serviços de Apoio Católicos.

22 de novembro de 2000: Frei Boniface Ramsey, O.P., um professor no seminário diocesano em Newark de fins dos anos de 1980 a 1996, escreve uma carta a pedido do Núncio Gabriel Montalvo sobre um rumor recorrente no seminário de que McCarrick "divide sua cama com seminaristas, convidando cinco ao mesmo tempo para passar o fim de semana com ele em sua casa de praia [...] [e] que ele conhece um certo número de seminaristas, alguns dos quais seriam posteriormente ordenados padres pela Arquidiocese de Newark, que foram convidados para essa casa de praia e dividiram uma cama com o Arcebispo". A diocese havia comprado a casa de praia a pedido de McCarrick em 1984.

2 de janeiro de 2001: O Papa João Paulo II nomeia o Arcebispo McCarrick como arcebispo de Washington.

Fevereiro de 2001: O Papa João Paulo II eleva McCarrick ao Colégio de Cardeais.

Fins de 2001: O Cardeal McCarrick inaugura Redemptoris Mater, um novo seminário para educar padres missionários diocesanos.

2002: O Cardeal McCarrick anuncia as novas diretrizes do Vaticano sobre abuso sexual por padres, pela qual um padre acusado será posto sob "licença administrativa" e removido dos deveres clericais enquanto seu caso for investigado. Os procedimentos incluem também providenciar serviços pastorais eclesiásticos às vítimas e tratamento psiquiátrico para o padre acusado.

Abril de 2005: O Cardeal McCarrick vota no conclave que elege o Papa Bento XVI.

16 de maio de 2006: McCarrick se aposenta como arcebispo de Washington, D.C.

Em 2005 e 2007, as Dioceses de Metuchen e Newark, de Nova Jersey, dão compensação financeira a dois homens, Sr. Robert Ciolek e um ex-padre inominado, pelas alegações de abuso sexual cometido por McCarrick que ocorreram no Monte Saint Mary, em Maryland.

2006: O Arcebispo Viganò relata que o Núncio Pietro Sambi transmitiu um memorando de acusação contra McCarrick ao cardeal secretário de estado, Tarcisio Bertone.

20 de junho de 2018: A Arquidiocese de Nova York anuncia que uma alegação de abuso sexual cometido pelo Cardeal Theodore McCarrick foi considerada "crível e fundamentada".

19 de julho de 2018: O *New York Times* noticia as alegações de James Grein, que diz que McCarrick abusou dele em série a partir de 1969, quando Grein tinha onze anos de idade.

28 de julho de 2018: O Papa Francisco aceita a renúncia de McCarrick do Colégio dos Cardeais e o suspende do exercício de qualquer ministério público.

25 de agosto de 2018: O Arcebispo Carlo Maria Viganò publica um testamento afirmando que o Papa Francisco sabia das sanções impostas a McCarrick por Bento XVI, mas escolheu repeli-las. No dia seguinte, o Papa Francisco, em um avião, afirmou que em resposta ele "não dirá nenhuma palavra".

28 de setembro de 2018: As Dioceses de Salina e Washington anunciam que o Arcebispo McCarrick começou sua vida de oração e penitência no Convento Capuchinho de Saint Fidelis em Victoria, Kansas.

5 de dezembro de 2018: James Grein, vítima de McCarrick, é entrevistado pelo Dr. Taylor Marshall em um vídeo do YouTube de 1h42, no qual ele conta os detalhes e datas de seu abuso, junto com as conexões chocantes de McCarrick à família Grein em Sankt Gallen, Suíça.

27 de dezembro de 2018: James Grein presta testemunho em uma deposição canônica pela Arquidiocese de Nova York, afirmando ter sido molestado por McCarrick, começando quando ele tinha onze anos e também dentro do contexto da Confissão sacramental.

11 de janeiro de 2019: McCarrick é removido do estado clerical.

13 de fevereiro de 2019: McCarrick apela da decisão contra ele, e o recurso é rejeitado em 15 de fevereiro. Sua remoção do estado clerical permanece.

ÍNDICE REMISSIVO

A

Alta Vendita 19, 20, 23, 25, 26, 46, 78, 79, 165, 191, 225, 228

Amoris Laetitia 191, 192

Angeli, Rinaldo 41, 211

Anticristo 17, 31, 33, 34, 77, 234, 239, 240

B

Balthasar, Hans Urs von 118, 127, 128, 156, 211, 213

Banco do Vaticano 15, 145, 146, 147, 150, 151, 152, 153, 155, 183, 186, 191, 212, 215, 218

Bea, Augustin 98, 100, 101, 105, 109, 110, 113, 119, 123, 124, 197, 211, 215

Bento XVI, Papa, *v.* Ratzinger, Joseph; resignação de

Bergoglio, Jorge (Francisco) 168, 170, 175, 177, 178, 179, 186, 187, 190, 191, 201, 211

Bonaparte, Napoleão 30, 35

Bonifácio VIII, Papa 37

Bouyer, Louis 118, 127, 128

Bugnini, Annibale 81, 82, 93, 94, 95, 96, 97, 98, 100, 101, 105, 113, 118, 119, 131, 132, 133, 134, 135, 153, 212

C

Calvat, Mélanie 29, 30, 32, 33, 34, 241

Calvi, Roberto 151, 152, 212, 215

Carbonari 19, 20, 23, 26, 78, 192

Carlos Magno 36, 37

Casaroli, Agostino 153, 157, 212, 224

Castel Gandolfo 101, 103, 105, 110, 149

Chenu, Marie-Dominique 118

Christie, Agatha 137, 138

Código de Direito Canônico (1917) 52, 53

Código de Direito Canônico (1983) 158, 160, 163

Cody, John 151, 152, 155

Coetus Internationalis Patrum 114, 135, 214

Communio, jornal 127, 128, 213

Comunhão na mão 132, 139, 140, 244, 245

Comunistas 78, 79, 80, 103, 115, 206, 214

Concílio de Trento 94, 133, 139

Concílio Vaticano II 9, 15, 36, 80, 82, 100, 113, 114, 115, 117, 123, 125, 129, 130, 135, 156, 165, 172, 203, 211, 212, 213, 214, 215, 216, 217, 218, 219, 255

Concilium, jornal 126, 127, 129, 130, 131, 218, 244

Conclave papal, 1903: Papa Pio X 216, 217

Conclave papal, 1914: Papa Bento XV 52, 215

Conclave papal, 1922: Papa Pio XI 71, 215

Conclave papal, 1939: Papa Pio XII 83

Conclave papal, 1958: Papa João XXIII 103, 196

Conclave papal, 1963: Papa Paulo VI 81

Conclave papal, agosto de 1978: Papa João Paulo I 150

Conclave papal, outubro de 1978: Papa João Paulo II 155

Conclave papal, 2005: Papa Bento XVI 177

Conclave papal, 2013: Papa Francisco 189, 190, 191

Congar, Yves 118, 121, 126, 212, 217, 218

Consagração da Rússia 62, 88, 89

Cranmer, Thomas 131, 140

Crétineau-Joly, Jacques 19, 20, 26

Crowley, Aleister 171, 172, 173, 175, 176

D

Daniélou, Jean 118

Danneels, Godfried 168, 169, 170, 190, 212, 213

de Lubac, Henri 118, 119, 121, 126, 127, 128, 156, 211, 213, 217

Diabo, *ver também* Satanás

Dignitatis Humanae 123, 125

Dillon, George Francis 20, 23, 225

Dziwisz, Stanisław 159, 213

E

Emmerich, Santa Catarina 43, 44, 189

Estados Papais 26, 36, 37, 38, 40, 47, 73, 74, 85

F

Fátima 54, 55, 56, 58, 59, 60, 62, 63, 64, 65, 67, 68, 69, 83, 86, 87, 88, 89, 91, 97, 105, 106, 107, 108, 109, 110, 111, 113, 157, 170, 171, 197, 218

Fellay, Bernard 164, 182

Francisco, Papa, *v.* Bergoglio, Jorge

Franz Joseph, Imperador 46, 47

Fumaça de Satanás 15, 16, 17, 18, 140

G

Garrigou-Lagrange, Réginald 117, 119

Gasparri, Pietro 72, 73, 84, 223, 224

Giraud, Maximin 29, 30
Greene, Graham 137
Gregório XVI, Papa 25, 26, 221
Grein, James 173, 174, 175, 252, 255
Guérard des Lauriers, Michel-Louis 100, 133, 197, 214

H
Hitler, Adolf 52, 85
Humanae Vitae 146, 151, 155, 167, 216

J
João Paulo I, Papa, *v.* Lúciani, Albino; morte de
João Paulo II, *v.* Wojtyła, Karol 157
Johnson, Manning 79, 82
João XXIII, Papa, *v.* Roncalli, Angelo

K
Kasper, Walter 118, 127, 168
König, Franz 155, 214
Küng, Hans 118, 121, 126, 127, 128, 134, 206, 214, 218

L
Lamentabili sane exitu 50, 51
La Salette 29, 30, 31, 32, 33, 233, 234, 235, 241
Laudato si' 191
Leão XIII, Papa 10, 23, 27, 30, 39, 40, 41, 42, 43, 45, 46, 48, 52, 73, 74, 84, 125, 131, 132, 145, 161, 193, 206, 211, 221, 223, 225, 255

Lefebvre, Marcel 114, 127, 133, 134, 135, 136, 137, 162, 163, 164, 182, 197, 198, 202, 203, 214, 245
Lehnert, Pascalina 85, 103
Lênin, Vladimir 170, 171
Liberalismo 15, 25, 26, 33, 48, 128, 229
Litania da Humildade 75
Loisy, Alfred 50, 51
Lúciani, Albino (João Paulo I) 150, 151
Lúcifer, *v. também* Satanás
Lutero, Martinho 22, 131, 139, 194, 195

M
Maciel, Marcial 159, 160, 213, 218
Maçons e maçonaria 10, 21, 22, 27, 43, 45, 46, 65, 77, 78, 82, 125, 152, 166, 189, 206
Maffi, Pietro 53, 215
Máfia 168, 175, 178, 179, 190, 191, 193, 206, 213, 218
Manning, Cardeal Henry Edward 34, 79, 82
Marcinkus, Paul 151, 152, 153, 154, 157, 212, 215
Martin, Malachi 100, 109, 110, 131, 139, 214, 215
Martini, Carlo 167, 168, 175, 178, 216
Marto, Francisco 255
Marto, Jacinta 55
McCarrick, Theodore 81, 159, 173, 174, 175, 176, 185, 190, 191, 212, 213, 216, 219, 249, 250, 251, 252, 253, 255

Merry del Val, Rafael 53, 71, 72, 75, 84, 216, 223

Michele Sindona, "o Tubarão" 146, 147, 148, 150, 151, 152, 157, 215, 218, 255

Ministros Leigos Extraordinários da Santa Comunhão 139

Mirari vos 25

Missa, a 138

Missa Latina 127, 137, 138, 164, 181, 203, 214, 245

Modernismo 45, 113

Montini, Giovanni (Paulo VI) 81, 98, 99, 100, 101, 105, 113, 115, 116, 119, 146, 147, 149, 216

Mussolini, Benito 72, 74, 75, 84

N

Napoleão III 30, 33, 37, 38

Napoleão Bonaparte 30, 35

Nazistas 85

Nostra Aetate 100, 123, 124, 211, 214

Novus Ordo Missae 96, 132, 133, 134, 137, 182, 214, 217, 244

O

Orações Leoninas 90, 96, 132, 244

Ordinatio Sacerdotalis 168

Ottaviani, Intervenção de 81, 97, 105, 106, 110, 116, 121, 127, 132, 133, 134, 136, 137, 197, 198, 202, 214

P

Pacelli, Eugenio (Pio XII) 54, 77, 83, 84, 85, 86, 90, 129, 217, 224

Padre Pio 125, 135, 198

Pascendi Dominici Gregis 51

Paulo VI, *v.* Montini, Giovanni

Pecorelli, Lista de 152, 153

Pequeno Tigre, *v.* Piccolo Tigre

Piccolo Tigre 23, 225

Pio VI, Papa 37

Pio VII, Papa 37

Pio VIII, Papa 35

Pio IX, Papa 19, 20, 26, 29, 30, 33, 36, 37, 38, 39, 40, 47, 72, 73, 83, 110, 221, 235, 255

Pio X, *v.* Sarto, Giuseppe

Pio XI, *v.* Ratti, Achille

Pio XII, *v.* Pacelli, Eugenio

Protestantismo 20, 21, 133, 165, 193, 195

Q

Quadragesimo Anno 74

Qui Pluribus 20

R

Rahner, Karl 118, 121, 122, 126, 127, 128, 156, 217, 218

Rampolla, Mariano 46, 47, 216, 217, 223

Ratti, Achille 72, 73

Ratzinger, Joseph (Bento XVI) 81, 108, 109, 118, 121, 126, 127, 128, 151, 156, 157, 163, 167, 168, 175, 177, 178, 179, 181, 182, 199, 200, 213, 218

Reforma Protestante 20, 165

Rerum Novarum 74

Roncalli, Angelo (João XXIII) 103, 104, 197, 217
Rosacruz 20, 21, 22

S
Sacro Império Romano-Germânico 37
Sacrosanctum Concilium 129, 130, 131, 244
Sankt Gallen, Máfia de 167, 168, 169, 170, 171, 172, 173, 174, 175, 176, 178, 179, 190, 191, 193, 206, 213, 249, 252
Santos, Lúcia dos 55
Sarto, Giuseppe (Pio x) 46, 47, 48, 217
Satanás 15, 16, 17, 18, 19, 21, 22, 27, 33, 40, 41, 42, 43, 44, 123, 140, 206, 211
Schillebeeckx, Edward 118, 121, 126, 127, 128, 206, 218
Schutz, Roger 134
Schweigl, Joseph 91, 107, 109, 218
Sedevacantismo 162, 196, 197, 198
Sexo-magia 171
Sheen, Fulton J. 77, 78, 80
Siri, Giuseppe 81, 103, 104, 115, 116, 155, 156, 197
Socialismo 26, 33, 39, 74, 191
Sociedade de São Pio x (SSPX) 162, 182, 203, 214, 245

T
Terceiro Segredo de Fátima 97, 105, 107, 109, 197, 218
Thurian, Max 133, 134
Tolkien, J.R.R. 101, 137
Tonsura 48, 139
Tratado de Latrão 74, 75, 83, 84, 85, 161
Tyrrell, George 50, 51

U
Unam Sanctam 37

V
Vaticano II, *v.* Concílio Vaticano II
Vatileaks 183, 185, 186, 199
Viganò, Carlo Maria 183, 184, 185, 212, 219, 252
Villot, Jean-Marie 150, 151, 152, 153, 154, 155, 169, 215, 219, 224

W
Wojtyła, Karol (João Paulo II) 151, 155, 156, 219
Wuerl, Donald 155

FICHA CATALOGRÁFICA

Marshall, Taylor Reed.
Infiltrados: a trama para destruir a Igreja a partir de dentro / Taylor Reed Marshall; tradução de Jonathas Ramos de Castro — Campinas, SP: Ecclesiae, 2020.

ISBN: 978-85-8491-158-5.

Título original: *Infiltration: The Plot to Destroy the Church from Within.*

1. A Igreja. 2. Controvérsias e heresias na história da Igreja
I. Título II. Autor.
   CDD — 262 / 273

ÍNDICE PARA CATÁLOGO SISTEMÁTICO:
1. A Igreja — 262
2. Controvérsias e heresias na história da Igreja — 273

Este livro foi impresso pela Gráfica Guadalupe. O tipo usado para este livro foi Sabon LT Std. O miolo foi feito com papel *chambril avena* 80g, e a capa com *cartão triplex* 250g.